Eine gesundheitsökonomische Analyse des deutschen Festbetragssystems als Instrument der Arzneimittelregulierung

Dissertation

zur Erlangung des Grades eines Doctor of Public Health (DrPH)
der Fakultät für Gesundheitswissenschaften der Universität Bielefeld

vorgelegt von

Schumacher, Helge Knut
geb. am 02. September 1976, in Stade

Erstprüfer: Prof. Dr. Wolfgang Greiner
Zweitprüfer: Prof. Dr. Bernhard Badura

Berlin, den 12. 12. 2010

Bibliografische Information der Deutschen Nationalbibliothek

Die Deutsche Nationalbibliothek verzeichnet diese Publikation in der Deutschen Nationalbibliografie; detaillierte bibliografische Daten sind im Internet über http://dnb.d-nb.de abrufbar.

1. Aufl. - Göttingen : Cuvillier, 2011

Zugl.: Bielefeld, Univ., Diss., 2010

978-3-86955-658-1

Nonnenstieg 8, 37075 Göttingen

Telefon: 0551-54724-0

Telefax: 0551-54724-21

www.cuvillier.de

1. Auflage, 2011

Gedruckt auf säurefreiem Papier

978-3-86955-658-1

Danksagung

Die Erstellung einer Dissertation ist ein sehr langer Prozess, der ein hohes Maß an Disziplin und Beharrlichkeit erfordert. Die vorliegende Arbeit entstand zu wesentlichen Teilen im Rahmen meiner Tätigkeit als wissenschaftlicher Mitarbeiter in der Arbeitsgruppe 5, Gesundheitsökonomie und Gesundheitsmanagement der Universität Bielefeld, in der ich vom 01.08.2005 bis zum 31.03.2010 tätig war. Außerordentlich danken möchte ich als erstem meinem Doktorvater Professor Dr. Wolfgang Greiner. Der stete Diskurs hat die Arbeit zu etwas Besonderem und einem in sich geschlossenem Werk heranwachsen lassen. Vielen Dank hierfür. Ohne ein stabiles, privates Umfeld kann eine solche Arbeit nicht gelingen. Für die orthografische Korrektur und die Nachsicht bei den mit einem solchen Projekt einhergehenden Launen danke ich Dir liebe Tanja Bötel sehr. Ich wähnte Dich stets an meiner Seite, Deine Unterstützung war unverzichtbar.

Dass aus Kollegen Freunde werden, ist keine Selbstverständlichkeit. Bei den Kollegen der ersten Stunde in Bielefeld, Dr. Andrej Rasch und Dr. Jan-Marc Hodek, ist dies der Fall. Gemeinsam wurde die Motivation gestärkt und innerhalb des weiten Feldes der Gesundheitsökonomie inhaltlich über die jeweiligen Fragestellungen lange diskutiert. Euch beiden vielen Dank für den emotionalen Support und eine in bester Erinnerung bleibende Zeit an unsere wissenschaftliche Heimat. In diesem Zusammenhang möchte ich mich auch bei den anderen Mitgliedern der Arbeitsgruppe 5 bedanken, die zum einen durch die Übernahme anderer Tätigkeiten Zeitfenster für die Dissertation eröffnet und zum anderen ein positives, kreatives Arbeitsumfeld geschaffen haben. Namentlich hervorheben möchte ich neben den anderen hierbei Manuel Batram, David Bowles, Julian Witte und Ann-Kristin Ruhe.

Auch meinen Eltern gebührt aufgrund Ihres großen Anteils an meiner akademischen Karriere Dank. In der festen Überzeugung, dass Bildung den Unterschied macht und harte Arbeit sich letztendlich auszahlt, haben sie mich stets bestärkt diesen Weg zu gehen. Liebe Mama, lieber Papa, danke für Eure materielle und immaterielle Unterstützung, die den Grundstein für den nahenden Abschluss meiner akademischen Laufbahn gelegt hat. Herrn Prof. Dr. Bernhard Badura danke ich für die Übernahme der Zweitkorrektur und Frau Dr. Sigrid Matzick für die konstruktive und faire Begleitung der Disputation.

Berlin, im März 2011

Helge Knut Schumacher

Inhaltsverzeichnis

Abbildungsverzeichnis

Tabellenverzeichnis

Anhangsverzeichnis

Abkürzungsverzeichnis

A	Österreich
ABA	Arzneimittelbewertungsausschuss
Abb.	Abbildung
ABDA	Bundesvereinigung deutscher Apothekerverbände
Abs.	Absatz
ACE	Angiontensin-Conhibitor-Enzyme
Äf	Äquivalenzfaktor
AEP	Apothekeneinkaufspreis
AFS	Apothekenfestspanne
AIH	apothekenindividuelle Handelsspanne
AM	Arzneimittel
AMG	Arzneimittelgesetz
AMNOG	Gesetz zur Neuordnung des Arzneimittelmarktes in der gesetzlichen Krankenversicherung
AmPreisV	Arzneimittelpreisverordnung
AMR	Arzneimittelrichtlinien
ANL	Arzneimittelnegativliste
APF	Applikationsfaktor
AVG	Arzneimittelvergleichsgruppen
AVP	Apothekenverkaufspreis
AVWG	Arzneiverordnungs-Wirtschaftlichkeitsstärkungsgesetz
Az	Aktenzeichen
B	Belgien
BAH	Bundesverband der Arzneimittelhersteller
BIP	Bruttoinlandsprodukt
BKK-BV	Bundesverband der Betriebskrankenkassen
BMAS	Bundesministerium für Arbeit und Soziales
BMG	Bundesministerium für Gesundheit
BP	Blood Pressure
BPI	Bundesverband der pharmazeutischen Industrie
Bsp.	Beispiel
bspw.	beispielsweise
BVerfG	Bundesverfassungsgericht
bzw.	beziehungsweise
ca.	circa
CMPC	Center for Mental and Physical Coaching
D	Deutschland
DAV	Deutscher Apotheker-Verband
DAPI	Verein Deutsches Arzneiprüfungsinstitut
DDD	Daily Defined Dosis
d.h.	das heißt
DIMDI	Deutsches Institut für Dokumentation und Information
DK	Dänemark
DM	Deutsche Mark
DRG	Diagnosis Realted Group
E	Spanien
EBM	Evidence Based Medicine
EH	Einzelhandel
EL	Griechenland
EMEA	European Medicines Agency
EU	Europäische Union
EuGH	Europäischer Gerichtshof
evtl.	eventuell
et al.	et altera
F	Frankreich
FB	Festbetrag
FI	Fachinformationen
FIN	Finnland
F&E	Forschung und Entwicklung

FDA	Food and Drug Administration
FPG	Fallpauschalengesetz
GB	Großbritannien
G-BA	Gemeinsamer Bundesausschuss
GBP	Great Britain Pound
GDP	Gross Domestic Product
ggf.	gegebenenfalls
GH	Großhandel
GKV	Gesetzliche Krankenversicherung
GKVFG	GKV-Finanzstärkungsgesetz
GKV-SolG	GKV-Solidaritätsstärkungsgesetz
GKV-WSG	GKV-Wirtschaftlichkeitsstärkungsgesetz
GMG	GKV-Modernisierungsgesetz
GrefG	GKV-Gesundheitsreformgesetz
GRG	Gesundheitsreformgesetz
GSG	Gesundheitsstrukturgesetz
HAP	Herstellerabgabepreis
HMO	Health Maintenance Organization
HTA	Health Technology Assessment
I	Italien
i.d.R.	in der Regel
IQWiG	Institut für Wirtschaftlichkeit und Qualität im Gesundheitswesen
IRL	Irland
k.A.	keine Angabe
KAiG	Konzertierte Aktion im Gesundheitswesen
Kap.	Kapitel
KBV	Kassenärztliche Bundesvereinigung
KEP	Kassenerstattungspreis
KHG	Krankenhausfinanzierungsgesetz
KHKG	Krankenhaus-Kostendämpfungsgesetz
KHNG	Krankenhaus-Neuordnungsgesetz
KIA	kassenindividuelle Arzneimittelliste
KIP	kassenindividuelle Positivliste
KK	Krankenkassen
kl.	kleinste
KLVG	Leistungsverbesserungsgesetz
KV	Kassenärztliche Vereinigung
KvdR	Krankenversicherung der Rentner
KVEG	Kostendämpfungs-Ergänzungsgesetz
KVKG	Krankenversicherungs-Kostendämpfungsgesetz
LDL	Low Density Lipoprotein
LoE	Loss of Exclusivity
MAC	Maximum Allowable Cost
mcc	Marginal capital cost
MDK	Medizinischer Dienst der Krankenversicherung
mg	Milligramm
Mio.	Million
Mrd.	Milliarden
Mrr	Marginal rate of return
MTX	Methotrexat
MwSt	Mehrwertsteuer
NCE	New Chemical Entitiy
NHS	National Health Service
NICE	National Institute for Health and Clinical Excellence
NL	Niederlande
NOG	GKV-Neuordnungsgesetz
NZ	Neuseeland
OECD	Organization for Economic Co-Operation and Development
OoE	Order of Entry
OTC	Over the Counter
P	Portugal
PDD	Presrcibed Daily Dosis

PBM	Pharamceutical Benefit Manager
PCR	System der Profitmaximierung
Pharmac	Pharmaceutical Management Agency
pk	Packungsgröße
PPI	Protonenpumpeninhibitoren
PPRS	Pharmaceutical Price Regulation Scheme
PKV	Private Krankenversicherung
pr	Standardpreis/Preisanpassungsfaktor
PZN	Pharmazentralnummer
QALY	Quality Adjusted Life Year
RBP	Reference Based Pricing
R&D	Research and Development
rmTD	rechnerische mittlere Tagesdosis
RCT	Randomised Controlled Trial
ROCE	Return on Capital Employed
RSA	Risikostrukturausgleich
S	Schweden
S.	Seite
SGB	Sozialgesetzbuch
SOC	Sense of Coherence
Sog.	so gennante
SP	Standardpackung
SPD	Sozialdemokratische Partei Deutschlands
SpiBu	Spitzenverband Bund der Krankenkassen/GKV-Spitzenverband
SSRI	Selektive Serotoninrückaufnahmeinhibitoren
SVR	Sachverständigenrat zur Begutachtung der Entwicklung im Gesundheitswesen
TF	Therapiefreie Tage
TI	Therapieintervall
u.a.	unter anderem
UAW	unerwünschte Arzneimittelwirkung
UK	Vereinigtes Königreich
USA/US	Vereinigte Staaten von Amerika
USD	US-Dollar
VÄndG	Veränderungsgesetz
VfA	Verband forschender Arzneimittelhersteller
vgl.	vergleiche
VG	Vergleichsgröße
VO	Verordnungen
vs.	versus
vVG	vorläufige Vergleichsgröße
wäf	Wirkstärkenäquivalenzfaktor
WHO	World Health Organization
wi	Wirkstärke
WidO	Wissenschaftliches Institut der AOK
WTP	Willingness to Pay
wvg	verordnungsgewichtete Wirkstärkenvergleichsgröße
z.B.	zum Beispiel
z.T.	zum Teil
ZZBG	Zuzahlungsbefreiungsgrenze

1 Einleitung

1.1 Hintergrund

Die Entwicklung der Arzneimittelausgaben stellt eine aktuelle Herausforderung für die Finanzierung der Gesundheitsversorgung dar. Wie die Abbildung 1.1 illustriert, stiegen im betrachteten 10-Jahreszeitraum sowohl die Gesamtausgaben der Gesetzlichen Krankenversicherung (GKV) als auch die Ausgaben für zu Lasten der Kostenträger verschriebene Medikamente in Deutschland. Die Ausgaben für Arzneimittel (AM) nahmen dabei mit einer überwiegend überproportionalen Rate zu. Steigende Ausgaben per se sind kein hinreichender Grund ad hoc Maßnahmen zu ergreifen, da sie den Präferenzen der Marktteilnehmer entsprechen könnten.[1] Sinnvolle Verlagerungen aus dem stationären in den ambulanten Sektor erhöhen beispielhaft die Arzneimittelausgaben, sind für das Gesamtsystem hingegen wirtschaftlich.[2] Da aber im Bereich der Gesetzlichen Krankenversicherung Steuerungsdefizite vorherrschen, die die Situation des vollkommenen Marktes nicht erreichen lassen, soll Regulierung das Ergebnis der „invisible hand“ als „second best Lösung“ herbeiführen (vgl. Kap. 2).

---

1 Vgl. Steinmann, L., Telser, H. (2005), S. 42.

2 Vgl. Cassel, D., Wille, E. (2008), S. 115.

Abbildung 1.1: Entwicklung der Gesamtausgaben sowie der Arzneimittelausgaben in der Gesetzlichen Krankenversicherung von 1998 bis 2008

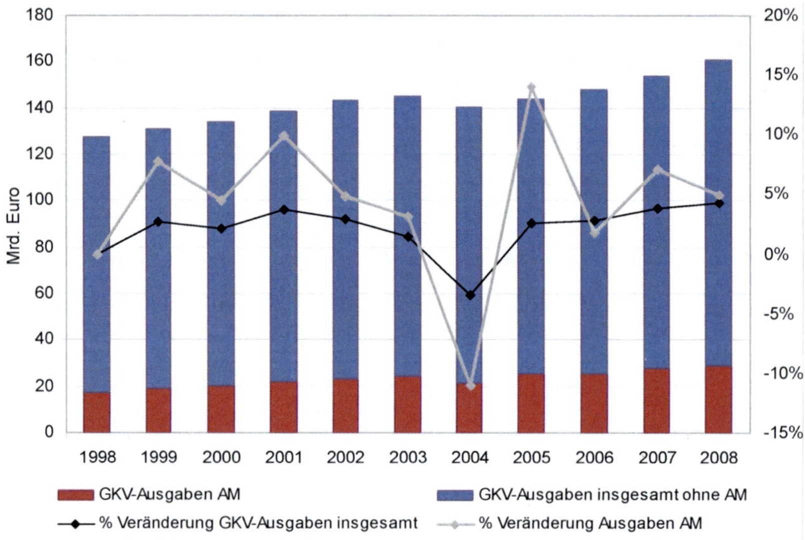

Quelle: Eigene Darstellung nach BMG (2009).

Eine ähnliche Ausgabenentwicklung findet sich gleichfalls in anderen Industriestaaten, die mit einer analog gelagerten Herausforderung umgehen, wie die Tabelle 1.1 anhand ausgewählter G8-Staaten aufzeigt. Die Gesamtausgaben ausgedrückt in Anteilen am Bruttoinlandsprodukt (BIP) nehmen allerdings in unterschiedlicher Stärke zu. Eine Besonderheit stellt die Finanzierung über ein Sozialversicherungssystem dar, da die Mittelaufbringung und Konsumption systemisch hierbei besonders getrennt sind.

Tabelle 1.1: Gesamtgesundheitsausgaben als Anteil des BIP, 1970-2001

Country	1970	1980	1990	1993	1998	2000	2001
US	6,9	8,7	11,9	13,3	13,0	13,1	13,9
UK	4,5	5,6	6,0	6,9	6,9	7,3	7,6
Canada	7,0	7,1	9,0	9,9	9,1	9,2	9,7
Japan	4,5	6,4	5,9	6,4	7,1	7,6	7,9
Switzerland	5,6	7,6	8,5	9,6	10,6	10,7	10,9
Spain	3,6	5,4	6,7	7,5	7,5	7,5	7,5

GDP: Gross Domestic Product, US: United States of America, UK: United Kongdom.
Quelle: Narayan, P.K. (2007), S. 995.

Die Tabelle 1.2 prognostiziert die Entwicklung der Gesundheitsausgaben als prozentualen Anteil des BIP aus öffentlichen Haushalten des Economic Policy Commitee der EU. Privat finanzierte Ausgaben sind bei der Analyse nicht einbezogen worden. In Europa finden sich zwischen den Ländern unter anderem große Preisunterschiede bei Arzneimitteln und die Kostenentwicklung innerhalb jedes Landes befördert die politische Diskussion um die Angemessenheit der Eintwicklung.[3]

Tabelle 1.2: Prozentanteile der Gesundheitsausgaben 2000 und 2050 am BIP

	B	DK	D	EL	E	F	IRL	I	NL	A	P	FIN	S	UK	EU
2000	5,3	5,1	5,7	4,8	5,0	6,2	5,9	4,9	4,7	5,1	5,4	4,6	6,0	4,6	5,3
2050	6,6	5,8	7,1	6,5	6,7	7,4	5,9	6,4	5,7	6,8	6,2	5,8	7,0	5,6	6,6

Quelle: Eigene Darstellung in Anlehnung an: Steinmann, L., Telser, H. (2005), S.57.

Die prognostizierten Ausgaben steigen in einigen Ländern wie Italien, Spanien, Österreich, Schweden und Deutschland besonders stark an. Da, wie vorangehend ausgeführt, die Beitragsstabilität notwendig ist, um eine Überforderung der künftigen Beitragszahler zu vermeiden, erfolgen kontinuierlich Eingriffe in den Ausgabenbereich Gesundheit. Ordnungspolitische Eingriffe sind immer dann angebracht, wenn es gilt eine Systemstabilität im Interesse aller wieder herzustellen. Ordnungspolitik verändert dabei die Rahmenbedingungen der Märkte dergestalt, dass die Marktkräfte in die richtige Richtung gelenkt werden. Letztere Maßnahme stellt die Regulierung im engeren Sinne dar.[4] Regulierung kann dabei zu einer Spirale der Eingriffstatbestände führen, wenn punktuelle ad hoc Maßnahmen nicht den erhofften Erfolg bringen und es daher in sehr kurzen Zyklen einer Nachregulierung bedarf. Dabei sollten die Kosten der Regulierung mit einbezogen werden, da sie unter Umständen die Einsparungen überkompensieren.[5]

[3] Vgl. de Wolf, P., Brouwer, W.B.F., Rutten, F.F.H. (2005), S. 352f.
[4] Vgl. Oberender, P., Zerth, J. (2003), S. 5.
[5] Vgl. Wähling, S. (1996), S. 4.

1.2 Problemstellung und Hypothesen

Da Ausgabensteigerungen durch Einnahmenerhöhungen (wie beim Äquivalenzprinzip der GKV systemimmanent) kompensiert werden müssen, hat die skizzierte Entwicklung eine Auswirkung auf die Höhe der Abgabenquote in solidarisch finanzierten Systemen. Bei einer reinen Staatsnachfrage, wie in Großbritannien oder einer Marktlösung in den USA, ist diese Systematik nicht zwangsläufig einschlägig, da dort erst Steuererhöhungen oder Prämiensteigerungen Effekte auf die Versicherten hervorrufen. Um zusätzliche Ausgaben zu vermeiden, werden Steuerungsmaßnahmen ergriffen, die zu politisch akzeptierten Ausgabenhöhen führen. Hierzu steht ein ganzes Instrumentarium zur Verfügung, aus dessen „Baukasten" je nach Staat einzelne, z.T. sehr unterschiedliche Maßnahmen eingesetzt werden (Vgl. Kap. 2 und 4). Festbeträge stellen dabei ein sehr ausdifferenziertes Instrument dar, welches je nach Ausgestaltung entweder als Preisvergleichsinstrument oder als direktes Kostensteuerungsinstrument angewandt wird. Zahlreiche begleitende oder entgegengesetzte Maßnahmen können Effekte verstärken oder abmildern. Die Entwicklung eines konsistenten Regulierungsregimes, welches sich zumindest eine Zeit lang selbst zu tragen vermag, wird zu einer großen Herausforderung, wie die zahlreichen (Nach-)Regulierungen und Gesundheitsreformen der Vergangenheit zeigen (siehe Abb. 2.5). Im Rahmen dieser Dissertation wird dabei das Instrument der Festbeträge in Deutschland zunächst theoretisch eingeordnet und in einem nachfolgenden Abschnitt anhand von Beispielgruppen empirisch untersucht. Cassel/Ebsen et al. charakterisieren jüngste Regulationseingriffe mit Auswirkungen auf die Festbeträge als „dysfunktionales Steuerungswirrwarr". Insbesondere das Zusammenspiel mit selektiven Rabattverträgen stärkt im generischen Bereich den Einfluss des neueren Instruments. Bei den pharmakologisch-therapeutisch vergleichbaren Wirkstoffen und jenen mit therapeutisch vergleichbarer Wirkung greifen derzeit als Maßnahme vorwiegend die Festbeträge.[6] Für die vorgenommene Analyse erfolgte eine Generierung von 12 Hypothesen, welche entlang des vorgennaten Problemaufrisses untergliedert wurden.

[6] Vgl. Cassel, D. et al. (2006), S. 186.

Abbildung 1.2: Hierarchisierung der Hypothesen

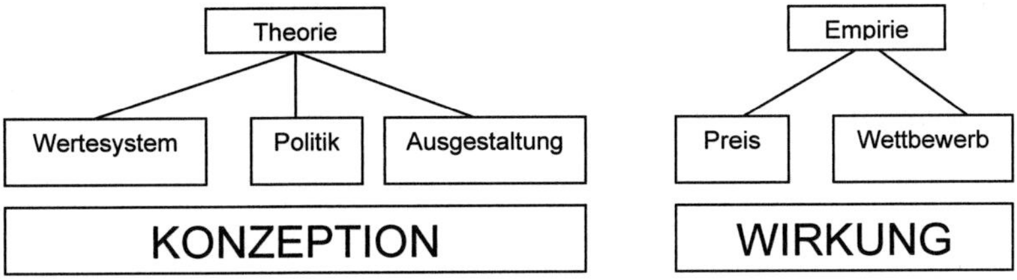

Quelle: Eigene Darstellung.

Hypothesen zum theoretischen Teil

- Das Verfahren ist ausreichend transparent für die interessierte Fachöffentlichkeit (H 1.1)
- Bei einer angenommenen Heterogenität im Ansprechverhalten der Patienten auf unterschiedliche Arzneimittel könnten die Stufen 2 und 3 dem Ziel der Gleicheit widersprechen (H 1.2)
- Bestehende Regulierungsmaßnahmen beeinflussen die Wirkung von Festbeträgen (H 1.3)
- Die Wirkung und Bedeutung von Festbeträgen wird durch stete gesundheitspolitische Neuerungen beeinflusst; Ein konsistenter Regulierungsansatz könnte die Zielgenauigkeit erhöhen (H 1.4)
- Durch eine vermehrte Bildung von Festbetragsgruppen Stufen 2 und 3 können zusätzliche Wirtschaftlichkeitspotenziale erschlossen werden (H 1.5)
- Die Berechnungsmethode der Festbeträge ist nicht reliabel und valide (H 1.6)
- In der Gruppenbildung wird nicht allen relevanten Spezifika von Arzneimitteln Rechnung getragen (H 1.7)
- Andere Ansätze zur Herstellung einer Wirkvergleichbarkeit liefern bessere Ergebnisse als das derzeit angewandte Verfahren der verordnungsgewichteten Vergleichsgröße (H 1.8)

Hypothesen zum wirkungsorientierten Teil

- Wirkstoffe mit geringer Verordnungshäufigkeit werden systematisch benachteiligt (H 2.1)
- In Festbetragsgruppen gibt es einen preisangleichenden (Ceiling) Effekt (H 2.2)
- Preissenkungen erfolgen primär bei Erstfestsetzung bzw. Gruppenbildung (H 2.3)
- Der durch Patentausläufe ausgelöste Preiswettbewerb (LoE) führt zu einem dynamischen Preisniveau, bei dem Festbeträge der Stufe 1 nicht benötigt werden (H 2.4)

Die Hypothesen decken die Themenfelder zur Konsistenz der Berechnungssystematik, den Auswirkungen von Festbetragsgruppen auf Innovationsanreize und die Versorgungsqualität sowie den Zielerreichungsgrad des Eingriffs in den Arzneimittelmarkt in Bezug auf die vorab definierten

Zieldimensionen ab. Zusätzlich gilt es, die potentiell positive, aber auch negative Interaktion mit anderen Regulierungstatbeständen zu analysieren. Spätestens wenn Regulierungen zu einer Nichterfüllung von Zielen führen, sollten Markteingriffe skeptisch betrachtet werden, da einer Lösung über den Ausgleich von Angebot und Nachfrage in einem definierten Ordnungsrahmen der Vorzug zu geben ist. Erst aufgrund von Marktunvollkommenheiten können nachträgliche Regulierungen wie die Festbeträge gerechtfertigt sein, sofern eine tatsächliche Verbesserung des Marktergebnisses auch erreicht werden kann. Hierbei sollte im Hinblick auf das Ziel einer hohen Transparenz auf eine überschaubare Anzahl von Instrumenten zurückgegriffen werden. Festbeträge stellen den Eckpfeiler der deutschen Arzneimittelhonorierungsregulierung dar. In den letzten 20 Jahren wurden sie bei den nachfolgend skizzierten Normensetzungen vorwiegend um neue, komplementäre Instrumente ergänzt.

1.3 Gang der Untersuchung

Nach der einleitenden Darstellung des Hintergrundes und der Problemstellung widmet sich das Kapitel 2 der gesundheitswissenschaftlichen Einordnung und den Regulierungstheorien. Die Marktbesonderheiten von Arzneimittelmärkten stellen einen weiteren Schwerpunkt des Kapitels dar. Formen der Regulierung als Lösungsansätze werden in Kapitel 3 ausführlich beschrieben. Auf die unterschiedlichen Ausgestaltungsmöglichkeiten von Festbeträgen geht das Kapitel 4 ein und Kapitel 5 schließt mit der Darstellung des deutschen Systems der Festbeträge. Anhand einiger Beispielgruppen folgt eine empirische Untersuchung von Festbetragsgruppen in Kapitel 6. Die Arbeit endet nach der Vorstellung aktueller Reformvorschläge und einer anschließenden Diskussion in Kapitel 7 mit einem Fazit und Ausblick.

Abbildung 1.3: Übersicht Gang der Untersuchung

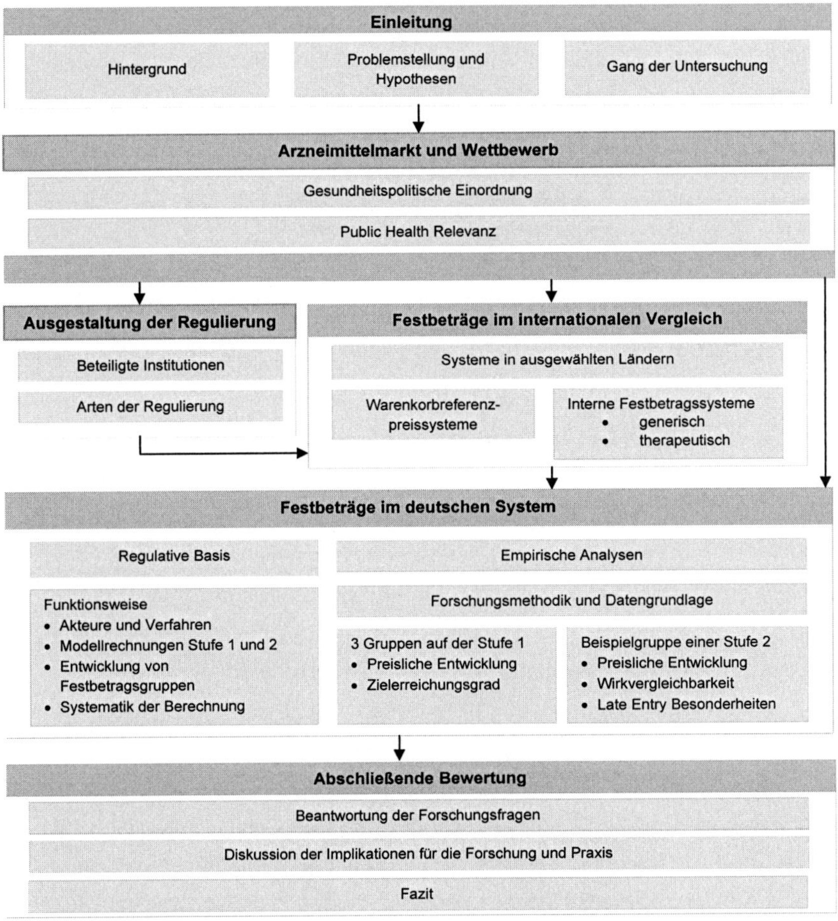

Quelle: Eigene Darstellung.

2 Arzneimittelmarkt und Wettbewerb

2.1 Gesundheitspolitische Einordnung

In den Nachkriegsjahren sorgte der anhaltende Wirtschaftsaufschwung mit erheblichem Wachstum der Einnahmen in allen Sozialversicherungszweigen zu einer Mentalität des Vorhandenseins unendlicher Ressourcen. Erst mit dem seit den 70er Jahren einsetzenden Abschwung begann die Betrachtung der Ausgabenentwicklung im Gesundheitssektor und damit einhergehend eine zunehmende Folge von Reformmaßnahmen mit dem Ziel der Kostensenkung. Allein in den USA stiegen die Pro-Kopf Ausgaben im Gesundheitssektor von 820 USD 1960 über 3.491 USD im Jahr 1990 auf 4.887 USD in 2001.[7] Der Anstieg der Arzneimittelausgaben wird dabei auf mehrere Trends zurückgeführt:

- Höherer Anteil älterer Personen in der Bevölkerung
- Trend zur Chronifizierung von Krankheiten
- Höhere Erwartung der Versicherten an das Gesundheitssystem
- Weiterentwicklung der Therapieformen[8]

Dennoch differieren die Pro-Kopf Ausgaben auch zwischen den Ländern erheblich, möglicherweise verursacht durch unterschiedliche Verbrauchsgewohnheiten, oder aufgrund von Reaktionen auf das vorhandene Regulierungsschema. Ressourcen im Gesundheitsbereich unterliegen wie andere Güter dem Knappheitsgebot. Die Ziele lassen sich entweder mit einem minimalen Mitteleinsatz erreichen, oder mit gegebenen Mitteln kann ein maximales Outcome verfolgt werden. Im Gegensatz zu steigenden Konsumgüterausgaben, die volkswirtschaftlich positiv beurteilt werden, stellen erhöhte Ausgaben im Bereich der GKV eine Belastung dar. Sie führen zu steigenden Lohnnebenkosten und somit indirekt zu sinkender Beschäftigung. Die Beitragssatzstabilität entwickelte sich in der Folge zu einem akzeptierten Konzept, da steigende Gesundheitsausgaben das kaufkräftige Einkommen schmälern.[9] Zur Erreichung von Kostendämpfung und Beitragsstabilisierung wurden daher in den letzten Dekaden vermehrt Wirtschaftlichkeitsanreize gesetzt. Das Gesundheitswesen ist ein Wachstumsmarkt, in dem der technische Fortschritt zu immer höheren Kosten führt. Im Bereich der Informatik hingegen haben Innovationen die Leistungsqualität erhöht und gleichzeitig die Kosten gesenkt.[10] Ökonomisch gesehen stellt sich an dieser Stelle die Frage, ob ein effizienter Einsatz der vorhandenen Ressourcen stattfindet. Im Gesundheitswesen werden allerdings nicht allein Allokationsziele verfolgt, sondern ebenso Distributionsziele und ordnungspolitische Ziele. Letztere sind im System der GKV Umverteilungen von Gesunden zu Kranken, von hohen Einkommen zu niedrigen, von Alleinstehenden zu Familien und von jüngeren zu

7 Vgl. Narayan, P.K. (2007), S. 993.
8 Vgl. Narayan, P.K. (2007), S. 997.
9 Vgl. Oberender, P., Zerth, J. (2003), S. 2.
10 Vgl. Steinmann, L., Telser, H. (2005), S. 31.

älteren Versicherten.[11] Diesem Aspekt kommt aufgrund der sich massiv verändernden Bevölkerungspyramide mehr und mehr Bedeutung zu. Die Krankenversicherung der Rentner (KVdR) ist hoch defizitär. Gründe liegen in dem deutlich verlängerten Bezugszeitraum aufgrund von Frühverrentung und einer höheren Lebenserwartung. Eine Situation, die sich in naher Zukunft erwartbar verstärken wird.[12] Dies ist zudem kein allein deutsches Phänomen, da Untersuchungen in der Schweiz aufzeigen konnten, dass nicht die demographische Alterung an sich, sondern eine veränderte Inanspruchnahme von Gesundheitsleistungen dieser neuen Generation von Älteren überproportional hohe Kosten verursacht.[13] Die Entwicklung der Leistungsinanspruchnahme im Vergleich zum selbst geleisteten Beitrag — jeweils abgetragen in Prozent in der Abbildung 2.1 — zeigt das Ausmaß der Unterdeckung im Bereich der Krankenversicherung der Rentner in Deutschland. Wechselwirkungen zwischen Alterung und anderen Kostentreibern spielen in diesem Zusammenhang eine große Rolle.[14]

Abbildung 2.1: Prozentualer Anteil von Beiträgen und Ausgaben in der KVdR

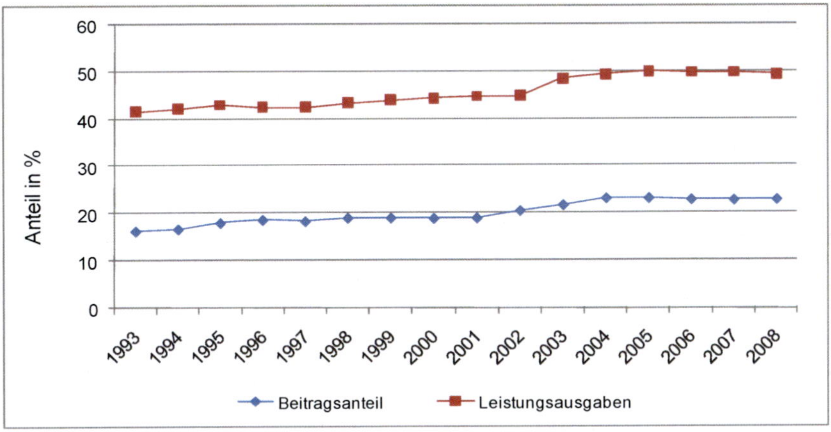

Quelle: BMG (2009).

Regulatorische Eingriffe basieren auf der Annahme, dass der Marktmechanismus nicht für „angemessene" Preise und Mengen sorgt und daher staatliches Handeln

11 Vgl. Wähling, S. (1996), S. 2f.
12 Vgl. Narayan, P.K. (2007), S. 996.
13 Vgl. Steinmann, L., Telser, H. (2005), S. 10, S. 13.
14 Vgl. Steinmann, L., Telser, H. (2005), S. 10.

die Marktsituation verbessern kann und sollte (normative Theorie). Die positive Theorie erklärt hingegen das Regulierungshandeln selbst.[15] Deregulierungstendenzen in anderen Sektoren stehen in jüngerer Vergangenheit einer Verdichtung der Regulierung im Arzneimittelbereich entgegen, wie die Abbildung 2.5 zeigt. Bei verschreibungspflichtigen Medikamenten wird auf der Angebotsseite eine ungerechtfertigte Bereicherung der pharmazeutischen Industrie vermutet, auf der Nachfrageseite stellt die mehrfach geteilte Nachfrage ein Problem zu geringer Wirtschaftlichkeitsanreize dar. In der Folge ergeben sich aus Sicht der Kostenträger in diesem Bereich entsprechend hohe Rationalisierungsreserven. Da Regulierungsmaßnahmen unterschiedliche Ebenen berühren, resultieren mehrere Diskussionslinien. Zur Diskussion stehen Preisbildung und Effizienz der Forschung und Entwicklung, Beschäftigungs- und Standortaspekte sowie die Beitragssituation als fiskalisches Ausgabenziel.[16] Ausgangspunkt sämtlicher Regulierungsanstrengungen in ganz Europa ist die Optimierung mehrerer Zielsetzungen. Neben dem offensichtlichen Ziel, die Kosten für das öffentliche Gesundheitssystem unter Kontrolle zu haben, muss des Weiteren auf eine hohe Effizienz und Versorgungsqualität geachtet werden. Eine dritte Zieldimension stellt der einheitliche Zugang zu Gesundheitsdienstleistungen dar.

Abbildung 2.2: Zielkonfliktsituation der Arzneimittelregulierung

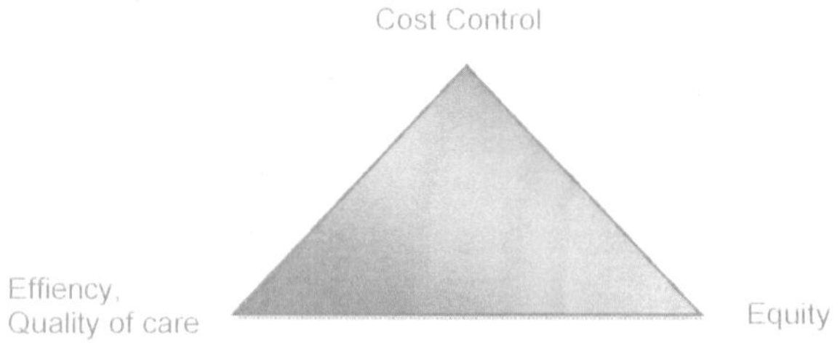

Quelle: In Anlehnung an Mossialos, E. et al, S. 32.

Diese Zieldimensionen lassen sich nicht immer gleichzeitig verfolgen, auf Interdependenzen sollte von staatlicher Seite geachtet werden.[17] Beispielsweise kann die Erhöhung von Versorgungsqualität und gleichem Zugang zu

15 Vgl. Oberender, P., Zerth, J. (2003), S. 6.
16 Vgl. Mehnert, A. (1997), S. 21 f.
17 Vgl. Mossialos, E. et al. (2004), S. 32.

Gesundheitsgütern die Chancen Kosten zu senken (negativ) beeinflussen. Eine gesunde Arbeitnehmerschaft stellt länderübergreifend eine wichtige volkswirtschaftliche Ressource dar.[18] Oft ist zudem der direkte Zusammenhang eines Gesundheitsgewinns durch mehr Geld im System nicht herstellbar. Dennoch bildet die Kostenkontrolle nicht das alleinige Ziel, da diese nicht den Präferenzen der (Pflicht-)Versicherten entspricht. Die Betrachtung von Trade-Offs bleibt in jedem Fall unausweichlich. Viele Maßnahmen benötigen zudem begleitende Eingriffe, um wirken zu können, worauf im weiteren Verlauf anhand eines Beispieles noch eingegangen wird. Im bestmöglichen Fall antizipiert der staatliche Regulierer Ausweichreaktionen, die die Kosten letztlich erhöhen (Beschränkungen im ambulanten Bereich könnten Krankenhausaufenthalte erhöhen). Im Bereich der Arzneimittelregulierung stellt sich die Frage, ob Arzneimittel dabei unterstützen können, in anderen Sektoren des Gesundheitsmarktes kostenentlastend zu wirken. Eine Studie in Kanada hat für diese Konstellation einen positiven Zusammenhang errechnet. Ein in Arzneimittel investierter Dollar spart 1,48 Dollar für andere Versorgungsmaßnahmen bei Männern und noch 1,05 Dollar bei Frauen.[19]

Regulatorische Maßnahmen müssen stets dem Setting angepasst werden, um intendiert wirken zu können. Internationale Vergleiche können aufzeigen, welche Maßnahmen sich auf den unterschiedlichen Ebenen finden. Länderspezifische Faktoren begrenzen jedoch eine Übertragbarkeit. Diese sind unter anderem:

- Soziale Besonderheiten
- Ökonomische Situation
- Medizinische und gesundheitswissenschaftliche Umgebung
- Politische und institutionelle Rahmenbedingungen
- Historische Einschränkungen

Hinzu kommt die Problematik, dass aus staatlicher Sicht Erfolge schwer einzelnen Maßnahmen zuzuordnen sind, da stets eine Interaktion mehrerer Rahmenvorschriften vorzufinden ist. Dennoch erscheint ein Vergleich der Regulationsanstrengungen mehrerer Staaten sinnvoll, um einen erprobten „best practice" zu identifizieren, auf dem zukünftige Justierungen beruhen könnten.[20] In

---

18 Vgl. Narayan, P.K. (2007), S. 998.
19 Vgl. Cremieux, P.Y., Ouellete, P., Petit, P. (2007), S. 219.
20 Vgl. Mossialos, E. et al. (2004), S. 32.

jedem Land müssen Stakeholderinteressen nicht zwangsläufig kongruent sein, sondern sind z.T. konträr ausgerichtet.

Grundlegend gilt für den deutschen Arzneimittelmarkt die Regelung, dass jeder Hersteller den Preis für sein Präparat selbstständig festlegen darf.[21] Zumindest bei GKV-Versicherten müssen die Krankenkassen diesen Preis zunächst auch voll bezahlen. In den vergangenen Jahrzehnten wurden allerdings vermehrt Bemühungen unternommen, Steuerungsinstrumente zu implementieren, welche ein Ausgabenwachstum bei den gesetzlichen Krankenkassen verhindern sollen. Ausgabenanstiege im Bereich der Arzneimittel werden unterschiedlichen Effekten zugeschrieben. Zum einen findet zunehmend eine Verschiebung zu teureren Medikamenten statt.[22] Ein Bereich der Umsatzentwicklung entfällt somit auf die sich verändernde Preisstruktur. Der Wert unterteilt sich in Preis-, Struktur- und Warenkorbkomponente. Die Strukturkomponente erfasst Verschiebungen zu anderen Darreichungsformen, Wirkstärken und Packungsgrößen (Intramedikamenteneffekt) sowie zu anderen Arzneimitteln (Intermedikamenteneffekt). Hier lassen sich vor allem die Analogpräparate als Verursacher identifizieren. Analogpräparate stellen dabei Molekülvariationen ansonsten sehr ähnlicher Wirkstoffe dar, die patentiert hochpreisig am Markt positioniert werden. Eine ausführliche Diskussion am konkreten Beispiel findet sich in Kapitel 6.3. Zum anderen untergliedert sich die Strukturkomponente in den Intramedikamenteneffekt. Die Abbildung 2.3 zeigt die Zerlegung des Arzneimittelumsatzes in seine Komponenten. Die Gesamtausgaben für Arzneimittel ergeben sich aus der Verordnungshäufigkeit und dem Wert der jeweiligen Verordnung. Für das Jahr 2005 wurde eine Höhe der Strukturkomponente von 5,5 Prozent des GKV-Arzneimittelmarktes ermittelt.[23] Eine Analyse dieser Komponenten ermöglicht somit die Identifikation der Treiber von Ausgabensteigerungen. Analysen fokussieren häufig auf den Vergleich von Preisentwicklung und Strukturkomponente. In Deutschland wird dabei der Strukturkomponente eine stärkere Rolle beim Ausgabenwachstum zugeschrieben als allein den Preissteigerungen.[24] Hier findet sich eine Kontroverse in der Auslegung der Ursachen für den Ausgabenanstieg im Arzneimittelbereich.

[21] Vgl. Glaeske, G. (2006), S. 700.
[22] Vgl. Schwabe, U. (2006), S. 74.
[23] Vgl. Vorderwülbecke, U. (2006), S. 693.
[24] Vgl. Litsch, M., Reichelt, H. (1989), S. 446.

Während der Arzneiverordnungsreport und der Arzneimittelreport die Strukturkomponente als Kostentreiber identifizieren, sieht der Arzneimittelatlas eher politikorientierte Effekte als Kostentreiber.[25] Als ein Manko des Arzneiverordnungreports bei der Berechnung wird die Vermischung zwischen den Indikationen und die Betrachtung der Abgabe von kleineren Packungsgrößen aufgrund der Verordnungsbasierung angesehen.[26]

Abbildung 2.3: Konzept der Komponentenzerlegung

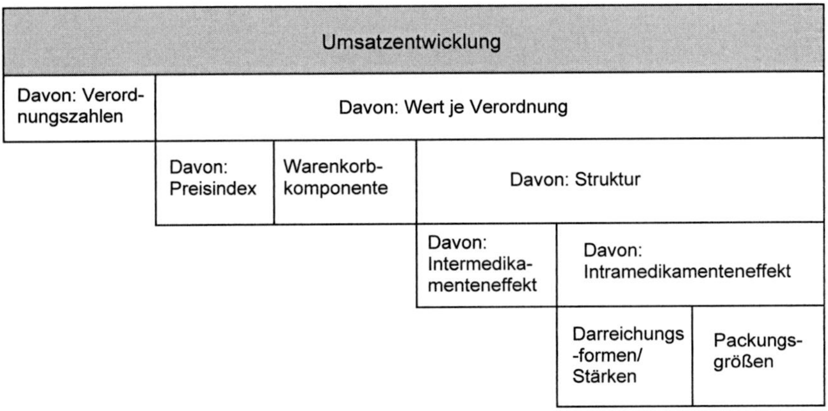

Quelle: Vgl. Litsch, M., Reichelt, H. (1989a), S. 455.

Aus gesundheitswissenschaftlicher und -ökonomischer Sicht ergeben sich hierbei vielerlei Fragestellungen. Diese betreffen die Anreizsetzung verschiedener Steuerungsinstrumente für Patienten, die Krankenkassen, medizinische Leistungserbringer und pharmazeutische Hersteller sowie ihre Auswirkung auf die Versorgungsqualität der Bevölkerung. Die geplante Implementation einer „vierten Hürde" eröffnet ein wichtiges Feld für ökonomische Analysen im Segment der Pharmakotherapie. So genannte Health Technology Assessments (HTA) erarbeiten den Stand der Wissenschaft sowohl in Bezug auf medizinische „best practices" als auch auf die Kosteneffektivität.[27] Eine solche strukturierte Analyse untersucht dabei direkte und indirekte Konsequenzen der Anwendung von Technologien der Gesundheitsversorgung für Entscheidungen der Gesundheitsbehörden.[28] Aus diesen Studien lassen sich in der Folge Leitlinien für

25 Vgl. Häussler, B., Hoer, A., Hempel, E., Storz, P. (2006), S. 11.
26 Vgl. Häussler, B., Hoer, A., Hempel, E., Storz, P. (2006), S. 13.
27 Vgl. Greiner, W. (2006), S. 349f.
28 Vgl. Drummond, M. et al. (2008), S. 244-247.

Mediziner erstellen, die Entscheidungshilfen für eine kosteneffektive und wirksame Therapie bieten können. Häufig werden dabei entfernt liegende Ereignisse anhand von Risikofaktoren abgebildet.

Grundsätzlich können Apotheker über die Steuerung der Abgabe den Umsatz der vertriebenen Arzneimittel maßgeblich beeinflussen. Die Regelung der aut idem Rabattsubstitution in Deutschland hat zu einer viel stärkeren Einflussnahme auf die Medikation bei Einlösung eines Rezeptes geführt. Hierbei besteht für den verschreibenden Arzt die Möglichkeit, durch Setzen eines Kreuzes auf dem Rezept den Austausch der verschriebenen Arznei auszuschließen. Tatsächlich wird die Kreuzsetzung eher selten angewandt, was Quoten von ca. 10 Prozent verdeutlichen.[29] Wird kein aut idem Kreuz gesetzt, ist der Apotheker in der Pflicht entweder eines der drei preisgünstigsten Arzneimitel oder eine (Re)Importarznei auszuwählen. Besteht zudem ein Rabattvertrag nach § 130 a Abs. 8 SGB V wird die Wahl auf die Gewinner der jeweiligen Wirkstofflose eingeschränkt. Geschickt gesetzte Anreize für Apotheker und Ärzte für eine verstärkte Generikaabgabe können einen starken Einfluss auf die Verordnungskosten entwickeln. Zusätzliche Erlöse oder höhere Margen wären probate Methoden.[30] Nachdem bis 2004 in Deutschland prozentuale Zuschläge teure Packungen interessant gemacht haben, wurde dies durch einen Festzuschlag geändert und nunmehr ist auch die Abgabe kleinerer Packungen für die Apotheker lohnenswerter. Die Regulierungsdichte im Bereich der Arzneimittelabgabe ist sehr hoch und zudem länderspezifisch.

2.2 Ausgabensteuerung im Zeitverlauf

Die Gesetzliche Krankenversicherung unterliegt seit ihrer Gründung einem sich im gesellschaftlichen und politischen Zeitgeschehen spiegelnden Entwicklungs- und Reformprozess. Der im zeitlichen Verlauf kontinuierlich steigende Beitragssatz (vgl. Abb. 2.4) steht bei einer Betrachtung gesundheitspolitischer Steuerungs- und Regulierungsbemühungen als Effektindikator ebenso im Mittelpunkt wie die anhaltende Ausgabensteigerung der GKV. Als BIP-Anteil ausgedrückt, nahmen die GKV-Ausgaben einen konstanten Anteil ein.[31] Wird hingegen das beitragspflichtige Einkommen der Versicherten in Relation zum BIP

[29] Vgl. Beck, E. (2010), S. 18.
[30] Vgl. Mossialos, E. et al. (2004), S. 26.
[31] Vgl. Wille, E. (2010), S. 103.

herangezogen, so weist die Steigerung des BIP eine wesentlich größere Steigung auf. Dies kann auf mehrere Ursachen zurückgeführt werden, zu denen unter anderem die hohe strukturelle Arbeitslosigkeit, geringes Wachstum in den unteren Lohngruppen sowie eine längere Bezugsdauer von Renten bei längerer Lebenszeit zählen. Dieser Rückgang der Einnahmenbasis stellt daher die größere Herausforderung dar. Kostendämpfungsbemühungen und Maßnahmen zur Verbesserung der Einnahmenbasis der Krankenkassen stellen mögliche Ansatzpunkte der Steuerung dar. Der Gesetzgeber hat sich dabei zunächst der Kostendämpfung gewidmet und nach den ersten Gesetzen in den 70er Jahren, die sich auf die Ausgabenbegrenzung im stationären Sektor konzentrierten, seit 1989 dann zunehmend der Begrenzung der Arzneimittelausgaben erhöhte Aufmerksamkeit geschenkt.

Abbildung 2.4: Durchschnittliche Beitragssatzentwicklung in der GKV von 1970 bis 2007

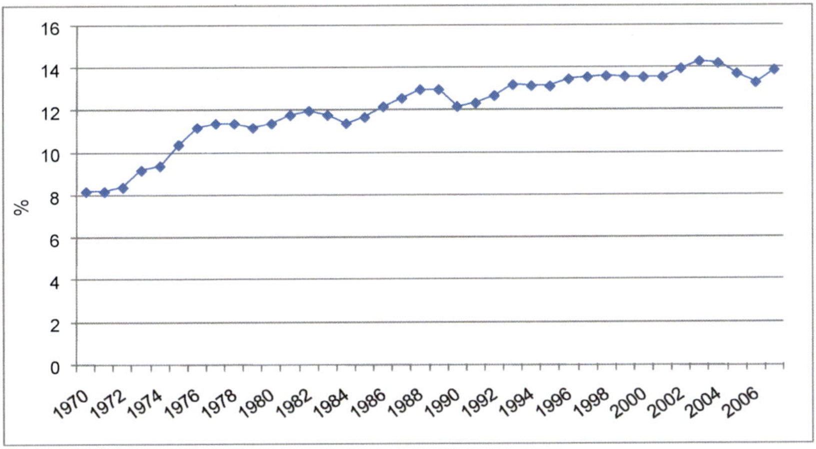

Quelle: Eigene Datstellung in Anlehnung an: GKV-KM1 Statistik, BMG; Arbeits- und Sozialstatistik, BMAS.

Ein überwiegender Teil der gesundheitspolitischen Gesetzesinitiativen reagierte auf die kontinuierliche Ausgabensteigerung in der GKV. Bis Mitte der 1970er Jahre standen gesundheitspolitische Reformbemühungen im Zeichen des wirtschaftlichen Aufschwungs. Neben dem Krankenhausfinanzierungsgesetz (1972) und der Bundespflegesatzverordnung (1973) zeichnete sich auch das Leistungsverbesserungsgesetz (1973) als erhebliche Verbesserung des

Leistungsbereiches der GKV aus.[32] Die wirtschaftliche Wachstumsphase in Deutschland ging von 1969 bis 1975 mit einer gesundheitspolitischen Reformperiode einher, die den Ausbau der sozialen Sicherung im Krankheitsfall sowie die Einbeziehung weiterer Bevölkerungsgruppen in die Gesetzliche Krankenversicherung, verbunden mit einer Ausweitung des Leistungskataloges der GKV, zum Ziel hatte.[33] Die folgende Darstellung (Abb. 2.5) gibt einen Überblick über die Ausgabenentwicklung der GKV im Zeitverlauf mit den parallel erfolgten Reformgesetzten.

[32] Vgl. Hamm, W. et al. (1984), S. 25; Nagel, E. (2007), S. 69.
[33] Vgl. Beske, F., Baumgärtner, M. (2008), S. 19; Simon, M (2005), S. 30.

Abbildung 2.5: Ausgabenentwicklung der deutschen GKV von 1970 bis 2007

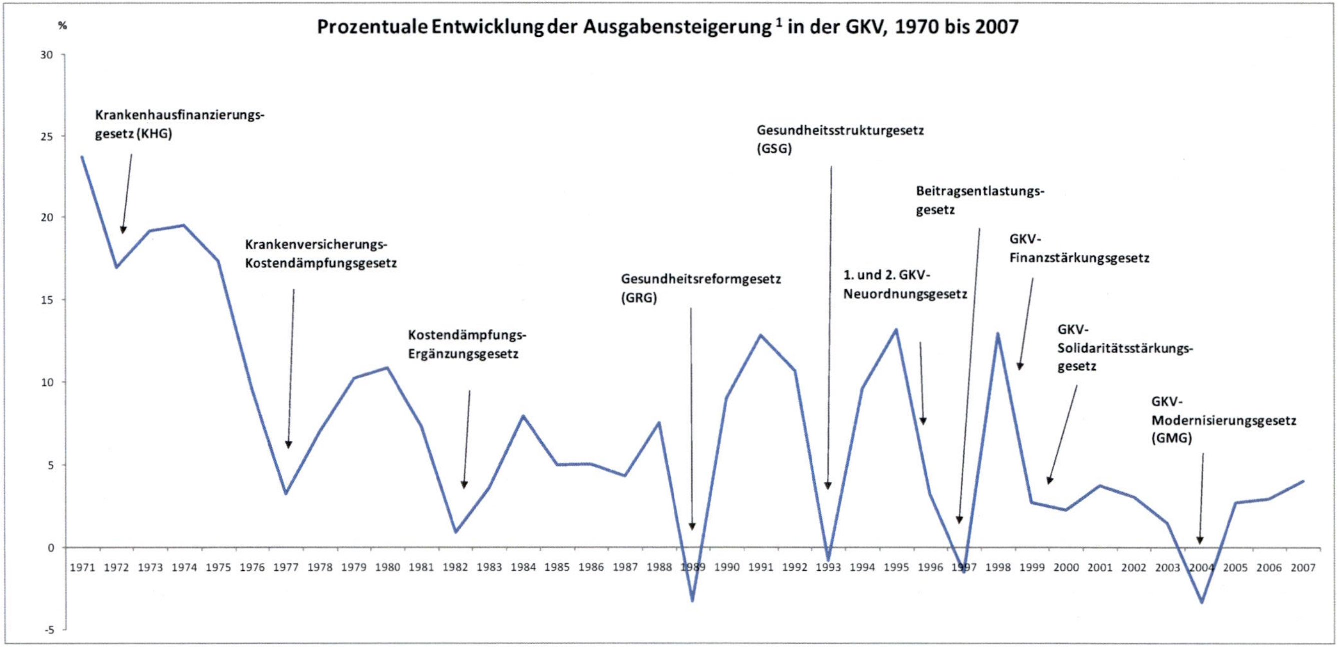

1) Ausgaben: Leistungsausgaben, Verwaltungskosten und sonstige Ausgaben. Nicht berücksichtigt sind Ausgaben für den Risikostrukturausgleich (RSA).

Quelle: http://www.bmg.bund.de/cln_100/nn_1168278/SharedDocs/Downloads/DE/Statistiken/Gesetzliche-Krankenversicherung/Finanzergebnisse/kj1-10-Jahre,templateId=raw,property=publicationFile.xls/kj1-10-Jahre.xls, Bundesministerium für Gesundheit (BMG): KJ-1-Statistik (gesetzliche Krankenversicherung: Rechnungsergebnisse sowie Angaben zum Ausgleich der Krankenversicherung der Rentner (Beitragspflichtige Einnahmen)). Die GKV-Ausgaben für den Zeitraum von 1970 bis 1997 wurden auf Grundlage der endgültigen Rechnungsergebnisse der GKV und anhand des offiziellen Umrechnungskurses von 1,95583 DM/€ neu berechnet.

1972-1984 Gesetze mit Hauptfokus auf die Begrenzung stationärer Ausgaben

Das Krankenhausfinanzierungsgesetz (KHG)[34] von 1972 begegnete einem unterfinanzierten Krankenhauswesen mit dem Ziel, die wirtschaftliche Sicherung der Krankenhäuser zu gewährleisten, die bedarfsgerechte Versorgung der Bevölkerung zu sichern sowie sozial tragbare Pflegesätze zu etablieren. [35] Zentral waren dabei die Neuregelungen zur Krankenhausplanung und Investitionsförderung. Die drastische Erhöhung des Ölpreises in den Jahren 1973/1974 markiert jedoch den Beginn einer Phase der Kostendämpfungspolitik von 1977 bis 1985, die mehr auf die Umverteilung von Kosten im Rahmen des Finanzhaushaltes, nicht aber auf eine grundlegende Strukturveränderung der Gesundheitsversorgung setzte.[36] Mit dem 1977 in Kraft getretenen Krankenversicherungs-Kostendämpfungsgesetz (KVKG)[37] wurde versucht, die Inanspruchnahme von Krankenversicherungsleistungen durch eine Verschärfung des Leistungsrechtes zu steuern.[38] Dies beinhaltete unter anderem den partiellen Ausschluss von Versicherungsleistungen aus der Erstattung oder eine höhere Selbstbeteiligung. Hinzu kam eine Vereinbarung von *Höchstbeträgen für Arzneimittel* zwischen den Krankenkassenverbänden und den Kassenärztlichen Vereinigungen. Das KVKG bildete das erste einer Reihe von Kostendämpfungsgesetzen, die sich in der Folge in eine Phase mit Versuchen zur Eingrenzung der Kostenentwicklung sowie eine weitere Phase mit Bemühungen zur Konsolidierung der Staatsfinanzen sowie der Verlagerung der Kosten auf die Versicherten unterteilen lassen. Von zentraler Bedeutung waren das Krankenhaus-Kostendämpfungsgesetz (1981), das Krankenhaus-Neuordnungsgesetz (1984) und das Gesundheitsreformgesetz (1989).[39] Diese standen jedoch weniger im Kontext einer Modifizierung des deutschen Gesundheitssystems als vielmehr im Zusammenhang mit einer partiellen Reformierung einzelner Vergütungssysteme. Das Krankenhaus-

---

34 Gesetz zur wirtschaftlichen Sicherung der Krankenhäuser und zur Regelung der Krankenhauspflegesätze (Krankenhausfinanzierungsgesetz – KHG) vom 29. Juni 1972 (BGBl. I, S. 1009).

35 Vgl. Bruckenberger, E. et al. (2006), S. 159.

36 Vgl. Simon, M. (2005), S. 34; Samwer, M. (2008), S. 15.

37 Gesetz zur Dämpfung der Ausgabenentwicklung und zur Strukturverbesserung in der gesetzlichen Krankenversicherung (Krankenversicherungs-Kostendämpfungsgesetz – KVKG) vom 27. Juni 1977 (BGBl. I, S. 1069).

38 Vgl. Haus, K.H. (1993), S. 36.

39 Vgl. Simon, M. (2005), S. 32.

Kostendämpfungsgesetz (KHKG)[40] sowie das Kostendämpfungs-Ergänzungsgesetz (KVEG)[41] von 1981 brachten weitere Ausgabenkürzungen und einen stärkeren Fokus auf das medizinisch Notwendige, um das Defizit der Krankenversicherung für die Jahre 1981 und 1982 zu reduzieren.[42] Das KVEG brachte darüber hinaus weitere Kürzungen im Leistungsrecht der gesetzlichen Krankenversicherung. Im Mittelpunkt stand dabei eine *stärkere Eigenbeteiligung der Versicherten zum Beispiel bei der Abgabe von Bagatell-Arzneimitteln*, Zahnersatz oder Hilfsmitteln. Mit einer zunächst rückläufigen Steigerungsrate der GKV-Ausgaben im Jahr 1982 (-6,44 Prozent) entwickelten das KHKG und das KVEG zumindest kurzfristig Wirkung. Doch bereits 1983 begannen die Ausgaben der GKV wieder stärker zu steigen als im Vorjahr. Mit dem Krankenhaus-Neuordnungsgesetz (KHNG)[43] von 1984 sollte durch die Abschaffung der retrospektiven Selbstkostenerstattung und durch die Einführung der prospektiven Budgetierung vor allem die steigende Ausgabenentwicklung der Krankenhäuser gedämpft werden. Dadurch erfolgte eine Verhinderung von nachträglichen Erhöhungen der Budgets und Pflegesätze.

Aufgrund der in der Folgezeit nur leicht abgeschwächten Kostensteigerung (vgl. Abb. 2.4) erschien eine grundlegende Strukturreform aus sozialpolitischer Sicht nötig. Mit dem Gesundheitsreformgesetz (1989) und dem Gesundheitsstrukturgesetz (1993) traten zwei Gesetzte in Kraft, die nicht mehr nur rein kostenorientierte Maßnahmen beinhalten sollten. Die Schwerpunkte lagen stattdessen in einer Stärkung der Eigenverantwortung der Versicherten sowie der Strukturmodernisierung der gesetzlichen Krankenversicherung.

1989: Gesundheitsreformgesetz (GRG)

1989 wurde mit der Novellierung des Gesundheitsreformgesetzes (GRG)[44] und der Eingliederung des fünften Buches in das Sozialgesetzbuch (SGB V) das GKV-

40 Gesetz zur Änderung des Gesetzes zur wirtschaftlichen Sicherung der Krankenhäuser und zur Regelung der Krankenhauspflegesätze (Krankenhaus-Kostendämpfungsgesetz – KHKG) vom 22.12.1981 (BGBl. I, S. 1568).

41 Gesetz zur Ergänzung und Verbesserung der Wirksamkeit kostendämpfender Maßnahmen in der Krankenversicherung (Kostendämpfungs-Ergänzungsgesetz - KVEG) vom 22.12.1981 (BGBl. I, S. 1578).

42 Vgl. Haus, K.H. (1993), S. 37.

43 Gesetz zur Neuordnung der Krankenhausfinanzierung (Krankenhaus-Neuordnungsgesetz – KHNG) vom 20.12.1984 (BGBl. I, S. 1716).

44 Gesetz zur Strukturreform im Gesundheitswesen (Gesundheitsreformgesetz – GRG) vom 20.12.1988 (BGBl. I, S. 2477).

System auf eine neue gesetzliche Grundlage gestellt.[45] Ausgehend von einer in den vergangenen Jahren nur vorübergehenden Verlangsamung der Ausgabensteigerung und einer im Jahr 1988 wieder steigenden Ausgabenrate der GKV (7,5-prozentige Ausgabensteigerung von 1987 zu 1988, vgl. Abb. 2.5), gelang es mit dem GRG, sozialstaatliche Strukturen der Regulierung qualitativ maßgeblich zu verändern. Zentral waren dabei die Einführung bzw. Erhöhung von Zuzahlungen bei nicht festbetragsgebundenen Arznei-, Hilfs- und Heilmitteln sowie Zahnersatz und Krankenhausaufenthalten. Nachdem bisherige Regulierungsinstrumente wie Arzneimittelhöchstbeträge die an sie geknüpften Erwartungen im Zuge einer stärkeren, kostendämpfenden Wirkung nicht erfüllen konnten, fand neben dem Ausschluss von Bagatell-Arzneimitteln aus dem Leistungskatalog der gesetzlichen Krankenkassen auch die Einführung des Festbetragssystems für Arznei- und Hilfsmittel statt. Die Ausdehnung der Präventionsleistungen und die Einführung der Gesundheitsförderung und Früherkennung als Pflichtleistungen der GKV setzten zudem den Kurs vorheriger prospektiver Kostendämpfungsbemühungen fort.[46] Neu war der Einstieg in die soziale Absicherung des Pflegefallrisikos, welcher als Vorgriff auf umfassendere Leistungen in einer geplanten Pflegeversicherung gedacht war.[47] Neben der Erweiterung der Wirtschaftlichkeitsprüfungen zählt zudem die Neugründung des Medizinischen Dienstes der Krankenversicherung (MDK) zu den wichtigsten Regelungen des GRG.

In den Jahren 1989 und 1990 gelang es die Ausgaben der GKV kurzfristig zu senken. Daraufhin reduzierte sich auch der durchschnittliche Beitragssatz von 13 Prozent im Jahr 1988 auf 12,3 Prozent im Jahr 1991. Allerdings verloren die kostendämpfenden Maßnahmen rasch an Wirkung. Bereits 1992 verzeichneten die Ausgaben erstmals seit 1980 wieder eine zweistellige Wachstumsrate (12,8 Prozent) (vgl. Abb. 2.4).

1993: Gesundheitsstrukturgesetz (GSG)

Das 1993 verabschiedete Gesundheitsstrukturgesetz (GSG)[48] markierte zwar keinen Paradigmenwechsel, beinhaltete allerdings eine erneute Kostenbremse

---

45 Vgl. Haus, K.H. (1993), S. 67.
46 Vgl. Bieback, K.J. (1992), S. 22.
47 Vgl. Simon, M. (2005), S. 33.
48 Gesetz zur Sicherung und Strukturverbesserung der gesetzlichen Krankenversicherung (Gesundheitsstrukturgesetz) vom 21.12.1992 (BGBl. I, S. 2266).

und weitreichende strukturelle Änderungen in der GKV. Eine kurzfristige Kostendämpfung galt jedoch als Voraussetzung für systemgebundene, strukturelle Veränderungen. Um einen weiteren Anstieg der Beitragssätze zu vermeiden, führte das GSG die sektorale Budgetierung ein. Die Ausgabensteigerung für Arznei-, Heil- und Hilfsmittel sowie für die Krankenhausbudgets wurde damit, auch über den geplanten Zeitraum von zunächst drei Jahren hinweg, an die Steigerung der Grundlohnsumme und damit auch an die Einnahmen der Krankenkassen gekoppelt.

Kern des GSGs war die Organisationsreform der gesetzlichen Krankenversicherung.[49] Zur Stärkung des Wettbewerbs innerhalb der GKV sowie einer erhöhten Wahlfreiheit für Versicherte wurde kassenartenübergreifend die bis dahin geltende Beschränkung auf bestimmte Versicherungsgruppen abgeschafft. Mit der Einführung eines kassenartübergreifenden Risikostrukturausgleiches (RSA) sollten zudem unterschiedliche Mortalitätsstrukturen der Versicherten sowie deren Einkommensstrukturen ausgeglichen werden.[50] In diesem Kontext stand auch die Erleichterung der Krankenkassenzusammenschlüsse.

Die Aufhebung des Selbstkostendeckungsprinzips im Krankenhaus und die Etablierung eines neuen Entgeltsystems mit Fallpauschalen und Sonderentgelten markierten darüber hinaus Einschnitte in die Krankenhausfinanzierung. Auch im ambulanten Sektor wurde durch eine verschärfte Bedarfsplanung und Zulassungsbeschränkung die Beseitigung von Überkapazitäten vorangetrieben. Hinzu kamen steigende Zuzahlungen der Versicherten bei Zahnersatz, Arznei- und Heilmitteln sowie der Ausschluss kieferorthopädischer Behandlungen für über 18-Jährige.

Mit einer Reihe von SGB V Änderungsgesetzen nahm der Gesetzgeber in den Folgejahren einige zentrale Reformprojekte des GSG wieder zurück, darunter auch die Einführung einer Positivliste für erstattungsfähige Arzneimittel. Die wesentlichen Maßnahmen des GSGs zeigten in der Folge zudem nur kurzfristige Effekte. Zwölf Monate nach Verabschiedung des GSGs gingen die Ausgaben der

[49] Vgl. Nagel, E. (2007), S. 70.
[50] Vgl. Fack-Asmuth, W., Robbers, J. (1993), S. 42.

GKV zwar um 774 Millionen Euro im Vergleich zum Jahr 1992 zurück, stiegen im darauf folgenden Jahr jedoch wieder um über 9 Milliarden Euro auf insgesamt über 98 Milliarden Euro. Der durchschnittliche Beitragssatz kletterte im selben Jahr auf 13,2 Prozent und stieg 1996 weiter auf 13,5 Prozent.

1997: Beitragsentlastungsgesetz sowie 1. und 2. GKV-Neuordnungsgesetz

Aufgrund der Mitte der 1990er Jahre deutlich zunehmenden Ausgabensteigerungsrate (vgl. Abb. 2.5) trat 1997 das Beitragsentlastungsgesetz[51] für die gesetzliche Krankenversicherung in Kraft. Neben erneut steigenden Zuzahlungen für Arzneimittel enthielt es Einschränkungen im Leistungsvolumen der GKV wie z.B. eine Absenkung der Krankengeldleistung um zehn Prozentpunkte. Darüber hinaus wurde rückwirkend für 1996 ein Beitragssatzanhebungsverbot erlassen sowie ab dem 01.01.1997 eine verpflichtende Beitragssatzsenkung um 0,4 Prozentpunkte beschlossen.[52]

Das zum 1. Juli 1997 in Kraft getretene 1.[53] und 2.[54] GKV-Neuordnungsgesetz (GKV-NOG) sollte in der Folge die Finanzverantwortung der Krankenkassen sowie die Eigenverantwortung der Versicherten stärken. Im 1. NOG war unter anderem vorgesehen, die Beitragssatzerhöhungen einer Krankenkasse an die Erhöhung der Zuzahlungen zu koppeln. Zudem sollte ein außerordentliches Kündigungsrecht für Kassenmitglieder eine Beitragssatzstabilität gewährleisten.[55] Das 2. NOG führte wiederum eine erneute Erhöhung der Zuzahlungen bei Arznei-, Verband-, Heil- und Hilfsmitteln, bei Krankenhausaufenthalten sowie Rehabilitationsaufenthalten ein. Ferner wurde eine Dynamisierung der festen Zuzahlungsgrößen in Anlehnung an die Lohn- und Gehaltsentwicklung beschlossen.[56] Zudem brachte das 2. NOG die Einführung des Kostenerstattungsprinzips bei Zahnersatz und kieferorthopädischer Behandlung von Jugendlichen sowie die Festlegung einer Belastungsgrenze für Zuzahlungen der Versicherten. Eingriffe in den ambulanten Sektor sahen die Aufhebung der

51 Gesetz zur Entlastung der Beiträge in der gesetzlichen Krankenversicherung (Beitragsentlastungsgesetz) vom 1.11.1996 (BGBl. I, S. 1631).
52 Vgl. Nagel, E. (2007), S. 71.
53 Erstes Gesetz zur Neuordnung von Selbstverwaltung und Eigenverantwortung in der gesetzlichen Krankenversicherung (1. GKV-Neuordnungsgesetz – 1. NOG) vom 23.06.1997 (BGBl. I, S. 1518).
54 Zweites Gesetz zur Neuordnung von Selbstverwaltung und Eigenverantwortung in der gesetzlichen Krankenversicherung (2. GKV-Neuordnungsgesetz – 2. NOG) vom 23.06.1997 (BGBl. I, S. 1520).
55 Vgl. Nagel, E. (2007), S. 71.
56 Vgl. Schlander, M. (2009), S. 19.

regionalen Budgets für Arznei- und Heilmittel sowie die Vereinbarung arztgruppenspezifischer Richtgrößen vor.

Die Neuordnungsgesetze sollten prospektiv zur Verhinderung bzw. Dämpfung von Beitragssatzsteigerungen dienen. Doch trotz der erhöhten Selbstbeteiligungen der Versicherten stieg der durchschnittliche Beitragssatz der Krankenkassen von 13,5 Prozent im Jahr 1996 auf 13,6 Prozent im Jahr 1997. Mit dem Beitragsentlastungsgesetz sowie dem 1. und 2. GKV-Neuordnungsgesetz nimmt die Frequenz der sequentiellen gesundheitspolitischen Gesetzesinitiativen zu.[57] Ein Großteil der Reformprojekte zielte in der Folge auf die Erhöhung von Zuzahlungen und auf die Induzierung des kasseninternen Wettbewerbs ab, wesentliche strukturelle Veränderungen blieben bis Ende der 1990er Jahre jedoch aus.[58]

1998: GKV-Finanzstärkungsgesetz (GKVFG)

Auch mit den beiden GKV-Neuordnungsgesetzen von 1997 gelang es nicht, die Finanzsituation der GKV nachhaltig zu verbessern. Vom Jahr 1997 auf das Jahr 1998 stiegen die Ausgaben der GKV um über 14,5 Milliarden Euro, was einer Ausgabensteigerung von ca. 13 Prozentpunkten entspricht. Das GKV-Finanzstärkungsgesetz (GKVFG)[59] sah deshalb vor, die Finanz- und Vermögenssituation der Krankenkassen zu konsolidieren. Um eine kasseninterne finanzielle Hilfe in besonderen Notlagen vor allem für ostdeutsche Kassen zu gewährleisten, wurden bestehende Rechtsbeschränkungen aufgehoben. Zudem erfolgte eine Einführung des länderübergreifenden Risikostrukturausgleichs mittels eines Finanzkraftausgleichs, der die durchschnittlichen Beitragssatzniveaus der GKV-West und GKV-Ost angleichen sollte.

1999: GKV-Solidaritätsstärkungsgesetz (GKV-SolG)

Das GKV-Solidaritätsstärkungsgesetz (GKV-SolG)[60] markiert in der Reihe gesundheitspolitischer Reforminitiativen einen Kurswechsel. Mit dem GKV-SolG wurden weite Teile der GKV-Neuordnungsgesetze von 1997 wieder

57 Vgl. Schlander, M. (2005), S. 314.
58 Vgl. Simon, M. (2005), S. 45.
59 Gesetz zur Stärkung der Finanzgrundlagen der gesetzlichen Krankenversicherung in den neuen Ländern (GKV-Finanzstärkungsgesetz - GKVFG) vom 23.03.1998 (BGBl. I, S. 526).
60 Gesetz zur Stärkung der Solidarität in der gesetzlichen Krankenversicherung (GKV-Solidaritätsstärkungsgesetz – GKV-SolG) vom 19.12.1998 (BGBl. I, S. 3853).

zurückgenommen oder eingeschränkt. Schwerpunkt des GKV-SolG blieb die kurzfristige Ausgabensenkung zur Gewährleistung der Beitragssatzstabilität.[61] Darüber hinaus sollten erhöhte Zuzahlungsregelungen und Leistungsausgrenzungen abgeschafft werden. Im Mittelpunkt standen dabei die Zuzahlungen für Medikamente und Heilmittel, kieferorthopädische Behandlungen sowie die Entlastung chronisch Kranker. Die mit dem 2. NOG beschlossene, generelle Erhöhung der Zuzahlung sowie deren Dynamisierung wurde deshalb mit dem GKV-SolG zurückgezogen. Neben der Aufhebung der zeitlichen Begrenzung des gesamtdeutschen Risikostrukturausgleiches erfolgte zudem ein Beschluss für die Budgetierung der Ausgaben für Arznei-, Heil- und Verbandmittel und den Krankenhausbereich sowie für die ärztliche Vergütung und die zahnärztliche Versorgung.

Sowohl mit dem GKVFG als auch mit dem GKV-SolG war ein starker Rückgang der Ausgabensteigerung in der gesetzlichen Krankenkasse verbunden. Zudem zeigte sich eine rückläufige Entwicklung des durchschnittlichen Beitragssatzes 1999 zum ersten Mal seit 1995 (vgl. Abb. 2.4).

2000: GKV-Gesundheitsreformgesetz 2000 (GrefG)

Im Hinblick auf eine langfristige Konsolidierung der GKV-Ausgaben wurde mit dem Gesundheitsreformgesetz (GrefG)[62] im Jahr 2000 der Versuch unternommen, strukturelle Änderungen im deutschen Gesundheitswesen vorzunehmen. Das GrefG sah in der ambulanten ärztlichen Versorgung eine Stärkung der Rolle des Hausarztes zur Steuerung der Patientenströme im Gesundheitswesen vor (Gatekeeper-Modell). Sektorenübergreifend wurde die Einrichtung eines umfassenden Qualitätsmanagements Pflicht.

Darüber hinaus ermächtigte das GrefG das BMG zur Regulierung der Arzneimittelversorgung eine Positivliste mit den von der GKV erstattungsfähigen Arzneimitteln zu erlassen.[63] In der Krankenhausfinanzierung fiel mit dem GrefG der Beschluss für die Umstellung auf ein pauschalisiertes Entgeldsystem auf Basis von Diagnosis Related Groups (DRG), welches 2002 mit dem

---

[61] Vgl. Nagel, E. (2007), S. 71.
[62] Gesetz zur Reform der gesetzlichen Krankenversicherung ab dem Jahr 2000 (GKV-Gesundheitsreformgesetz 2000) vom 22.12.1999 (BGBl. I, S. 2626).
[63] Vgl. Simon, M. (2005), S. 45.

Fallpauschalengesetz (FPG)[64] endgültig ratifiziert wurde. Wesentliche Veränderungen vollzogen sich mit dem GrefG auch in der privaten Krankenversicherung (PKV). Für Versicherte über 65 Jahre mussten Unternehmen der PKV einen Versicherungstarif anbieten, der maximal dem 1,5-fachen des Höchstsatzes der GKV entspricht.[65]

Als Konsequenz ließ sich eine kurzfristige Konsolidierung der Beitragssätze konstatieren. Darauf folgte jedoch ein Anstieg der GKV-Ausgaben in 2001 um fast 5 Milliarden Euro (vgl. Abb 2.5).

2001: Festbetrags-Anpassungsgesetz (FBAG)

Das mit dem GRG von 1989 eingeführte und bis dahin in der Kostendämpfungspolitik bewährte Festbetragssystem sollte mit dem Festbetrags-Anpassungsgesetz (FBAG)[66] auf eine rechtlich sicherere Grundlage gestellt werden.[67] Demnach durfte das BMG, zeitlich bis Ende 2003 befristet, einmalig eine Anpassung der Festbeträge für Arzneimittel vornehmen sowie in Ausnahmeregelungen neue Festbetragsgruppen bestimmen.

2001: Arzneimittelbudget-Ablösungsgesetz (ABAG)

Das kurz nach dem FBAG verabschiedete Arzneimittelbudget-Ablösungsgesetz (ABAG)[68] sah umfangreiche Sparmaßnahmen im Arzneimittelsektor zur Senkung des Defizits der gesetzlichen Krankenversicherung vor.[69] Mit dem ABAG wurden die bisherige Regelung zum Arznei- und Heilmittelbudget sowie die gesetzlich geregelte Vorgabe zum Kollektivregress der Ärzteschaft im Falle von Budgetüberschreitungen rückwirkend aufgehoben. Statt der bisher gültigen Arznei- und Heilmittelbudgets sollten die Selbstverwaltung (Landesverbände der Krankenkassen und die Kassenärztliche Vereinigung) auf regionaler Ebene jährlich Ausgabenvolumen und Zielvereinbarungen für Arzneimittelverordnungen treffen; gleiches galt analog für die Heilmittelverordnungen.

---

64 Gesetz zur Einführung des diagnose-orientierten Fallpauschalensystems für Krankenhäuser (Fallpauschalengesetz – FPG) vom 23.04.2002 (BGBl. I, S. 1412).

65 Vgl. Simon, M. (2005), S. 46.

66 Gesetz zur Anpassung der Regelungen über die Festsetzung von Festbeträgen für Arzneimittel in der gesetzlichen Krankenversicherung (Festbetrags-Anpassungsgesetz - FBAG) vom 02.08.2001 (BGBl. I, S. 1984).

67 Vgl. Schlander, M. (2009), S. 18.

68 Gesetz zur Ablösung des Arznei- und Heilmittelbudgets (Arzneimittelbudget-Ablösungsgesetz – ABAG) vom 19.12.2001 (BGBl. I, S. 3773).

69 Vgl. Hansen, L. (2009), S. 259.

2002: Arzneimittelausgaben-Begrenzungsgesetz (AABG)

Das im darauf folgenden Jahr verabschiedete Arzneimittelausgaben-Begrenzungsgesetz (AABG)[70] kehrte die bis dahin geltende aut idem Regelung in eine nec idem Regelung um.[71] Apotheker mussten ab sofort – sofern vom Arzt nicht anders verordnet – ein Generikum aus dem unteren Drittel des Preissegmentes abgeben.

2004: GKV-Modernisierungsgesetz (GMG)

Bis 2004 war die Ausgabenentwicklung der GKV rückläufig. Trotz der GKV-Gesundheitsreform 2000 sowie der nachfolgenden Kostendämpfungsgesetze (vor allem den Arzneimittelmarkt betreffend) stieg der durchschnittliche Beitragssatz der Krankenkassen – gerade vor dem Hintergrund ungünstiger konjunktureller Entwicklungen und steigender Arbeitslosigkeit – von 13,6 Prozent im Jahr 2000 über 14,0 Prozent 2002 auf 14,3 Prozent im Jahr 2003. Vorrangiges Ziel des 2004 in Kraft getretenen GKV-Modernisierungsgesetzes (GMG)[72] war es, die Qualität und Effektivität der medizinischen Versorgung bei gleichzeitiger positiver Kostenentwicklung zu verbessern.[73] Das neu gegründete Institut für Qualität und Wirtschaftlichkeit im Gesundheitswesen (IQWiG) sollte im Zuge dessen den Nutzen medizinischer Leistungen überprüfen und Vorschläge zur Erstattung durch die GKV an den neu gegründeten Gemeinsamen Bundesausschuss (G-BA) vorlegen.

Weitere Regelungen galten für versicherungspflichtige Leistungen. Die Selbstbeteilungsregelungen für die Patienten in Deutschland wurden je nach politischer Konstellation insbesondere in den 90er Jahren mehrfach verändert. Eine prozentuale Regelung mit der Begrenzung auf maximal zehn und dem unteren Limit von fünf Euro gilt seit dem GMG. Die zehn Prozent können durch die Obergrenze von maximal zu leistenden zehn Euro daher bei besonders teuren Packungen nicht ausreichend wirken. Liegt der Preis des Arzneimittels unter fünf Euro ist das Arzneimittel komplett vom Patienten zu bezahlen. Die vorherige

[70] Gesetz zur Begrenzung der Arzneimittelausgaben der gesetzlichen Krankenversicherung (Arzneimittelausgaben-Begrenzungsgesetz – AABG) vom 15.02.2002 (BGBl. I, S. 684).
[71] Vgl. Hansen, L. (2009), S. 259.
[72] Gesetz zur Modernisierung der gesetzlichen Krankenversicherung (GKV-Modernisierungsgesetz – GMG) vom 14.11.2003 (BGBl. I, S. 2190).
[73] Vgl. Nagel, E. (2007), S. 72.

Regelung sah eine Staffelung nach Packungsgröße vor.[74] Die Belastungen wurden aus einem versicherungstechnisch risikosenkenden Solidarsystem auf einzelne Haushalte verlagert. Gerade arme und potenziell stärker von Krankheit bedrohte Bevölkerungsgruppen senken ihren Bedarf überdurchschnittlich.[75] Eine ähnliche Regelung traf auch auf die stationäre Behandlung zu. Hier betrug die Zuzahlung des Versicherten zehn Euro pro Tag und war auf 28 Tage begrenzt. Zudem ist seitdem bei der Erstinanspruchnahme ärztlicher Leistungen pro Quartal eine Praxisgebühr in Höhe von zehn Euro zu zahlen. Bestimmte Leistungsvolumina der GKV wie z.B. Sterbegeld, Sehhilfen sowie nicht verschreibungspflichtige Medikamente (Ausnahme: Kinder bis zwölf Jahre) wurden grundsätzlich gestrichen. Die Preisbindung für nicht verschreibungspflichtige Produkte entfiel. Auch Zahnersatzleistungen sollten zukünftig von den Versicherten privat abgesichert werden und fanden sich nicht mehr im gesetzlichen Leistungskatalog. Im Zuge dessen erhielten die Kassen die Möglichkeit, in Kooperation mit Privatversicherern Zusatzversicherungen anzubieten. Beim Krankengeld schaffte das GMG die paritätische Finanzierung von Arbeitnehmer und Arbeitgeber ab und erhöhte den Beitragsanteil der Arbeitnehmer um 0,5 Prozentpunkte. Zur Stärkung des Wettbewerbs in der GKV konnten Kassen ab dem 01.01.2004 Bonusprogramme anbieten und freiwillig Versicherten Beitragsrückzahlungen sowie Selbstbehalte gewähren. Neben der Öffnung der Krankenhäuser für bestimmte indikationsbezogene ambulante Leistungen sollte das GMG auch die sektorenübergreifende Zusammenarbeit durch finanzielle Anreize (1 Prozent Anschubfinanzierung) für integrierte Versorgungsverträge fördern.

Die Ausgaben der GKV reduzierten sich mit dem GMG um über drei Milliarden Euro, was auch Auswirkungen auf den durchschnittlichen Beitragssatz hatte. Dieser sank von 14,3 Prozent im Jahr 2003 auf 14,2 Prozent im Jahr 2004. Ein Hauptgrund für diese erhebliche Reduktion wird in der Leistungsausgrenzung im Bereich der OTC Produkte gesehen, welcher zur vollständigen Selbstzahlung der Patienten führte.[76]

[74] Vgl. Wähling, S. (1996), S. 128.
[75] Vgl. Mossialos, E. et al. (2004), S. 24f.
[76] Vgl. Hansen, L. (2009), S. 259.

2006: Gesetz für mehr Wirtschaftlichkeit in der Arzneimittelversorgung (AVWG)

Das 2006 verabschiedete Arzneimittelversorgungs-Wirtschaftlichkeitsgesetz (AVWG)[77] greift an vielen Stellen kostendämpfend in den Arzneimittelmarkt ein. Anlass für das Sparpaket war der drastische Kostenanstieg bei Arzneimitteln. 2005 hatten die Krankenkassen 25,4 Milliarden Euro für Medikamente ausgegeben – 3,6 Milliarden Euro oder 14 Prozent mehr als 2004 (vgl. Abb. 1.1). Den Kern des AVWG bildete die Bonus-Malus-Regelung. Diese sah jährlich neu festzulegende Durchschnittskosten pro Dosiereinheit für ausgewählte Arzneimittel vor. Bei Überschreiten dieses Durchschnittswertes trägt der Arzt die Mehrkosten selbst. Bei Unterschreiten dieses Wertes wurde seitens der Kassen ein Bonus an die KVen ausgeschüttet, welche diesen an wirtschaftlich verordnende Ärzte weiter verteilte.

Das AVWG sah darüber hinaus eine Absenkung der Festbeträge für Arzneimittel sowie ein zweijähriges Preismoratorium für zulasten der GKV verordnungsfähige Medikamente vor. Für Generika wurde zudem ein Abschlag in Höhe von zehn Prozent des Herstellerpreises ohne Mehrwertsteuer erhoben. Hinzu kam eine Zuzahlungsbefreiung für Versicherte für Arzneimittel, die 30 Prozent unter der jeweiligen Festbetragspreisgrenze lagen.

2007: GKV-Wettbewerbsstärkungsgesetz (GKV-WSG)

Trotz kostendämpfender Maßnahmen des AVWG im Jahr 2006 stiegen die Gesamtausgaben der GKV im Jahr 2007 um vier Prozentpunkte, für Arzneimittel sogar um sieben Prozentpunkte weiter an (vgl. Abb. 1.1 und Abb. 2.5). Auch der durchschnittliche Beitragssatz zur GKV nahm im Zeitraum von 2000 bis 2005 nahezu kontinuierlich zu (vgl. Abb. 2.4). Grund für diesen Trend waren jedoch weniger die wachsenden Ausgaben als vielmehr die rückläufige Einnahmenbasis.[78] Mit Inkrafttreten des GKV-Wettbewerbsstärkungsgesetzes (GKV-WSG)[79] wurde der Versuch einer strukturellen Änderung in der Finanzierungsbasis der GKV unternommen.

---

[77] Gesetz zur Verbesserung der Wirtschaftlichkeit in der Arzneimittelversorgung (Arzneimittelversorgungs-Wirtschaftlichkeitsgesetz – AVWG) vom 26.04.2006 (BGBl. I, S. 984).

[78] Vgl. Orlowski, U., Wasem, J. (2007), S. 1.

[79] Gesetz zur Stärkung des Wettbewerbs in der gesetzlichen Krankenversicherung (GKV-Wettbewerbsstärkungsgesetz – GKV-WSG) vom 26.03.2007 (BGBl. I, S. 378).

Die Einführung des Gesundheitsfonds ab dem Jahr 2009 ist Kern des GKV-WSG. Dieser stellt die Finanzierung der GKV auf eine neue strukturelle Grundlage. Mit dem GKV-WSG sollen die Versichertenbeiträge über die Kassen hinweg an den Gesundheitsfond entrichtet werden. Dieser regelt wiederum als zentrale Schnittstelle die Allokation der Zuweisungen an die einzelnen Kassen. Die Zuweisung an die Krankenkassen erfolgt risikoadjustiert, das heißt individuell anhand eines weiterentwickelten, morbiditätsorientierten RSA, um Risikoselektionen seitens der Kassen zu vermeiden. Der einheitliche Beitragssatz wurde per Rechtsverordnung auf zunächst 15,5 Prozent, ab dem 01.07.2009 auf 14,9 Prozent festgelegt. Wirtschaftet eine Krankenkasse mit den Zuweisungen aus dem Gesundheitsfonds nicht kostendeckend, hat sie die Möglichkeit, eine Zusatzprämie von bis zu acht Euro jedoch maximal ein Prozent des Bruttolohnes der Versicherten zu erheben. Dies gilt auch für die Ausschüttung von Prämienzahlungen bei kostendeckenden Leistungs- und Verwaltungsausgaben der jeweiligen Kassen.[80]

Das GKV-WSG enthält zudem wesentliche Änderungen im Leistungsrecht der GKV. Diese schlagen sich jedoch weniger in Leistungseinschränkungen als vielmehr in partiellen Leistungsverbesserungen nieder. Zu diesen gehört unter anderem die Förderung des Kassenwettbewerbs durch die Möglichkeit zur Ausdifferenzierung des Leistungsangebotes (Selbstbehalttarife, Disease-Management-Programme). Des Weiteren galt mit dem GKV-WSG die Fusionsfreiheit der Kassen auch über Kassenarten hinweg. Hinzu kamen Strukturreformen im stationären Sektor wie beispielsweise die Öffnung von Krankenhäusern für ambulante Leistungen. Der Arbeitsauftrag des IQWiG wurde darüber hinaus um die Erstellung von „Kosten-Nutzen-Bewertungen" erweitert. Im Hinblick auf leistungsrechtliche Regelungen im Arzneimittelmarkt hat das GKV-WSG ebenfalls zum Teil leistungseinschränkenden, zum Teil leistungsausweitenden Charakter.[81] Dies trifft vor allem auf die Aufnahme von Impfungen in den Leistungskatalog der GKV zu. Demgegenüber steht jedoch die Einführung von Höchstbeträgen für nicht in Festbetragsregelungen einbezogene Arzneimittel.[82] Eine Übersicht über die Maßnahmen der jüngeren Gesetze zur

[80] Vgl. Orlowski, U., Wasem, J. (2007), S. 34f.
[81] Vgl. Schlander, M. (2009), S. 20.
[82] Vgl. Orlowski, U., Wasem, J. (2007), S. 26.

Ausgabenbegrenzung in Bezug auf die primär betroffenen Sektoren Arzneimittel, Krankenhäuser und ambulant tätige Mediziner findet sich im Anhang 2.

2.3 Public Health Relevanz

Diese Ausarbeitung setzt sich mit konzeptionellen und wirkungsorientierten Effekten der Festbetragsregulierung im deutschen Gesundheitssystem auseinander. Festbeträge regeln die Erstattungshöhe für die in der Bundesrepublik gesetzlich Krankenversicherten. Dies sind jene Bevölkerungsteile, die ein Erwerbseinkommen unterhalb der Pflichtversicherungsgrenze erzielen und somit eher zu den mittleren bis unteren Einkommensschichten zu zählen sind. Sie sind in der Wahl ihres Krankenversicherungssystems alternativlos und auf den von der Politik bestimmten Rahmen der Gesundheitsgesetzgebung in stärkerem Maße angewiesen als die vielfach abweichenden Rahmenbedingungen unterworfenen privat Krankenversicherten. Arzneimittelregulierung und im Speziellen Festbeträge müssen sich aus der Perspektive des Gesundheitssystems in ihrem Erfolg in Bezug auf das Zieldreieck aus Abschnitt 2.1 messen lassen. Verbesserungen sollten für die Versichertengemeinschaft im Ganzen und nicht lediglich für die third party payer oder gar einzelne Anbieter erreicht werden. Daher widmet sich die Analyse der Festbetragsregelung dem Ziel der Evaluation einer Intervention in Bezug auf Ihre Steuerungswirkung und Zieladäquanz.

Ziele der Public Health stellen die Herstellung eines gleichen Zugangs zu Gesundheitsleistungen, wie auch die Sicherung der Finanzierbarkeit des Gesamtsystems als Solches dar. In diesem Spannungsfeld bewegt sich die Festbetragsregelung, da zum einen der Zugang zu einzelnen Arzneimitteln durch Zuzahlungen für Versicherte erschwert wird, zum anderen die Regelung einer Sicherung der Finanzierbarkeit der Arzneimittelversorgung dient. Diese Regulierungsmassnahme wird im Folgenden in Bezug auf ihre einzelnen Komponenten analysiert. Je nach Ausgestaltung kann eine grundsätzlich sinnvolle Massnahme in Bezug auf die erzielten Effekte für die Versichertengemeinschaft dergestalt wirken, dass die Anzahl an negativen Effekten den positiven Grundansatz konterkarieren. Mit der Analyse des Gesundheitsversorgungssystems setzt sich das Fachgebiet der Public Health auseinander. Es stellt ein in Deutschland verhältnismäßig junges Konzept dar, welches

Unterschiede zu dem angelsächsischen Pendant aufweist. In den USA erweiterte sich das Spektrum der Old Public Health ausgehend von den Aufgabenfeldern Mikrobiologie, Hygiene, Epidemiologie und Prävention um Umwelt- und Sozialhygiene sowie Gesundheitssystem- und Versorgungs-forschung. Public Health in Deutschland verfolgt einen wissenschaftlichen Ansatz, der über die reine Politikadministration des amerikanischen Pendants hinausgehen soll.[83] Das in dieser Analyse im Fokus stehende Ziel von Public Health stellt dabei die gezielte Erforschung von Konsequenzen einzelner Interventionen für Organisation und Struktur des gesamten Gesundheitssystems dar.[84] Ob und welche Form und Art der Arzneimittelerstattungsregulierung angemessen und zielführend ist, stellt die Ausgangslage der Analyse dieses Forschungsansatzes dar. Zum einen gibt es Versorgungsineffizienzen in Form von Über-, Unter- und Fehlversorgung, zum anderen unterliegt die Finanzierung von Arzneimitteln einer andauernden Legitimationskontrolle durch den Souverän.

Festbeträge stellen einen Ansatz innerhalb eines Bündels von Maßnahmen dar, der eine Erhöhung der Wirtschaftlichkeit herstellen soll, unter anderem aber zu Unterversorgung führen kann. Dies liegt an den potenziellen Reaktionen der Marktteilnehmer eines Festbetragsmarktes. Diese können aufgrund von regulativen Maßnahmen ihre Arzneimittel außer Vertrieb setzen und somit für die Patienten nicht mehr verfügbar machen. Ebenso könnte die Setzung eines Preises zu einer erhöhten Zuzahlung führen, die letztlich niedrige Einkommensschichten zu einer Substitution zwingen könnte, die medizinisch nicht sinnvoll ist. Durch die Gruppenbildung soll eine Homogenität der in einer Festbetragsgruppe einbezogenen Arzneimittel sichergestellt werden. Dennoch kann die Wahrnehmung durch den Hersteller differieren und zu einer Reaktion führen, die den gesetzlich Pflichtversicherten den Zugang zu Arzneimittel verknappt und ggf. zu suboptimalen Substitutionen führt.

Die Gesundheitsökonomie stellt eine Einzeldisziplin der Gesundheitswissenschaften dar, deren Hauptaugenmerk auf der Analyse der wirtschaftlichen Versorgung der Bevölkerung mit Gesundheitsdienstleistungen und der betriebswirtschaftlichen Organisation gerichtet ist. Neben Fragen des

[83] Vgl. Hurrelmann, K. et al. (2006a), S. 25f.
[84] Vgl. Hurrelmann, K. et al. (2006a), S.13.

Managements werden aus dem Betrachtungswinkel der Volkswirtschaftslehre vorhandene Strukturen und Interventionen evaluiert, um Fehlsteuerungen aufzudecken. Eine Analyse der Versorgungsbedarfe und -strukturen erfolgt mit dem Ziel der salutogenen Ausrichtung des Versorgungssystems. Die Gesundheitssystemforschung —ein wichtiges Teilgebiet der Gesundheitsökonomie— entwickelt Methoden zur Evaluation der Leistungsfähigkeit des Versorgungssystems und zur Verbesserung der Effektivität und Kosten-Nutzen-Relationen.[85] Aufgrund vorherrschender Ineffizienzen geben Gesundheitsökonomen eine Hilfestellung für Entscheidungsträger. Die ökonomische Analyse der Interdependenzen und Verhaltensweisen sowie der Produktionsbedingungen im Gesundheitswesen soll insbesondere Allokationsentscheidungen erleichtern.[86] Die Gesundheitsökonomik widmet sich dabei zudem Fragen der Organisation und Finanzierung von medizinischen Leistungen. Dies können zum einen Anreize sein, welche für Versicherte aus einer Krankenversicherung erwachsen, zum anderen die Frage, wie Geld an Leistungserbringer verteilt wird.[87] Aufgrund der Besonderheiten des Gutes „Gesundheit" in Zusammenhang mit den meist privatwirtschaftlichen Leistungserbringern existieren auf dem Arzneimittelmarkt eigene Steuerungsinstrumente wie die Festbeträge.[88]

2.4 Gütereigenschaften von Arzneimitteln

Der Arzneimittelsektor stellt im deutschen Gesundheitswesen neben stationärem und ambulantem Sektor einen der drei größten Ausgabenblöcke der gesetzlichen Krankenkassen dar. In den vergangenen Jahren stieg der Anteil für Arzneimittelausgaben an den Gesamtausgaben im Gesundheitswesen stetig an, wie bereits vorangehend gezeigt werden konnte (siehe auch Abb. 1.1).[89]

Der G-BA kann Therapieempfehlungen aussprechen, um einzelne Therapien als Second Line zu empfehlen, welche allerdings keinen verbindlichen Charakter entfalten. Neben dem SGB V als übergeordneten Rechtsrahmen konkretisieren die Arzneimittelrichtlinien (AMR) die Modalitäten der Arzneimittelversorgung. Das

85 Vgl. Hurrelmann, K. et al. (2006a), S. 42.
86 Vgl. Schulenburg J-M. Graf v.d., Greiner, W. (2007), S. 11, S. 20.
87 Vgl. Breyer, F., Zweifel, P., Kifmann, M. (2005), S. 13f.
88 Vgl. Fricke, F.-U. (2002), S. 84-86.
89 Vgl. Glaeske, G., Pieper, K., Windt, R. (2009), S. 8.

SGB V erteilt einen Auftrag, in den AMR untergesetzliche Normen mit verbindlicher Wirkung zu etablieren.[90] Über dieses Instrument wird die Verordnung von Arzneimitteln eingeschränkt oder ausgeschlossen und es lassen sich Festbetragsgruppen bilden oder Therapieempfehlungen formulieren. Diese Maßnahmen können sowohl kumulativ als auch alternativ Anwendung finden. Beispielsweise erfolgte im Fall der kurzwirksamen Insulinanaloga der Ausschluss der Verordnungsfähigkeit über eine Änderung der Arzneimittelrichtlinie in Anlage 10.[91] Neben dem SGB V und den AMR stellt das Arzneimittelgesetz (AMG) einen wichtigen Baustein des Regulierungsrahmens dar. In Folge der Contergankatastrophe wurde insbesondere mit Fokus auf die Arzneimittelsicherheit die Zulassung und Registrierung neu geregelt. Die Neufassung des AMGs aus dem Jahr 1961 verlangte zunächst die Verschreibungspflicht neuer Wirkstoffe.[92] Darüber hinaus mussten die nach 1978 in Verkehr gebrachten Arzneimittel die Sicherheit, Qualität und Wirksamkeit beweisen.[93] Die Altpräparate durften weiterhin ohne Qualitätsnachweis verkauft werden. Klinische Studien, Herstellerpflichten, Pharmakovigilanzsysteme, Fragen der Haftung und Regelungen zur Abgabe stellen weitere wichtige Bestandteile des Regelwerkes dar. Für Normensetzungen zur Erhöhung der Wirtschaftlichkeit wird das SBG V entsprechend angepasst oder in den Arzneimittelrichtlinien konkretisiert.

Eine hohe Arzneimittelsicherheit soll vor allem über eine Nachbeobachtung realisiert werden. Aus dem Sozialstaatsgebot und der Pflichtversicherung resultiert, dass der Schutz vor schädigenden Wirkungen von Arzneimitteln eindeutig regulatorische Eingriffe rechtfertigt.[94] Zum Teil werden Arzneimittel sogar als demeritorische Güter klassifiziert, vor deren unreguliertem Kauf die Bürger zu schützen seien, da Suchtgefahren vorlägen und der vom Patienten erwartete und tatsächliche Nutzen auseinanderfielen.[95] Dies stellt zudem eine Begründung für die Vierteilung der Nachfrage dar (vgl. Kap. 2.5). Eine Qualitäts- oder Konditionenfestlegung nimmt ebenso Einfluss auf die Produktgestaltung.[96] Bevor

[90] Vgl. § 92 Abs. 1 S. 1 SGB V.
[91] Vgl. G-BA (2008).
[92] Vgl. Vincenti, A.J.F. (2008), S. 550.
[93] Vgl. AMG § 24, Absatz 1.
[94] Vgl. Wähling, S. (1996), S. 92.
[95] Vgl. Mehnert, A. (1997), S. 166.
[96] Vgl. Wähling, S. (1996), S. 53.

es zu einer Inverkehrbringung von Arzneimitteln kommen kann, ist eine anspruchsvolle Zulasssungsprüfung zu bestehen.

Ob ein Wirkstoff die Kriterien für eine Zulassung erfüllt, wird während der Entwicklung festgestellt. Diese lässt sich nach der präklinischen Phase in vier aufeinanderfolgende Phasen der klinischen Prüfung einteilen. Von Phase I bis Phase III wird der entwickelte Wirkstoff an fortlaufend größer und indikationsspezifischer werdenden Patientengruppen vor der Zulassung getestet.[97] Die vierte Phase der klinischen Prüfung erfolgt nach der Zulassung des Präparates durch weitere medizinische Studien sowie durch die Pharmakovigilanz.[98] Im Jahr 2008 befanden sich 55.000 zugelassene und registrierte Arzneimittel mit 12.000 verschiedenen Wirkstoffen auf dem deutschen Markt. 20.000 Arzneimittel mit 2.000 Wirkstoffen sind verschreibungspflichtig und werden ärztlich verordnet.[99] Die genaue Unterscheidung der Phasen zeigt Abbildung 2.6. Die Food and Drug Administration (FDA) bezeichnet dabei ein sicheres Arzneimittel als ein Produkt, welches mit vernünftigen Risiken im Verhältnis zur Wirkung aufwartet. Ein Arzneimittel hat nie keine potentiellen Risiken. Die klinische Testung soll sicherstellen, dass das Risiko kalkulierbar ist und zumindest für die Mehrheit keine größeren Beeinträchtigungen zu erwarten sind.[100]

---

97 Vgl. de la Haye, R., Gebauer, A. (2008), S. 110ff.
98 Vgl. Rascher ,W., Mentzner, D., Seyberth, H.-W. (2007), S. 696.
99 Vgl. Mueller-Oerlinghausen, B., Ludwig, W.-D. (2008), S. 583.
100 Vgl. Pinto-Prades, J.L., Badía Llach, X. (2005), S. 157.

Abbildung 2.6: Phasen der Arzneimittelentwicklung

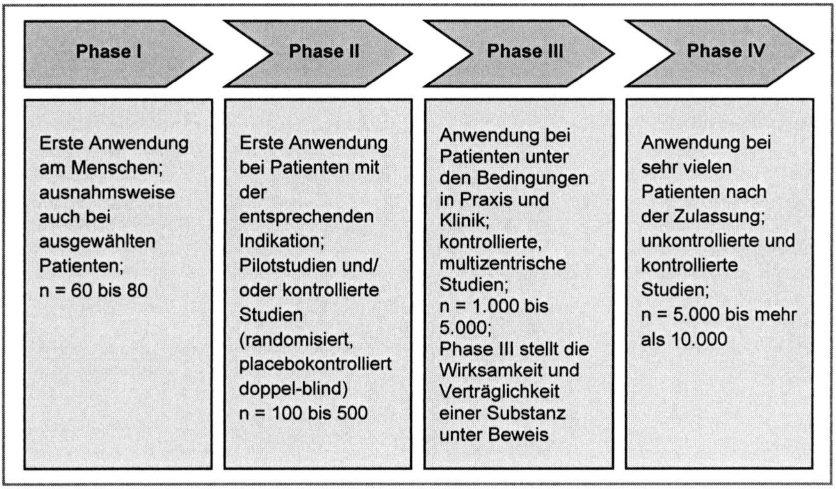

Quelle: Vgl. Fricke, F.-U., Schöffski, O. (2008), S. 35.

In einem Entscheidungsbaum lassen sich die möglichen Nutzen differierender Zulassungshandhabungen abbilden. Bei einem strikten Vorgehen, kann ein Nutzenentgang aus einer nicht zugelassenen sinnvollen Intervention resultieren, bei weniger strenger Handhabung könnte ein unsicheres Arzneimittel zugelassen werden. Die Empfehlung zu diesem Prozess variiert allerdings je Arzneimittel. Durch eine konsequente Nutzung gesundheitsökonomischer Evaluation können Empfehlungen für die eine oder andere Strategie, je nach zugeordnetem Nutzen bzw. Disnutzen, gegeben werden.

Abbildung 2.7: Entscheidungsbaum Zulassung von Arzneimitteln

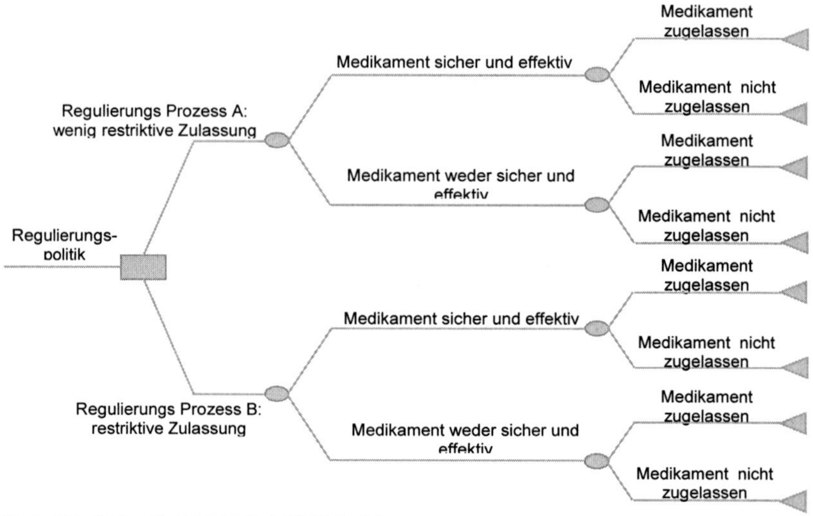

Quelle: Pinto-Prades, J.L., Badía Llach, X. (2005), S. 158.

Die Kosten für Arzneimittel werden dabei nach Art des Präparates unterschieden. Innerhalb der Verordnungen zu Lasten der GKV erfolgte eine Differenzierung in rezeptpflichtige Originalpräparate, verschreibungspflichtige oder -freie Generika und Parallelimporte.[101] Originalpräparate sind Arzneimittel eines neu zugelassenen Wirkstoffes. Für die Entwicklung eines Wirkstoffes wird ein Zeitraum von acht bis zu zwölf Jahren und Kosten von bis zu 500 Mio. Euro veranschlagt.[102] Hersteller von Generika entwickeln keine eigenen Wirkstoffe, sondern produzieren „nachgeahmte" Präparate. Nach dem Ablauf des Patentschutzes steht es anderen Herstellern offen, Wirkstoffe von Originalpräparaten anderer pharmazeutischer Unternehmen selbst zu produzieren, ohne dass hierfür eine erneute Zulassung unter Anforderung klinischer Tests des Wirkstoffes notwendig wäre. Stattdessen ist der Generikahersteller verpflichtet, die Bioäquivalenz seines Wirkstoffes nachzuweisen.[103] Da für diese Vorgehensweise im Vergleich zur Herstellung von Originalpräparaten nur ein Bruchteil der Entwicklungskosten aufgebracht werden muss, ist das Generikum merklich günstiger als das Originalpräparat auf dem Markt positionierbar. Aus diesem Grund ist der forschende Pharmahersteller

101 Vgl. Fricke, F.-U., Schöffski, O. (2008), S. 34f.
102 Vgl. Guminski, W. (2008), S. 199.
103 Vgl. Schamp, K., Regenold, J., Jordan, H. (2008), S. 146f.

zumeist gezwungen, den Preis für das Originalpräparat dem des entsprechenden Generikums anzupassen.[104] Neben Generika und Originalpräparaten existieren die Analogpräparate, die auch Me-Too Präparate oder Scheininnovationen genannt werden. An beiden Bezeichnungen ist zu erkennen, dass diese Medikamentengruppe eine gesonderte Stellung im Arzneimittelmarkt einnimmt. Allgemein stellen Analogpräparate eine Weiterentwicklung eines Originalpräparates dar, die eine so große Abweichung der Bioäquivalenz des Wirkstoffes bedeutet, dass das Arzneimittel nicht mehr als Generikum anerkannt wird und somit als eigenständiges und neu zugelassenes Medikament mit freier Preissetzung auftritt. Sie besitzen Patentschutz in irgendeiner Form (Wirkstoff, Herstellung, Verwertung, Unterlagen), weisen aber in der Definition nach Fricke und Klaus nur geringfügige Unterschiede gegenüber bereits eingeführten Präparaten auf. Für die Bewertung des Innovationsgrades von Arzneimitteln wird ein Klassifikationsschema angewandt:

A. Innovative Struktur oder neuartiges Wirkprinzip mit therapeutischer Relevanz
B. Verbesserung pharmakodynamischer oder pharmakokinetischer Eigenschaften bereits bekannter Wirkprinzipien
C. Analogpräparat mit keinen oder nur marginalen Unterschieden zu bereits eingeführten Präparaten
D. Eingeschränkter therapeutischer Wert bzw. nicht ausreichend gesichertes Wirkprinzip

Alternativ dazu verwendet die Rechtsverordnung des AMNOG eine Zusatznutzenskalierung nach dem Vorbild Frankreichs:

A. Nachweis eines erheblichen Zustaznutzens (im Vergleich nachhaltige Verbeserung des therapierelevanten Nutzens)
B. Nachweis eines bedeutsamen Zusatznutzens (im Vergleich deutliche Verbeserung des therapierelevanten Nutzens)
C. Nachweis eines geringen Zusatznutzens (z.B. Verringerung nicht schwerwiegender Symptome der Erkrankung)
D. Keine Quantifizierung eines Zusatznutzes möglich (Datenlage unzureichend)

104 Vgl. Fricke, F.-U., Schöffski, O. (2008) S. 35.

E. Kein Zusatznutzen belegbar

F. Nutzen des bewerteten Arzneimittels ist geringer als der Nutzen der zweckmäßigen Vergleichstherapie[105]

Die seit 1982 unverändert genutzte Klassifikation von Fricke und Klaus differenziert allein über den therapeutischen Nutzen und nicht den Preis. In therapeutisch bedeutsamen Arzneimittelgruppen (Protonenpumpeninhibitoren [PPI], ACE-Hemmern, Calciumantagonisten, selektiven Serotoninrückaufnahme-inhibitoren [SSRI], nichtsteroidalen Antiphlogistika) haben Me-Too Präparate eine erhebliche Dominanz entwickelt.[106] Umstritten sind solche Arzneimittel, wenn dem Medikament nicht der vom Hersteller postulierte entsprechende Zusatznutzen zugeschrieben wird.[107] Der Arzneiverordnungsreport beziffert jährlich welche Einsparungen von Me-Too Substitution durch Generika möglich gewesen wären.[108] Von den 29 im Jahr 2008 neu zugelassenen Arzneimitteln wurden zwölf der Kategorie A, sieben der Kategorie B und zehn der Kategorie C zugeordnet.[109] Die letzte Gruppe an Medikamenten stellen die Re- oder Parallelimporte dar. Hierbei handelt es sich zumeist um patentgeschützte und hochpreisige Arzneimittel, die im Ausland zu geringeren Preisen angeboten und nach Deutschland importiert werden.[110]

Prävention

Prävention kann sich in primäre, sekundäre und tertiäre Präventionsmaßnahmen gliedern. Zu *primärpräventiven Maßnahmen* zählen alle Tätigkeiten, die der Vermeidung oder Verminderung von (Teil-)Ursachen von Krankheiten bzw. der Vermeidung von Krankheit dienen. „(...) [Primärprävention ist an] Gesunde oder zumindest an Personen ohne manifeste Symptomatik (...) [gerichtet].“[111] Zu dieser Kategorie gehören beispielsweise Krankheitsfrüherkennungsuntersuchungen wie das Mammographie-Screening. Das gesundheitspolitische Ziel besteht darin, die

105 Vgl. Rechtsverordnung zum AMNOG (2010), Stand 8.11.2010, S. 5f.
106 Vgl. Hansen, L., Enderer, K. (2009), S. 9f.
107 Vgl. Glaeske, G. (2006) S. 698f.
108 Vgl. Schwabe, U., Paffrath, D. (2009), S. 25ff.
109 Vgl. Kammerer, M. (2009), S. 363.
110 Vgl. Fricke, F.U., Schöffski, O. (2008) S.35.
111 Vgl. Leppin, A. (2007), S. 32.

Eintrittswahrscheinlichkeit einer Krankheit bei einem Individuum oder einer Population zu senken.[112]

Maßnahmen, die zur Früherkennung und -eindämmung einer Krankheit dienen, werden als *Sekundärprävention* zusammengefasst. Bei den Patienten sind bereits pathogene Prozesse festzustellen. In dieser frühen Krankheitsphase stellen therapeutische Maßnahmen das Mittel der ersten Wahl dar. Ziel ist es, das Fortschreiten der Krankheit weitestgehend zu verhindern. Einige Maßnahmen, die auf eine Verhaltensänderung abzielen, werden ebenso unter Sekundärprävention subsumiert. So ist, exemplarisch herausgegriffen, bei den Anzeichen eines Drogenabusus schon ein pathogener Prozess zu erkennen. Die eigentliche Abhängigkeit kann aber noch durch gesundheitsförderliche Programme abgewandt werden.

Die Tertiärprävention schließlich umfasst alle Maßnahmen, die bei einer bereits manifesten Krankheit dazu dienen, den Krankheitsverlauf zu mildern bzw. Folgeerkrankungen zu vermeiden.[113] Zudem soll Rückfällen vorgebeugt werden. „Gesundheitspolitisches Ziel ist es, die Leistungsfähigkeit der Betroffenen soweit wie möglich wiederherzustellen oder zu erhalten."[114]

Insgesamt sollen präventive Maßnahmen Krankheiten „(...) verhindern, weniger wahrscheinlich machen, oder verzögern."[115] Hierzu kann die Gabe von Arzneimitteln einen präventiven Charakter einnehmen.[116] Im Arzneimittelgesetz heißt es: „Arzneimittel sind Stoffe (...), die dazu bestimmt sind (...) Krankheiten zu heilen, zu lindern, zu verhüten oder zu erkennen (...)."[117] Neben der heilenden Funktion dienen Arzneimittel demnach auch der Krankheitsverhütung und können im Bereich der Prävention zum Einsatz kommen. Bereits der Sachverständigenrat für die Konzertierte Aktion im Gesundheitswesen stellte im Jahr 2005 den Präventionsaspekt der Pharmakotherapie als eines der bedeutendsten Anwendungsfelder für westliche Industrienationen heraus.[118] Als Erfolg der primärpräventiven Arzneimitteltherapie „(...) zur Ausschaltung der schädlichen

112 Vgl. Sachverständigenrat für die Konzertierte Aktion im Gesundheitswesen (SVR), (2001), S. 134f.
113 Vgl. Leppin, A. (2007), S. 31ff.
114 Zitiert nach: Sachverständigenrat für die Konzertierte Aktion im Gesundheitswesen (2001), S. 135.
115 Maywald, U., Hach, I. (2005), S. 522.
116 Vgl. Maywald, U., Hach, I. (2005), S. 522.
117 §2 Arzneimittelgesetz (AMG).
118 Vgl. Sachverständigenrat für die konzertierte Aktion im Gesundheitswesen (2005), S. 288ff.

Faktoren noch vor deren Wirksamwerden (...)"[119] wird insbesondere die Bekämpfung von Infektionskrankheiten durch Impfungen beispielsweise gegen Hepatitis B, gegen Masern, Mumps und Röteln sowie Diphterie genannt. In Zukunft erwarten Gesundheitsexperten weitere Entwicklungen in diesem Bereich, sei es durch Impfstoffe gegen HIV oder bösartige Erkrankungen.[120] Die Thromboemboliepropyhlaxe nach Operationen oder Unfällen stellt ein weiteres Exempel für Primärprävention durch Arzneimittel dar. Blutgerinnungshemmende Präparate (z.B. Heparine) sollen Thrombosen oder Embolien vorbeugen.[121] Die Abgrenzung zwischen den Begriffen Sekundär- und Tertiärprävention erscheint insbesondere in der Pharmakotherapie nicht immer trennscharf möglich. Die Kategorisierung einer Maßnahme ist letztendlich auf den Blickwinkel des Betrachters zurückzuführen. So kann Bluthochdruck bei ansonsten gesunden Personen als Risikofaktor für Herzkrankheiten oder einen Schlaganfall eingestuft werden. Eine Sichtweise als eigenständige Krankheit ist ebenso denkbar. Je nach Definition lassen sich therapeutische Maßnahmen unter Sekundär- oder Tertiärprävention eingeordnen. „(...) Zum Beispiel ist die Behandlung eines fast immer bei Diabetes vorliegenden Bluthochdrucks mit Sartanen eine tertiärpräventive Maßnahme gegen die drohende diabetische Nephropathie, da Sartane die Entwicklung der für das Krankheitsbild charakteristischen Proteinurie verzögern können."[122]

Arzneimittel konkurrieren im Bereich der Prävention zudem mit alternativen Strategien, deren Kostenverläufe im Einzelfall günstiger sein können. Bei Nichteinstellung des gewünschten Effektes einer Verhaltensänderung in Form einer Ernährungsumstellung oder durch mehr Bewegung sollte in Second Line eine Arzneimitteltherapie zum Einsatz kommen. Gegen den First Line Einsatz spricht das prinzipiell vorhandene Nebenwirkungsrisiko von Arzneimitteln. Das Wirtschaftlichkeitsgebot der gesetzlichen Krankenversicherung fordert zudem, dass der Arzt nur medizinisch notwendige Behandlungen abrechnen darf. „Nicht jeder Krankheitszustand erfordert zur Behandlung die Anwendung eines Arzneimittels. Vor der Verordnung von Arzneimitteln soll der Vertragsarzt prüfen, ob entsprechend dem Gebot der Wirtschaftlichkeit ein vergleichbarer

[119] Vgl. Mathias, B., Lasek, R., Tiaden, J.D. (1997), S. 436.
[120] Vgl. Sachverständigenrat für die konzertierte Aktion im Gesundheitswesen (2005), S. 288.
[121] Vgl. Mathias, B., Lasek, R., Tiaden, J.D. (1997), S. 436.
[122] Maywald, U., Hach, I. (2005), S. 524.

Behandlungserfolg durch andere Maßnahmen (z.B. hygienische, diätische) erreicht werden kann."[123] Mit dieser Richtlinie möchte der Gesetzgeber eine Überversorgung der Bevölkerung verhindern. Einer präventiven Anwendung von Arzneimitteln würde daher idealerweise eine Nutzen-Risiko-Abwägung vorausgehen. Bei dem Einsatz von Statinen zur Senkung des Cholesterinwertes erfolgt diese Intervention unter der Prämisse, langfristig Versorgungsbedarfe zu verhindern bzw. Gesundheit zu erhalten, bevor Krankheitsverläufe ihren Anfang nehmen. Prävention stellt dabei eine Intervention dar, die einen individuellen und kollektiven Gesundheitsgewinn erzielen möchte.

Der Medizinmarkt ist geprägt durch die Eventualgutcharakteristik, die der eines Rechtstreites entspricht. Letzterer tritt auch nur sehr gelegentlich und plötzlich auf im Gegensatz zu Gütern wie Wohnen und Lebensmitteln, die täglich benötigt werden. Der Krankheitsfall beeinträchtigt zunächst (im Regelfall nicht dauerhaft) die zukünftige Einkommensgenerierfähigkeit. Krankheit hat eigene hohe Kosten ungeachtet der in Anspruch genommenen Leistungen. Dies gilt für diejenigen Erkrankungen, die einen schwerwiegenden Verlauf nehmen und nicht in der Vergangenheit wie z.B. bei einer Erkältung Erfahrungen gesammelt worden sind. In den meisten Ländern erfolgt eine Unterscheidung des Arzneimittelmarktes in den Bereich von im Krankenhaus und im niedergelassenen Bereich verkauften Medikamenten. Ersterer bildet die Arzneimittel über das bestehende Honorarverfahren mit ab, so dass für die Kostenträger eine gesonderte Betrachtung nur in Ausnahmefällen sinnvoll ist.[124] Häufig kommt es zudem zu starken Preisnachlässen, um Patienten frühzeitig an Medikamente zu binden, die im ambulanten Sektor dann bestmöglich fortgesetzt werden sollen. Traditionell zielen Maßnahmen der Arzneimittelausgabengestaltung daher primär auf den ambulanten Sektor, der auch in dieser Ausarbeitung den Schwerpunkt bildet.

2.5 Theoretische Ansätze der Arzneimittelregulierung

Die Ausgabenentwicklung stellt einen Treiber der Anstrengungen zur Kostendämpfung und Rationalisierung dar. Massnahmen sollten dabei zielgerichtet und vor allem theoretisch fundiert geplant und implementiert werden.

[123] § 12 SGB V.
[124] Vgl. Nuijten, M.J.C. et al. (2001), S. 165.

Die Tiefe der Regulierung richtet sich nach den anvisierten Zielsetzungen und der geplanten Ersparnis. Der folgende Abschnitt widmet sich der theoretischen Einordnung des Regulierungshandelns, welches sich aus unterschiedlicher Perspektive begründen lässt. Im Hinblick auf die z.T. konflitionären Ziele des Zieldreiecks aus Kapitel 2.1 wird offenkundig, welche Herausforderung die Konzeption eines im Hinblick auf Adäquanz und Einsparpotenzial angemessenen Rahmens von Eingriffstatbeständen darstellt. Im Anschluss an die theoretische Fundierung erfolgt in Kapitel 3 eine Auseinandersetzung mit den einsetzbaren Instrumenten zur Regulierung der Arzneimittelkonsumption in einem solidarisch finanzierten Sozialversicherungssystem.

2.5.1 Notwendigkeit der Regulierung

Um sich Problemen der Arzneimittelregulierung zu nähern, ist es unabdingbar einige Besonderheiten des Marktes für Gesundheitsleistungen zunächst zu analysieren. Eine Situation, die keine Eingriffstatbestände erfordern würde, wäre das Vorliegen eines Marktes, der über die Preisfunktion markträumend Angebot und Nachfrage in Übereinstimmung bringen kann. Der vollkommene Markt der Neoklassik bildet eine solche Konstellation ab. Er ist kennzeichnet durch folgende Bedingungen:

- Alle Marktteilnehmer sind Mengenanpasser
- Keine Transaktions- und Informationskosten
- Homogene, teilbare Güter
- Große Anzahl von Anbietern und Nachfragern

Durch das Phänomen der „invisible hand“ führen Preisanpassungen zu einem Marktgleichgewicht.[125] Bei Verfolgung individueller Ziele stellt sich ein gesamtwirtschaftliches Optimum ein.[126] Dieses Optimum ist durch eine Pareto-Optimalität – einer Konstellation, bei der niemand besser gestellt werden kann, ohne jemand anderen schlechter zu stellen – gekennzeichnet. Des Weiteren stellt jedes Pareto-Optimum ein wirtschaftliches Gleichgewicht dar.[127] Ein Marktversagen wird im Nichtzustandekommen einer Marktsituation gesehen.

[125] Vgl. Wöhe, G., Döring, U. (2008), S. 457.
[126] Vgl. Wähling, S. (1996), S. 54f.
[127] Vgl. Mirrlees, J. A. (2006), S. 4.

Marktmängel liegen vor, wenn kein stabiles Gleichgewicht zu Stande kommt oder das Gleichgewicht nicht rentenmaximierend ist.

Ausgehend vom Konstrukt des vollkommenen Marktes zeigt sich, dass insbesondere Gesundheitsleistungen oft anders beurteilt werden, obgleich ihr Charakter eine Einordnung in eine andere Gutcharakteristik nicht zwangsläufig vorschreibt. Die Begründung von Eingriffen erfolgt häufig über Staatsversagen oder Marktmängeln.[128] Die Formulierung normativer Ansätze, warum ein öffentliches Interesse vorliegt und in welcher Weise daher das Marktversagen behoben werden sollte, um die gesamtgesellschaftliche Wohlfahrt zu erhöhen, entstammt der wirtschaftstheoretischen Analyse. Die Identifizierung von Marktversagen und die optimale Handlungsstrategie stellen dabei zwei unterschiedliche Diskussionsstränge dar.[129] Als Folge eines Marktversagens muss nicht der Staat alleiniger Anbieter werden; Änderungen der Rahmenbedingungen können durchaus zielführend sein, um eine bessere Allokation herzustellen. Häufig fehlen der Einbezug der Kosten des staatlichen Handelns und die Kontrolle, ob tatsächlich eine verbesserte Situation hergestellt werden konnte. In einer sozialen Marktwirtschaft kommt zu dem Ziel einer gesellschaftlichen Wohlfahrtssteigerung noch die Schaffung von sozialer Gerechtigkeit hinzu (vgl. Zieldreieck, Kap 2.1). Regulierung kann dabei die Bedingungen der Produktion nach gesellschaftlichen Werten ausrichten. Dabei ordnen sowohl der ökonomische als auch der soziale Ansatz dem Staat eine paternalistische Rolle zu.[130]

Arrow unterstellt, dass Veränderungen von einem Paretooptimum ggf. mehr Personen besser stellen und wenige schlechter, so dass aus einer wertorientierten Begründung heraus auch eine Veränderung weg vom Paretooptimum Sinn machen kann. Wenn Kaufkraft zu den Kranken überführt wird, würde dies eine erhöhte Nachfrage nach Gesundheitsgütern auslösen. Eine optimale Marktkonstellation kann über die Verteilung der Ressourcen über den Markt und eine anschließende Umverteilung von Geld durch den Staat realisiert werden.[131]

Wenn durch Informationskosten eine Situation entsteht, in der ein Wohlfahrtsverlust eintritt, versuchen soziale Organisationen diese Lücke zu füllen.

[128] Vgl. Mehnert, A. (1997), S. 27.
[129] Vgl. Mehnert, A. (1997), S. 45f.
[130] Vgl. Wähling, S. (1996), S. 53.
[131] Vgl. Arrow, K.J., (1963), S. 941-948.

Ebenso möglich sind institutionelle Veränderungen, die eine Optimalitätslücke schließen sollen. Dies stellt eine strukturelle Besonderheit des Marktes für medizinische Leistungen dar.[132]

Regulierungen umfassen alle Eingriffe in die Gewerbe- und Vertragsfreiheit, die über die für alle uneingeschränkt geltenden Regelungen hinausgehen. Regulierungen benötigen Autorität in Form von staatlicher Legitimation. Die ökonomische Theorie der Regulierung entwickelt Gesetzmäßigkeiten, die Träger von Nutzen und Lasten der Regulierung nach der Form und den allokativen Effekten aufzeigen soll. Der Ursprung findet sich im public choice Ansatz. Der Staat tritt in Gestalt von Politikern auf, die sich stimmenmaximierend verhalten. Es bilden sich ergänzend Interessengruppen zum Wohlergehen der eigenen Mitglieder.[133] Ausgehend von bereitzustellenden Kollektivgütern setzen sich die Gruppenmitglieder solange für deren Beschaffung ein, wie der individuelle Nutzen höher als die Kosten ist. Wird eine gewisse Menge des Gutes von einem großen Gruppenmitglied selbst bereitgestellt, besitzen kleinere Gruppenmitglieder kaum einen Anreiz ihrerseits etwas bereitzustellen. Sie können nicht von der Nutzung ausgeschlossen werden und es folgt eine suboptimale Versorgung mit dem Kollektivgut. Mit zunehmender Gruppengröße und je gleichgewichtiger der Nutzen in der Gruppe streut, umso größer ist die Unterversorgung. Über eine Zwangsmitgliedschaft kann ein extrinsischer Anreiz gesetzt werden, einer heterogenen Interessengemeinschaft beizutreten (KVn). Regulierung ist umso verbreiteter und stärker,

- je größer und etablierter der Verband und damit sein Wahleinfluss,
- je höher das Durchschnittseinkommen der Mitglieder,
- je größer die regionale Konzentration ist,
- je schlechter die negativ Betroffenen organisiert sind und
- je stabiler sich die Verbandsmitgliedschaft darstellt.[134]

Ziel der Einflussnahme der Interessengruppen ist die Umverteilung von Einkommen durch Transfers.[135] Regulierung kann die Beziehung von Aktivitäten zwischen Akteuren, die Allokation von Ressourcen und die Vermeidung von Konflikten zum Gegenstand haben. Bereits diese drei Bereiche zeigen auf, wie

132 Vgl. Arrow, K.J., (1963), S. 941-948.
133 Vgl. Wähling, S. (1996), S. 62ff.
134 Vgl. Mehnert, A. (1997), S. 76.
135 Vgl. Mehnert, A. (1997), S. 64ff.

vielfältig Regulierung ausgestaltet sein kann. Jede Staatstätigkeit mit Auswirkungen auf die Marktaktivität, mit Ausnahme von Handlungen gänzlich ohne ökonomische Folgen, zählt zu Regulierungshandeln. Regulierung umfasst folgende Klassen:

(1) Subvention über direkte Zahlungen oder als Steuergutschrift
(2) Regierungskäufe oder Subventionierung von Käufen Dritter (Benzingutscheine) sowie Steuern auf Substitute
(3) Preis- und Qualitätskontrollen
(4) Marktzutrittsbarrieren, Zölle

Regulierung bedeutet aber auch eine direkte Beteiligung am Wirtschaftsgeschehen in Form von staatlichen Betrieben und Monopolen.[136] Die Absicherung des Krankheitsrisikos leitet sich in diesem Zusammenhang aus dem Sozialstaatsprinzip ab.[137] Dabei gilt es, die notwendige Versorgung nicht aufgrund von monetäreren Gründen abzulehnen. Ein Preisausschluss soll nicht erfolgen, sofern eine Beeinträchtigung der Gesundheit erwartet werden kann. Diese Argumentation nutzt dabei häufig meritorische und verteilungspolitische Gründe.[138] Ein öffentliches Gesundheitssystem findet sich in unterschiedlicher Ausprägung in allen europäischen Ländern. Die im Folgenden erörterten Maßnahmen resultieren dabei regelhaft aus Schutz- und Qualitätssicherungsgedanken.[139]

Als Wirkungsrichtungen der Regulierung ergeben sich drei Hauptbereiche:

(1) Wahl der Akteure und Handlungsrahmen (Strukturregulierung, subjektorientiert)
(2) Handlungsmöglichkeiten und Produkteigenschaften (objektorientierte Regulierung)
(3) Beeinflussung des Marktergebnisses (Ergebnisregulierung)

Ad 1: Die Strukturregulierung stellt eine personen- oder subjektorientierte Regulierung dar, bei der strukturelle Komponenten wie Monopole, öffentliche Unternehmen und der Marktzugang im Fokus stehen. Der Marktzugang lässt sich über definierte Kriterien und Erfordernisse steuern. Schlimmstenfalls sind es nicht diese Kriterien, sondern ein Monopol, dass die Barriere definiert. Es lassen sich zudem bestimmte Geschäfte oder Verträge verbieten, bei Wahrnehmung

136 Vgl. Mehnert, A. (1997), S. 28.
137 Art. 20 I und Art. 28 I Grundgesetz.
138 Vgl. Culyer, A. J. (1991), S. 67.
139 Vgl. Mehnert, A. (1997), S. 162.

festgelegter Aufgaben (Bsp. Trennbanksystem USA).[140] Eine weitere subjektorientierte Regulierung stellt die Fusionskontrolle dar.

Ad 2: Zu einer objektbezogenen Regulierung gehören beispielhaft Patente, Mengen und Preisbeeinflussungen. Zum einen kann der Produktionsprozess über Auflagen und die Gestaltung des Patentrechts reguliert werden, zum anderen der Marktbereich über Preis- und Mengenregulierungen. Weitere Objekte stellen der Einfluss auf Werbung oder eine Gewinnregulierung dar. Formen der Preiskontrolle können Höchst-, Mindest- oder Festpreise sein. Der Arzneimittelbereich tangiert beide Segmente, wenn die Zulassung von Produkten von der Einhaltung gewisser Standards abhängig gemacht und somit der Marktzutritt beeinflusst wird.[141] Eine Diskussion von Preisbeeinflussungen erfolgt intensiv in späteren Kapiteln. Die Annahme einer Minderbedarfseinschätzung zukünftiger Gesundheitsleistungen der Bürger ist eine häufige Position staatlicher Stellen. In der Folge erfolgt eine Ablehnung von privaten Versicherungslösungen und das Favorisieren eines parafiskalischen Systems.[142] Alternative hierzu wäre die Einführung einer Versicherungspflicht, die zu der Gewährleistung eines bestehenden Schutzes bei gleichzeitiger Beibehaltung einer privaten Versicherungslösung führen würde.

Ad 3: Eine gesunde Bevölkerung führt zu positiven externen Effekten in Form von Produktivitätsgewinnen. Anstatt diese allerdings zu internalisieren, wird ein öffentliches Gesundheitssystem aufgebaut. Eine häufig herangezogene Begründung für dieses Vorgehen liegt in der angeblich nicht ausreichenden Konsumentensouveränität bei einer Erkrankung. Diese Konstellation ist allerdings allein im Fall der Ersterkrankung offenkundig und bei einer so schweren Erkrankung, dass Mobilität und Entscheidungsfähigkeit eingeschränkt sind. Bei einer Vielzahl der Erkrankungen wird dies nicht zutreffen.[143] Im Folgenden sollen Konstellationen aufgezeigt werden, in denen ein Marktversagen vorliegt, welches als Begründung für staatliches Handeln herangezogen wird.

Konstellationen des Marktversagens

Die Ausprägung einer solchen Situation findet sich bei **öffentlichen Gütern**. Diese sind durch das Vorliegen von Nichtrivalität im Konsum und Nichtausschließbarkeit

[140] Vgl. Mehnert, A. (1997), S. 32f.
[141] Vgl. Mehnert, A. (1997), S. 34.
[142] Vgl. McGuire, A., Fenn, P., Mayhew, K. (1991), S. 18f.
[143] Vgl. Mehnert, A. (1997), S. 164.

gekenzeichnet. Dieselbe Gütermenge kann von beliebig vielen Nachfragern konsumiert werden. Da Nichtrivalität vorliegt, ist die Ausweitung der Nachfrage somit für den Anbieter mit Grenzkosten von Null verbunden. Jede Allokation bei positivem Preis ist ineffizient, weil jeder Preis über den Grenzkosten läge, die durch den zusätzlichen Konsum entstehen. Die Nichtausschließbarkeit führt dazu, dass sich die Produktionskosten nicht den Nachfragern anlasten lassen und diese das Gut überhaupt nicht angebieten, da free rider Chancen eröffnet würden. In Europa bietet der Staat in Reaktion auf diese Problematik das Gut meist selbst an.[144] Bleiben die Kosten der Bereitstellung hingegen unterhalb des Nutzens erfolgt eine private Bereitstellung.[145]

Externe Effekte sind Einflüsse durch Aktivität einer Wirtschaftseinheit auf andere, ohne dass diese über den Preis gesteuert werden.[146] Neben negativen externen Effekten, wie der kosten- und sanktionslosen Umweltverschmutzung durch einen Industriebetrieb, treten ebenso positive externe Effekte auf. Ein Beispiel hierfür stellt die Herdenimmunität durch eine gute Impfquote dar. Die Kosten der Impfung trägt der Einzelne, positive Effekte treten aber auch bei anderen auf, da der Geimpfte sie nicht mehr anstecken kann. Sie sind beeinflusst, ohne an der preislichen Gestaltung beteiligt zu sein. Diesen Effekten kann mit Hilfe von Pigousteuern begegnet werden. Diese Steuern erhöhen/senken die privaten Grenzkosten der Produktion genau um das Ausmaß der sozialen Grenzkosten. Eine weitere Möglichkeit der Internalisierung stellen Subventionen dar, welche die positiven externen Effekte fördern.[147]

Natürliche Monopole bilden sich, wenn aufgrund hoher Fixkosten über sinkende Durchschnittskosten die Grenzkosten dauerhaft unter den Durchschnittskosten verharren. Ein Angebot zu Grenzkosten würde somit zu Verlusten führen. Wenn kein gänzlicher Verzicht auf das Angebot möglich ist, sollte zumindest die Ausnutzung der Monopolstellung über Preisregulierung (als Objektregulierung) verhindert werden. Über Lizenzen ließe sich ein Wettbewerb um den Markt initiieren. Je nach Preisangebot erhält ein Anbieter eine zeitlich befristete Monopolstellung. Der Versuch, die Firma zu Grenzkosten als first-best-Lösung

144 Vgl. Mehnert, S. (1997), S. 47f.
145 Vgl. Wähling, S. (1996), S. 60.
146 Vgl. Wähling, S. (1996), S. 57.
147 Vgl. Wähling, S. (1996), S. 58f.

produzieren zu lassen, scheitert an der Möglichkeit des Unternehmens, zu hohe Kosten auszuweisen. Für die Profitregulierung im Segment der Arzneimittel in Großbritannien wird diese Konstellation häufig als Problem benannt. Kartellverbote sollen verhindern, dass Preissetzungsspielräume entstehen, die zu einem Wohlfahrtsverlust führen.[148] Existieren Markteintrittsbarrieren in Form von sunk costs, kann dies potenzielle Konkurrenten fernhalten.[149]

Beim Vorliegen **asymmetrischer Informationen** haben Anbieter und Nachfrager nicht denselben Informationsstand. In diesem Zusammenhang treten *Moral Hazard* und *Adverse Selektion* auf. Im Fall des Moral Hazard versucht die besser informierte Marktseite die Asymmetrie zu ihren Gunsten zu nutzen.[150] Moral Hazard-Verhalten stellt beispielsweise die Wiedereinbestellung beim Hausarzt dar, um angebotsinduzierte Nachfrage zu erzeugen. Ebenso fordern Patienten von Ärzten Verschreibungen ein. Bei Vorliegen einer solchen Principal Agent Beziehung kann der Principal den Agenten nicht vollständig überprüfen. Daher werden Anreize so gesetzt, dass der Agent im Sinne des Principals handelt. Asymmetrische Informationen können allerdings auch ohne Moral Hazard zu Marktversagen führen. Liegen beispielsweise Erfahrungsgüter vor, besteht die Gefahr einer Negativauslese. Im Fall der Krankenversicherung ist der Anbieter schlechter informiert und befürchtet, dass ausschließlich die so genannten „schlechten Risiken" eine Versicherung abschliessen, was den klassischen Fall von Adverser Selektion darstellt.[151] Über Signale, Qualitätsstandards und Zulassungskontrollen soll Adverser Selektion vorgebeugt werden. Im Bereich der Arzneimittel sind Packungsbeilagen, die Gebrauchsinformationen liefern, Pflicht.[152]

Ruinöse Formen von Wettbewerb sind ebenso häufig Anlass für Regulierungen. In diesem Fall bieten Firmen zeitlich begrenzt niedrigpreisig Güter an, um andere Marktteilnehmer zu verdrängen und dann in der Monopolsituation wieder einträgliche Gewinne zu erzielen. Eine Regulierung dieses Phänomens ist aber umstritten, da sie den Interessen etablierter Unternehmen dient, aber den Beweis von Wohlfahrtsverbesserungen schuldig bleibt.[153]

148 Vgl. Mehnert, A. (1997), S. 45-52.
149 Vgl. Wähling, S. (1996), S. 55.
150 Vgl. McGuire, A., Fenn, P., Mayhew, K. (1991), S. 12-14.
151 Vgl. López-Casasnovas, G., Puig-Junoy, J. (2005), S. 116f.
152 Vgl. Mehnert, A. (1997), S. 55f.
153 Vgl. Mehnert, A. (1997), S. 56ff.

Die Nachfrageseite auf dem Markt für verschreibungspflichtige Arzneimittel ist durch eine komplexe Struktur gekennzeichnet. Idealerweise würde der Patient selbst ein Medikament erwerben. Er hätte in jenem Fall eine intrinsische Motivation, auf das Preis/Leistungsverhältnis zu achten. Da aber der Patient aufgrund mangelnder Informationen keinen Marktüberblick besitzt und seine Therapie mit einem Experten abstimmen muss, werden Intermediäre eingebaut.[154] Der Verschreibungsvorgang wird im deutschen System vom Arzt ausgelöst, der wiederum ohne eigenes Dispensierrecht auf die Apothekenabgabe angewiesen ist. Aufgrund mangelnden Produktwissens hat der Patient zudem keine Preiskenntnis abgesehen von seiner Zuzahlung. In diesem Zusammenhang wird auch von einer viergeteilten Nachfrage gesprochen, die zu Verzerrungen der Preiselastizität führt.[155] Die Abbildung 2.8 stellt den Zusammenhang am Beispiel einer Arzneimittelverschreibung dar.

Abbildung 2.8: Nachfragestruktur im Arzneimittelmarkt

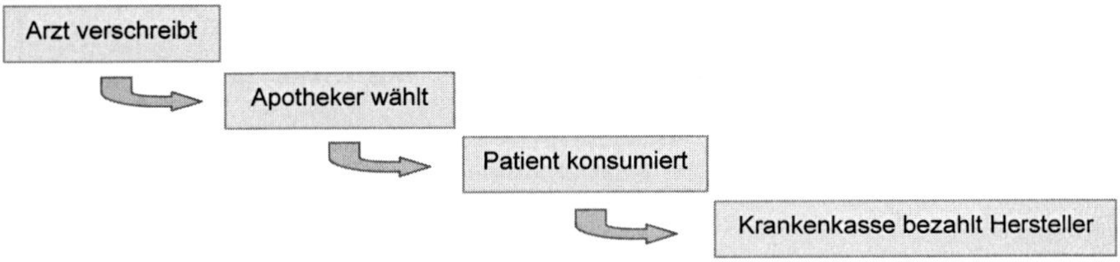

Quelle: Eigene Darstellung

Einzelne Autoren konstatieren sogar eine Nachfrageelastizität für Arzneimittel von Null, was zu einem erheblichen Moral Hazard Problem führt.[156] Da ein Anteil der Arzneimittelpreisentwicklung Anfang der 1990er Jahre auf diese Konstellation zurückgeführt wird, kam es länderübergreifend zu der Implementation mehrerer Kostenkontrollmechanismen. Mögliche Gehaltskürzungen für Health Professionals oder harte Rationierungen wurden als undurchsetzbar angesehen und folglich vermieden.[157] Dennoch wuchs die Erkenntnis, dass dem Verschreiber eine Schlüsselrolle zukommt und dementsprechend Maßnahmen entworfen, die das Verschreibungsverhalten verändern sollen.[158] Der Staat kann durch

154 Vgl. Mossialos, E. et al. (2004), S. 130f.
155 Vgl. Mossialos, E. et al. (2004), S. 2.
156 Vgl. Pichler, E. (2001), S. 49.
157 Vgl. Mossialos, E. et al. (2004), S. 114.
158 Vgl. Drummond, M. et al. (1997), S. 200.

Niederlassungs- und Zulassungsvorschriften Eingangsbarrieren auf Seiten der Leistungserbringer implementieren, um den Arztberuf zu einer besonderen Profession zu erheben. Die Ärzte stellen wiederum für den Untersuchungsgegenstand eine wichtige Instanz als Verschreiber dar. In den USA existieren solche Lizensierungsverpflichtungen für Ärzte bereits seit 1890.[159] Dies stellt hingegen primär eine Qualitätssicherstellung dar und ist keine Garantie für wirtschaftliches Verhalten, welches der Versichertengemeinschaft dient. Preiseingriffe staatlicher Instanzen können durch Volumenausdehnungen, ausgelöst durch ein ärztliches Rezept, kompensiert werden.

2.5.2 Oligopolistischer Wettbewerb

Ein Oligopol ist ein Markt mit einigen wenigen Wettbewerbern und hohen Markteintrittsbarrieren.[160] Sofern nicht ein Patentschutz vorliegt, worauf im folgenden Abschnitt näher eingegangen wird, kann der Arzneimittelmarkt als ein solcher angesehen werden. Im Gegensatz zum Polypol oder Monopol liegt bei einem Oligopol eine Interdependenz zwischen den einzelnen Unternehmen vor.[161] Die Unternehmen agieren folglich strategisch. Eines der Modelle, das den Wettbewerb im Oligopol beschreibt, ist das Bertrand-Modell[162]. Das Modell geht davon aus, dass die beteiligten Unternehmen homogene Güter produzieren, die Wettbewerber die Preise ihrer Konkurrenten als gegeben sehen und alle Beteiligten simultan ihre Preisentscheidung treffen. Der Nachfrager wird bei dem Unternehmen kaufen, das den geringeren Preis anbietet.[163] Zur Vereinfachung erfolgt die Zugrundelegung eines Duopols, also einem Markt mit lediglich zwei Unternehmen. Beide Unternehmen verhalten sich gewinnmaximierend, Konkurrenz entsteht in dieser Konstellation über den Preis und nicht die Menge.[164] Um die Marktnachfrage auf sich zu ziehen, unterbieten sich die Beteiligten solange im Preis bis zur Erreichung der Grenzkosten. Im Nash-Gleichgewicht entsprechen die Grenzkosten dem Preis.[165] Die Konkurrenten verhalten sich in dem Modell nicht kooperativ. Würden beide kooperieren, indem sie sich beispielsweise absprechen, käme kein Gleichgewicht zustande. Es wird in diesem

[159] Vgl. Stigler, G.J., (1971), S. 15.
[160] Vgl. Pindyck, S., Rubinfeld, D.L. (2005), S. 570.
[161] Vgl. Breyer, F. (2007), S. 100.
[162] Vgl. Bertrand, J. (1883).
[163] Vgl. Pindyck, S., Rubinfeld, D.L. (2005), S. 587.
[164] Vgl. Paschke, D. (2008), S. 383.
[165] Vgl. Weise, P. et al. (2005), S. 314.

Zusammenhang von einem Gefangenendilemma gesprochen.[166] In einem Modell von Johnston und Zeckhauser (JZ Schema) verzichten die Hersteller in einer Situation eines Gefangenendilemmas auf Profite, um in eine Erstattung zu gelangen. In Erwartung einer Mengenausweitung erfolgen Zugeständnisse der Firmen in Bezug auf ihren Produktpreis.[167] Um eine solche Regulierung zu betreiben, benötigen Regulierer Kenntnisse über Kosten- und Nachfragefunktionen. Dieses Informationsproblem lässt sich über ein Signallingmodell überwinden. Die Hersteller signalisieren einer unabhängigen Agentur ihre Grenzkosten, woraufhin diese eine Erstattungshöhe vorschlägt, welche die Firma in Bezug auf den Markteintritt indifferent werden lässt.[168] Das JZ Schema führt zu niedrigen Herstellerpreisen und zu niedrigen Zuzahlungen.

Ein Beispiel für homogene Güter sind Generika. Eine Unterbietung durch einen Wettbewerber würde zu einem Totalverlust des eigenen Marktanteils führen. Ausschreibungsverfahren erzeugen eine simultane Setzung der Preise und sind für Hersteller bei Produkten mit hohen Umsatzanteilen hoch relevant. Der Preis nähert sich wie beschrieben den Grenzkosten an. Setzt der Regulierer nun allerdings einen Preis als Referenz fest, entstehen keine Anreize für die Hersteller, diesen zu unterbieten, da die Patienten vollkommen unelastisch unterhalb des vollständig erstatteten Festbetrages sind.

---

166 Vgl. Wied-Nebbeling, S., Schott, H. (2007), S. 249.
167 Vgl. Johnston, M., Zeckhauser, R. (1991).
168 Vgl. Woodfield, A.E. (2001), S. 133.

Abbildung 2.9: Referenzpreissetzungsreaktion

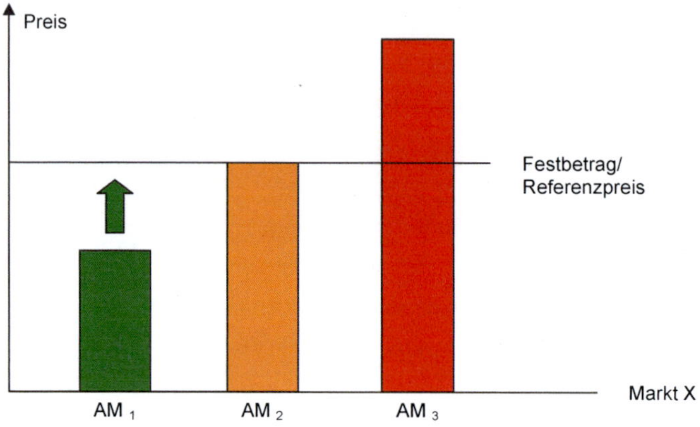

Quelle: Eigene Darstellung.

Wie die Abbildung 2.9 zeigt, hat die Setzung eines Referenzpreises mit gleichzeitiger Erstattungssicherung zu diesem Preis für den Hersteller von AM 1 eine Preisanhebung sinnvoll werden lassen. Dies gilt allerdings nur für den Fall, das die Tatsache günstigster Anbieter zu sein, nicht zu sonstigen Vorteilen in der Abgabe führt. Die Diskussion dieser Anreize und ihrer Effekte findet sich in Kapitel 5.

Die Einführung von Festbeträgen führt zu einer Diskontinuität der ersten Ableitung der Gewinnfunktion des Herstellers. Die Hersteller orientieren sich bei der Festlegung potenzieller Eigenanteile der Versicherten an dem absoluten Level der Festbeträge. In der Folge liegt der korrespondierende Gleichgewichtspreis über einem Konkurrenzpreis ohne Festbetragseingriff in den Markt.[169] Formal dargestellt führen Festbeträge zu folgender Konstellation:

- Fall 1: wenn Pl1 < Pr, Pc wird bei kPl gesetzt
- Fall 2: wenn Pl2 > Pr, Pc wird bei Pl-Pr+kPr gesetzt
- Pr stellt dabei den Festbetrag dar, Pc bezeichnet den Konsumentenpreis, Pl ist der Herstellerabgabepreis und k die Zuzahlung.[170]

In dem Model der abknickenden Nachfragekurve führt die Einführung von Festbeträgen zu einer elastischeren Nachfrage nach dem Produkt über dem

169 Vgl. Greß, S. et al. (2009), S. 240.
170 Vgl. López-Casasnovas, G., Puig-Junoy, J. (2001), S. 8.

Festbetrag. Bei konstanten Grenzkosten verläuft die Nachfrage im Ausgangsfall ohne Patientenzuzahlung bei D1. Die Einführung des Festbetrages zeigt die horizontale Linie. Wenn der Herstellerabgabepreis über dem Festbetrag liegt, folgt eine Patientenzuzahlung und ein Anstieg der Grenzkosten für den Arzt, der für die Arzneimittelwahl Erklärungen abzugeben hat. Liegt der Festbetrag unter dem Herstellerabgabepreis, folgen Grenzkosten von Null für den Patienten, was zu einer Indifferenz gegenüber Preiserhöhungen bis zu dem Festbetragslevel führt. D2 repräsentiert die Nachfragekurve bei perfekter Information der Ärzte. Diese Kurve hat einen Knick bei dem Festbetrag. Für Firmen ist es nunmehr notwendig, zumindest Preise auf das Festbetragsniveau anzuheben. In dem Fall der Unsicherheit der Ärzte gegenüber den Kosten, wählen sie das vermutlich günstigere Generikum, um Zuzahlungen und Erläuterungsbedarf zu vermeiden. Der Verlauf von D3 beschreibt diese Situation, in der die Nachfrageelastizität für Preise über dem Festbetrag und auch für Preise leicht unter Festbetrag zunimmt.[171]

Abbildung 2.10: Modell der geknickten Nachfrage

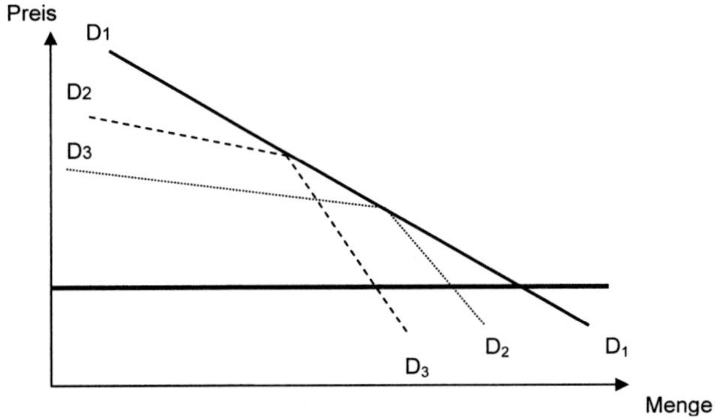

Quelle: Vgl. López-Casasnovas, G.,Puig-Junoy, J. (2005), S. 112.

Für die Gruppenbildung ist das Konzept der Äquivalenz der Arzneimittel entscheidend. Wenn für bestimmte Patienten das eingeschlossene Arzneimittel im Fall einer Gruppenbildung nicht-generischer Arzneimittel nicht äquivalent zu anderen ist, dann führt die notwendige Zuzahlung zu Ungleichheit. Es könnten zudem negative Anreize für Patentinhaber in Bezug auf Forschungs-

[171] Vgl. López-Casasnovas, G., Puig-Junoy, J. (2005), S. 112.

anstrengungen entstehen. Gemischte Gruppen könnten je nach Verfahren zu einem Durchschnittspreis führen. Festbeträge belasten Geringverdiener aufgrund der Möglichkeit der aufzahlungsbefreiten Verschreibung einer äquivalenten Alternative nicht zusätzlich und sind somit sozial ausgewogen.[172] Im Gegensatz zu den in Kapitel 3 genannten einfachen Instrumenten der Kostenkontrolle können Festbeträge eine Lenkungsfunktion wahrnehmen und sind nicht allein zusätzliche Belastung.

Bisher wurde, wie im Bertrand-Modell, von homogenen Produkten ausgegangen. Oligopolistische Märkte sind allerdings oft durch Produktdifferenzierungen gekennzeichnet. Folglich ist der Preis nicht die alleinige strategische Größe.[173] Medikamente können beispielsweise in ihren unerwarteten Arzneimittelwirkungen oder Nebenindikationen differieren. Im Gegensatz zum Bertrand-Modell können die Güter hier mit unterschiedlichen Preisen im Markt vertreten sein. Wenn die Reaktionskurven beider Duopolisten übereinstimmen, d.h. die Erwartungen kompatibel sind, ist ein Gleichgewicht erreicht. Die Preise werden über den Grenzkosten liegen. Dieses Modell wird als Launhardt-Hotelling-Modell bezeichnet.[174] Zweifel und Crivelli modellieren ebenso ein Bertrandoligopolmodell, in dem Preisreaktionen von einem Innovator und Imitator abgebildet werden. Hierbei wurden zwei Gleichgewichtszustände ermittelt: Im Niedrigpreisgleichgewicht akzeptiert der Innovator den Festbetrag und der Imitator bleibt darunter. Im Hochpreisgleichgewicht erfordert der gesetzte Innovatorpreis eine Patientenaufzahlung und der Imitator wählt genau den Festbetrag.[175] Beispiele für solche Reaktionen und die Analyse mehrerer Festbetragsgruppen findet sich in den Kapiteln 6.3 und 6.4. Ebenfalls auf Hotelling[176] geht das so genannte Straßenmodell zurück. Am jeweiligen Ende einer „Straße“ befinden sich zwei Anbieter. Die „Entfernung“ zwischen ihnen stellt die Produktdifferenzierung dar. Je näher sich ein Nachfrager an einem der beiden Anbieter befindet, desto größer sind seine Präferenzen für die Produkte dieses Anbieters. Es existiert eine bestimme Anzahl an Nachfragern auf dieser „Straße“, die sich gleichmäßig verteilen. Je stärker die Präferenzen und je höher die Produktionskosten

172 Vgl. Schneeweiss, S. (2007), S. 18.
173 Vgl. Weise, P. et al. (2005), S. 314f.
174 Vgl. Weise, P. et al. (2005), S. 314f.
175 Vgl. Zweifel, P., Crivelli, L. (1996), S. 272.
176 Vgl. Hotelling, H. (1929).

ausgeprägt sind, desto höher ist auch das Preisniveau. Somit werden, sofern nur die Präferenzen für dieses Gut groß genug sind, auch teurere Produkte gekauft. Die Anbieter verzeichnen dann positive Gewinne. Um zu verhindern, dass neue Anbieter in den Markt eintreten, müssten Markteintrittsbarrieren wie beispielsweise Sunk Costs existieren.[177] Diese Möglichkeiten bieten sich insbesondere für Arzneimittel in Solitärstatus, die noch keine direkte generische Konkurrenz besitzen.

In einem Sweezy-Oligopol[178] beharren die Marktteilnehmer auf einer erlangten Gleichgewichtsposition. Der Preis bleibt starr und die Wettbewerber konzentrieren ihre Aktivitäten auf Werbung und Serviceleistungen.[179] Aufgrund der starren Preisregulierung auf dem Arzneimittelmarkt kann eine solche Konstellation durchaus auftreten, wenn die Produkte Höchsterstattungsbeträgen oder Festbeträgen unterworfen sind. Zur Sicherung oder Steigerung von Marktanteilen macht es für die Hersteller in der Folge Sinn Servicedienstleistungen für Apotheker, Ärzte oder die Patienten anzubieten. Hierbei bieten sich für die Produkte Schulungen für Ärzte und Patienten oder Rabattierungen für die Apotheker in Form von Quersubventionierung des OTC-Segments an. Werbung als zweiter Wettbewerbsparameter spielt im Arzneimittelbereich trotz Verbots von Werbung an Endverbraucher eine große Rolle. Zum einen kann Werbung in Fachmedien oder Internetportalen für Health Professionals geschaltet werden, zum anderen können Patienten über produktunspezifische Informationen adressiert werden. Neben der Ansprache von Verschreibern und Apothekern tritt zunehmend die Information von Kostenträgern aufgrund selektivvertraglicher Möglichkeiten seit dem GKV-WSG. Zusätzlich zu Situationen eines oligopolistischen Wettbewerbs können sich Monopolkonstellationen herausbilden.

2.5.3 Monopolkonstellationen

Wenn nur ein Anbieter auf dem Markt auftritt, liegt ein Monopol vor. Bei einem Monopol müssen bei optimalem Output die Grenzkosten gleich den Grenzerlösen sein; ein Monopolist fordert folglich einen Preis, der über den Grenzkosten liegt.

177 Vgl. Schulenburg, J.-M. Graf v.d. (2005), S. 336 ff.
178 Vgl. Sweezy, P.M. (1939).
179 Vgl. Schumann, J., Meyer, U., Ströbele, W. (2007), S. 36ff.

Die Höhe des Aufschlages wird durch die Nachfrageelastizität bedingt.[180] Im Fall von Patentschutzregelungen kann von Monopolstellungen der Anbieter gesprochen werden. Sie dienen nicht dem Schutz der Verbraucher, sondern vielmehr der Sicherung der Innovation. Der Patentschutz für innovative Arzneimittel beträgt in Deutschland 20 Jahre ab Anmeldung und soll vor Nachahmern schützen, die nicht in Forschung investiert haben. Forschung stellt dabei ein öffentliches Gut dar. Ein Monopol wird zeitweilig in Kauf genommen, nach Ablauf sind Wettbewerb und eine Preisreduktion Ziele der staatlichen Instanzen. Zu den positiven externen Effekten eines Monopols zählen eine Reduktion der Krankheitslast, weniger Arbeitsunfähigkeitstage, kürzere Krankenhausaufenthalte etc.[181] Der Arzneimittelmarkt stellt folglich ein Oligopol der Anbieter mit zeitweiligen Monopolen für einzelne Wirkstoffe dar. Diese Monopole für Innovationen sind erwünscht, damit Monopolrenten die hohen Forschungsaufwendungen wieder amortisieren.[182] Dennoch muss der Gesetzgeber darauf achten, dass die Hersteller diese Monopole nicht übermäßig nutzen. Mit Hilfe der ökonomischen Theorie hergeleitet bedeutet dies, dass Anstrengungen unternommen werden, bis die Grenzkosten des Kapitals –welches genutzt wird, um die Forschung voranzutreiben (mcc)– gleich den abgezinsten Erträgen (mrr) sind. Die herstellende Firma muss Kapital einsetzen, um Forschungsanstrengungen zu unternehmen. Dies kann über eigene Erträge, Eigenkapital oder Fremdkapital geschehen.[183] Eine Begrenzung der Erstattung führt zu sinkenden Einnahmen und einer Linksverschiebung der mrr-Kurve, wie die Abbildung 2.11 zeigt. Für sämtliche Forschungsprojekte werden in der Folge weniger Mittel verwendet, was in Verbindung mit der geringen Erfolgsquote bei der Arzneimittelentwicklung einen starken Effekt ausmachen kann. Die Kapitalkosten (mcc) setzen sich zunächst aus Eigenmitteln, dann im ansteigenden Bereich aus Fremdkapital und schliesslich wieder in horizontalem Verlauf durch Ausgabe von neuem Eigenkapital aus.

[180] Vgl. Varian, H.R. (1999), S. 393 ff.
[181] Vgl. Wähling, S. (1996), S. 104.
[182] Vgl. Jönsson, B., Ekelund, M. (2001), S. 68.
[183] Vgl. Mossialos, E. et al. (2004), S. 131.

Abbildung 2.11: Rationale Forschungsanstrengungen eines Arzneimittelherstellers

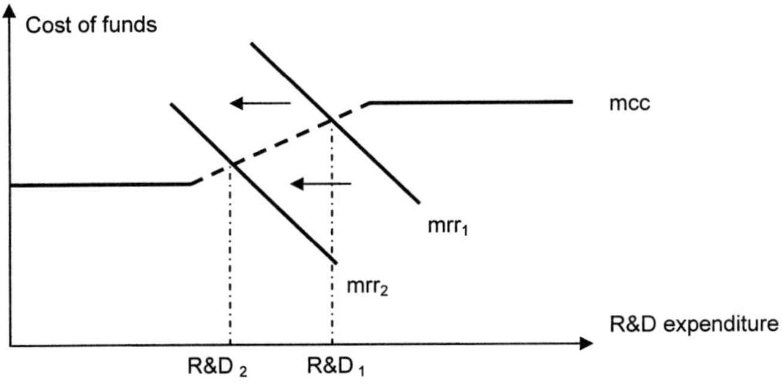

R&D: Research and Development

Quelle: Vgl. Mossialos, E. et al. (2004), S. 132.

Innovationen fördern bei vollständiger Transparenz zum Nutzen dem Zieldreieck entsprechend die Qualität der Arzneimittelversorgung und daher nutzen einige Staaten neben Patenten auch direkte Unterstützung der forschenden Firmen. Beide Konzepte sind dabei nicht frei von Ineffizienzen.[184] Werden Informationen über eine wettbewerbliche Marktallokation gehandelt (also ohne Patentregelung) kann dies zu einem sozial ineffizienten Ergebnis führen, welches zudem die Anstrengungen, neue Ideen zu entwickeln, behindert. Free Rider nutzen die gewonnenen Informationen und dem Originator fehlt eine Möglichkeit, die Innovation geldlich nutzbar zu machen. Eine optimale Regulierung kompensiert die Entwicklungskosten und das Risiko im Entstehungsprozess der Innovation. Die Sunk Costs für Entwicklungen sind aber nicht für jeden Bereich für die Gesellschaft gleich wertvoll; hier bedarf es der Bildung einer Rangordnung und der Definition entsprechender unterschiedlicher Kompensationshöhen.[185] In der graphischen Darstellung in Abbildung 2.12 steht p_1 für den Monopolpreis und p_2 für den Wettbewerbspreis.

184 Vgl. Ibern Regàs, P. (2005), S. 21.
185 Vgl. Ibern Regàs, P. (2005), S. 23.

Abbildung 2.12: Wohlfahrtswirkungen eines Monopols

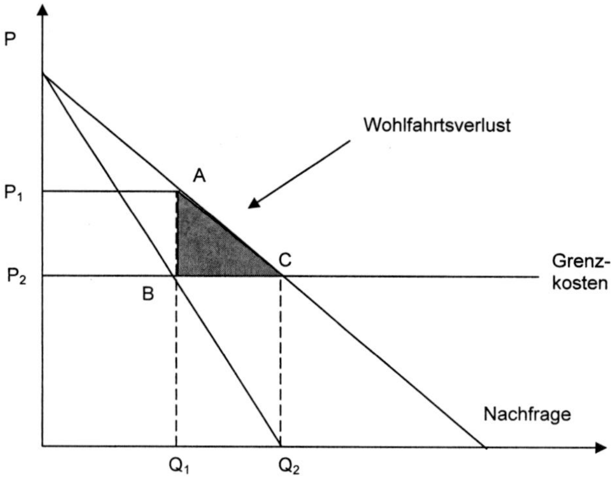

Quelle: In Anlehnung an Ibern Regàs, P. (2005), S. 24.

Hierdurch entfällt zunächst das Dreieck ABC. Bei der Transformation von Konsumentenwohlfahrt zu Herstellerwohlfahrt geht zudem ein Teil der Konsumentenwohlfahrt verloren. Die Monopolsituation durch das Patent bewirkt die Bewegung vom Punkt B zu A. Die Mengenreaktion ausgedrückt in veränderter Nachfragekurve der Konsumenten liegt an der neuen Preissituation durch das Monopol. Das Patent wandelt Konsumentenrente in Produzentenrente, um einen Anreiz für Innovationen zu schaffen, der auf einem Wettbewerbsmarkt aufgrund der ungenügenden Kompensation von Innovationsanstrengungen unterblieben wäre.

Unter der Voraussetzung einer grundsätzlichen Befürwortung von Patentierung bedarf es in zweiter Instanz einer Entscheidung über deren Länge. Entgegen der vielfach, ungeachtet der Produktcharakteristika angesetzten, gleichen Schutzzeiträume könnte eine Differenzierung je nach Innovationsgrad sinnvoll sein. Der Innovator erhält einen kürzeren Schutz, um weitere Schrittinnovationen nach dem Sprung zu fördern. Zu lange Zeiten für die zweite Generation bergen die Gefahr der Entwicklung von Medikamenten mit nicht ausreichend hohem

Zusatznutzen. Daher ist eine „richtige“ Honorierung schwer zu implementieren.[186] Innovative Arzneimittel liefern positive externe Effekte für die Gesellschaft. Diese können in einem Patentsystem schwer nutzbar gemacht werden, da die Anreize für die Hersteller nicht Substitutionsanreize, sondern Komplementanreize bieten sollten. Eine Differenzierung nach der zu behandelnden Population könnte bei Nischen lange und für Blockbuster, die schneller amortisieren, kurze Patentlaufzeiten favorisieren. Eine Alternative zu Subventionen und klassischen Patentlösungen könnte der Kauf von Patenten durch Regierungen zum gesellschaftlichen Wert darstellen. Die Preisfindung würde über einen Bieterwettbewerb stattfinden. Der Staat bezahlt dem Patentinhaber den sozialen Wert des Patents und somit mehr als die Marktlösung. Sie würden die Neuerung der Öffentlichkeit zugänglich machen und eine Nutzung somit befördern. Dieses System wäre besonders für Arzneimittelmärkte anwendbar.[187]

Die Erstattungshöhe wird zukünftig im deutschen System der Gesetzlichen Krankenversicherung von einem Monopolisten und einem Monopsonisten verhandelt. Der Monopolist verfolgt Erlösmaximierung. Die Ziele des Monopsonisten (der staatlichen Stelle) sind vielfältiger und zum Teil kontrovers. Wie bereits vorangehend geschildert, sollen Arbeitsplätze, zukünftige Forschung, Erhaltung einer starken pharmazeutischen Industrie gesichert und dennoch bezahlbare Medikamente für das öffentliche Gesundheitssystem gewährleistet werden. Hinzu kommt, dass allein der Hersteller die Produktionskosten kennt. Um einen Anreiz für Innovationen zu erhalten, sollte der Regulierer einen Monopolprofit belassen und nicht eine Produktion am Schnittpunkt von Grenzkosten und Grenzerlösen forcieren.[188] Die hohen Forschungsaufwendungen und Zulassungsanforderungen verstärken die Konzentration auf diesem Marktsegment.[189] Es entstehen Markteintrittsbarrieren selbst nach Patentauslauf durch die Nutzung von Economics of Scale und Scope sowie die Produktdifferenzierung durch Markenbildung.[190] In jüngerer Vergangenheit lässt sich zudem feststellen, dass die Gesundheitsgewinne durch neue Arzneimittel im Verhältnis zu den hohen Kosten eher gering ausfallen.[191] Der Bereich

186 Vgl. Ibern Regàs, P. (2005), S. 26.
187 Vgl. Ibern Regàs, P. (2005), S. 31.
188 Vgl. Mossialos, E. et al. (2004), S. 133.
189 Siehe folgenden Abschnitt.
190 Vgl. Puig-Junoy, J. (2005), S. 37.
191 Vgl. Pinto Prades, J.L., Badía Llach, X. (2005). S. 145.

pharmakogenetischer Arzneimittel, in dem in kleineren Zielpopulationen bessere Ergebnisse durch höhere Wirksamkeit und geringere Nebenwirkungen realisiert werden können, stellt dabei eine Ausnahme dar. Durch kürzere Zulassungsverfahren lassen sich zudem Kosten sparen, die für eine Vielzahl von bis dato unsicheren Projekten Finanzierungsspielräume schaffen.[192] Hierbei entsteht allerdings ein trade off mit Fragen der Pharmakovigilanz, da weniger erprobte Arzneimittel zu unerwarteten Wirkungen führen können und wie im Fall von Vioxx® erhebliche Schäden verursachen können. Gesundheitsökonomische Evaluationsansätze stellen einen Weg dar, in Form von Kostenvergleichs-, Kosteneffektivitäts-, Kosten-Nutzen- oder Kostennutzwert den „Value for Money" abzubilden.[193] Für Kostennutzenansätze können individuelle Willingness to Pay (WTP) Werte ihren Einsatz finden. Aus Sicht des Regulierers könnte das Konzept des „Willingness to Accept" eine ebenso große Rolle für die Arzneimittelausgabensteuerung einnehmen.

Bei Eingriffen in die Preisstruktur bzw. bei gänzlicher Monopolstellung entstehen so genannte X-Ineffizienzen. Kostensenkungen werden für das Management unattraktiv, wenn laufende Kosten durch staatliche Stellen refinanziert werden wie im Gesundheitswesen. Dies lässt sich am Fall der britischen Profitregulierung gleichsam in einem Oligopolmarkt beobachten. Der Staat ist schlechter informiert als die regulierten Unternehmen, was die Nachfrage und die Kostensituation des Anbieters angeht.[194] Dies stellt gerade ein Problem der staatlichen Beeinflussung von Preisen für Patentierungen dar. Natürlichen Monopolen folgen steigende Skaleneffekte, externe Effekte hingegen betreffen Nutzen anderer Wirtschaftssubjekte, ohne finanzielle Kompensation. Externe Effekte wirken zudem nicht über das Preissystem. Befindet sich die Produktion am Schnittpunkt von Preis und Grenzkosten, fallen daher soziale Kosten an. Staatliche Reaktion stellen Abgaben, Ge- und Verbote dar. Setzt in einem natürlichen Monopol der Staat einen niedrigeren als den Monopolpreis, entsteht für ein Mehrproduktunternehmen ein Preisanhebungsspielraum, wo die Nachfrageelastizität gering ist. Der Anbieter könnte zudem zwischen verschiedenen Kundengruppen differenzieren. In Reaktion könnte der Staat

192 Vgl. Cook, J., Hunter, G., Vernon, J.A. (2009), S. 356f.
193 Vgl. Schulenburg, J.-M. Graf v.d., Greiner, W. (2007), S. 218-227.
194 Vgl. Noth, M., (1994), S. 2.

wiederum die Steuern für die nötigen Subventionen mit einem einhergehenden Wohlfahrtsverlust anheben. Aus Preisregulierungsanstrengungen resultiert zudem, dass es weiterer Regulierungen in Bezug auf Qualität und Lieferkonditionen bedarf.[195] An diesem Beispiel wird aufgezeigt, wie einzelne Maßnahmen Folgeregulierungen oder Reaktionen hervorrufen, die bestmöglich frühzeitig antizipiert werden sollten.

2.5.4 Wohlfahrtsökonomie

Stigler untersuchte bereits 1971 die Gründe und Wirkungen von Regulierungsmaßnahmen staatlicher Institutionen. Regulierung dient seiner Ansicht nach vom Ursprung her dem Schutz der Öffentlichkeit.[196] Faktisch folgen viele Regelungen allerdings ausschließlich Partikularinteressen. Regulierung gehen Belastungen wie auch Vorteile für die Betroffenen parallel einher. Das Beispiel der Importquoten für Rohöl zeigt auf, dass aus der Maßnahme tatsächlich Protektionismus der bereits am Markt tätigen Unternehmen resultiert. Neben direkten Subventionen regelt der Staat den Markteintritt, wie das Beispiel der Konkurrenzsituation des Güterverkehrs in den USA illustriert. Die Bahngesellschaften haben ihren Einfluss genutzt, um Mitbewerber in Form von Logistikgesellschaften aus dem Geschäft zu halten. Neben diesen beiden Formen der Regulierung können Firmen erreichen, dass der Staat Substitute und Komplemente der eigenen Produkte beeinflusst. Als vierte Maßnahme versuchen Firmen die Preisbildung zu beeinflussen mit dem Ziel, ihre Einnahmen über ein Konkurrenzniveau zu erhöhen. Die staatlichen Maßnahmen verändern dabei das Marktergebnis erheblich. Quoten bevorzugen kleinere Marktteilnehmer, die Kontrollmaßnahmen verzögern die Herstellung und geben der staatlichen Kontrolle einen Kostencharakter für das berichtspflichtige Unternehmen. Stigler stellt fest, dass die meisten Firmen eine positive Nachfrage nach staatlichem Einfluss haben, da er den Firmenwert steigernd wirkt. Die Gründe dafür, dass Firmen erfolgreich staatliche Vorteile zulasten der Allgemeinheit erlangen können, liegen in der Ökonomie der politischen Entscheidungen. Entscheidungen werden für eine große Personenmehrheit getroffen. Für eine sinnvolle Abwicklung entwickelten sich in der Folge Volksvertreter, die einen hohen

195 Vgl. Noth, M., (1994), S. 8.
196 Vgl. Stigler, G.J., (1971), S. 3-10.

Ermessensspielraum in ihren Entscheidungen genießen. Firmen gelingt es aufgrund ihrer gebündelten Interessen besser, bei diesen Entscheidern Gehör für Ihre Anliegen zu finden. Präferenzen von Minderheiten werden nur dann verfolgt, wenn sie es schaffen genug Aufmerksamkeit zu erreichen. Die Industrie unterstützt zudem die Parteien mit Wählern und Sach- sowie Geldmitteln.[197]

Im betrachteten Marktsegment sind die Medizinprodukte- und Arzneimittelhersteller, aber auch Dienstleister jedweder Art, als profitorientierte Firmen einzuordnen. Für die bestmögliche Effizienz sollten Patienten oder die Krankenversicherer als Sachwalter einen zu den Grenzkosten der Herstellung äquivalenten Preis zahlen. Dies würde allerdings Umverteilungen von Gesunden zu Kranken sowie von den Jüngeren zu den Älteren, die derzeit Bestandteil der solidarischen Krankenfinanzierung sind, nicht ermöglichen. Die forschenden Firmen müssten auf der Basis des gesellschaftlichen Wertes ihrer Innovation wiederum für ihre Forschungs- und Entwicklungsaufwendungen honoriert werden.[198] Diese F&E Aufwendungen stellen die Fixkosten dar, welche eine Preisfindung auf Grenzkostenbasis nicht berücksichtigt. Güter für die öffentliche Wohlfahrt weisen höhere Durchschnitts- als Grenzkosten auf. Ein Lösungsansatz stellt eine Steuer dar, welche die Angebotskurve nach oben zu den Kosten eines Wohlfahrtsverlustes (dead weight loss) verschiebt. Dieses Modell lässt sich allerdings aufgrund der benötigten geschlossenen Wirtschaft und des nicht vorhandenen ubiquitären Grenznutzens des Geldes auf den Arzneimittelmarkt nicht anwenden.[199] Preisregulierung für generische Märkte ist indes schwieriger wohlfahrtstheoretisch zu begründen, da der Wettbewerb ausgeprägt genug sein sollte.[200]

2.5.5 Versicherungstechnische Lösungen

Aufgrund der Unvollkommenheiten des Marktes für Gesundheitsleistungen plädiert Arrow für einen besseren Versicherungsmarkt, der sowohl dem Risiko krank zu sein, als auch dem Risiko der nicht vollständigen Wiederherstellung gerecht wird.[201] Würde eine faire Prämie angeboten, aufgrund der Pooling-Effekte der

---

197 Vgl. Stigler, G.J., (1971), S. 10-13.
198 Vgl. Pichler, E. (2001), S. 45f.
199 Vgl. Roberts, M.J. (2001), S. 164f.
200 Vgl. Puig-Junoy, J. (2005), S. 38.
201 Vgl. Arrow, K.J., (1963), S. 959f.

zumeist unabhängigen Risiken einer Krankenversicherung, wäre das Individuum und die Allgemeinheit besser gestellt.[202] Wenn ein Zusatz auf die faire Prämie nötig ist, bevorzugen die Versicherten eine Form der Selbstbeteiligung, bestmöglich in Form einer Abzugsfranchise. Festbeträge sind allerdings meist in Form einer Indemnität ausgestaltet, bei der im Gegensatz zur Abzugsfranchise zunächst der Versicherer leistet und erst ab einem definierten Niveau der Versicherungsnehmer die zusätzlichen Kosten übernimmt. Dies führt dazu, dass der Patient über seine Eigenleistung die F&E-Aufwendungen tragen muss, wenn der Festbetrag in Gruppen von Schrittinnovationen auf generischem Niveau festgelegt wird. Die Krankenkassen zahlen den Preis der Produktion in Form der generischen Variante. Innovative Produkte sind auf dem Niveau nicht platziert, was zu Zuzahlungen bei der Wahl dieser Gruppenteilnehmer führt.[203] Auf einem freien Versicherungsmarkt wählt der Versicherte die Höhe seines Selbstbehaltes als Teil der Konditionen. Überkonsumption in Folge von Moral Hazard Verhalten kann ebenso zu einer sinnvollen Verlagerung von Kostenanteilen auf den Patienten führen. Eine Variante, mit welcher noch stärkere Wirtschaftlichkeitsanreize assoziiert werden, stellt die Kostenerstattung dar. Hierbei tritt der Versicherte zunächst in Vorlage und im Nachgang erstattet der Versicherer nur anteilig die Kosten.[204] Bei der Konstellation eines freien Marktes ist der Abschluss einer Versicherung bei Annahme von Risikoaversion sinnvoll. Unter dem Mantel der Ungewissheit stellt die Risikoaversion die Annahme dar, welche die Inanspruchnahme von Versicherungsleistungen fördert, da das Individuum bei einer fairen Prämie[205] die Versicherungsoption der Nichtversicherung vorzieht.[206] In Sozialversicherungssystemen wird die Zuzahlung zudem für redistributive Zwecke der Einkommensumverteilung entfremdet. Da höhere Zuzahlungen den Wohlfahrtsverlust senken, erhöht sich parallel die Effizienz. Diese Tendenz steht allerdings in Konflikt mit der Gleichheit. Die Analyse der Nachfrage nach Arzneimitteln ohne Zuzahlung liefert das Ergebnis des Konsums der Sättigungsmenge (in Abbildung 2.12 die vertikale Linie Qmax). Im Nichtversicherungsfall (Zuzahlung 100 Prozent) passt der Konsument die konsumierte Menge in Reaktion auf Preisveränderungen stark an und die Kurve

202 Vgl. Culyer, A.J. (1991), S. 83.
203 Vgl. Pichler, E. (2001), S. 46.
204 Vgl. Gonzáles López-Valcárel, B. (2005), S. 125.
205 Eine fair kalkulierte Prämie bedeutet für den Versicherer, dass mindestens der Erwartungswert der Schäden kalkuliert worden ist. In der Regel erfolgen Aufschläge für Verwaltung und Marketing.
206 Vgl. Graf v.d. Schulenburg, J-M. (2005), S. 223f.

verläuft sehr steil. Bei einem Marktpreis von p_0 resultiert für Unversicherte die Menge q_0 als effiziente Schnittmenge von Grenzkosten und Grenznutzen. Bei hälftiger Zuzahlung entsteht ein Wohlfahrtsverlust in Höhe des Dreiecks ACD in Abbildung 2.13. Dieser ist begründbar, da andere Gesundheitsleistungen (Sport, gesunde Ernährung, präventive Leistungen) im Vergleich zu Arzneimitteln unterkonsumiert werden.

Abbildung 2.13: Nachfragefunktion nach Zuzahlungshöhe und Wohlfahrtsverluste

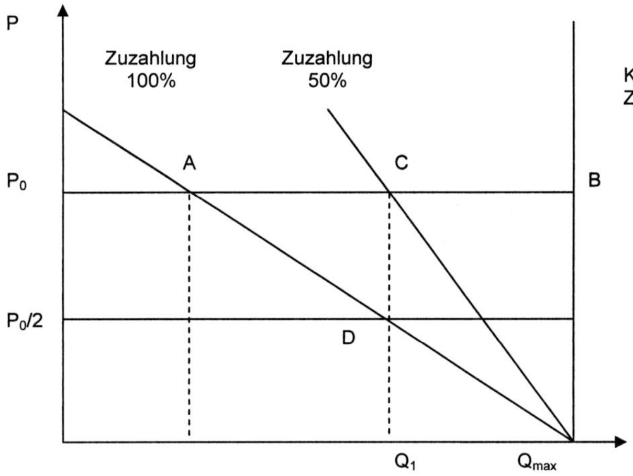

Quelle: In Anlehnung an Gonzáles López-Valcárel, B. (2005), S. 128.

Die Preiselastizität der Nachfrage des Versicherten bestimmt das Ausmaß des Moral Hazards.[207] Die Preiselastizität der Nachfrage nimmt mit steigender Rate an Zuzahlung zu. Wird die Zuzahlung angehoben, senken vor allem Geringverdienerhaushalte ihre Nachfrage, da sie eine höhere Preiselastizität aufweisen. Diese Erwägungen gelten unter den Annahmen des vollständigen Marktes. Im Fall von angebotsinduzierter Nachfrage oder bei Unsicherheiten in Bezug auf die Wirksamkeit therapeutischer Optionen sind Anpassungen notwendig. Für verschreibungspflichtige Arzneimittel kann die Preiselastizität durch Maßnahmen für die Ärzte erhöht werden.[208] Ärztliche und Einnahmefehler verursachen Kosten und Komplikationen, die die Rationalität des

[207] Vgl. Gonzáles López-Valcárel, B. (2005), S. 132.
[208] Vgl. Gonzáles López-Valcárel, B. (2005), S. 135.

Patientenhandelns zudem einschränken. Damit einhergehend steht die Verbindung von Wohlfahrtsverlusten und Zuzahlungen in der Kritik. In Festbetragssystemen entstehen für Preise über dem Festbetrag Zuzahlungen automatisch als zusätzliche private Ausgabe.[209] Arzneimittel haben eine eher moderate bis niedrige Preiselastizität. Zudem existiert nahezu keine Substitutionselastizität zwischen therapeutischen Gruppen. Mit einem konsolidierenden Generikamarkt sinkt die Preiselastizität der Markenprodukte graduell.[210] Die Ausgestaltung von Zuzahlungen muss zwischen den beiden Zielbereichen Effizienz und Gleichheit austariert werden. Hohe Zuzahlungen reduzieren Moral Hazard, beschränken aber gleichzeitig überproportional die Konsumptionsmöglichkeiten vulnerabler Gruppen.[211] In einem wettbewerblichen Marktumfeld läge die optimale Zuzahlungshöhe genau auf der Höhe der Grenzkosten.[212]

2.5.6 Zwischenfazit zu den theoretischen Ansätzen

Das Kostendämpfungsstreben fand seinen ersten juristischen Niederschlag im KKVG 1977. Als globale Lenkungsmaßnahme im Bereich Arzneimittel wurde ein Arzneimittelhöchstbetrag eingeführt, der das Ergebnis von Verhandlungen auf Länderebene darstellte. Jedes Frühjahr sollte ein neu konstituiertes Gremium, die Konzertierte Aktion im Gesundheitswesen, Veränderungen der ambulanten Gesamtvergütungen beobachten und die Arzneimittelhöchstbeträge definieren. Zwischen 1977 und 1980 wurde eine Angleichung der Ausgaben- und Einkommensentwicklung erreicht. Schwierigkeiten machten im späteren Verlauf die Ausklammerung des stationären Sektors sowie die fehlende Verbindlichkeit der Empfehlungen. Der Einbezug des Krankenhausektors als Verhandlungsbestandteil der KAiG erfolgte erst mit dem Krankenhaus-Kostendämpfungsgesetz von 1981.[213] Spätere Reformmassnahmen fokussierten zusehends auf den Bereich der verschreibungspflichtigen Arzneimittel, um die Ausgabenzuwächse zu begrenzen.

209 Vgl. Gonzáles López-Valcárel, B. (2005), S. 137.
210 Vgl. Gonzáles López-Valcárel, B. (2005), S. 140.
211 Vgl. Gonzáles López-Valcárel, B. (2005), S. 142.
212 Vgl. Pinto-Prades, J.L., Badía Llach, X. (2005), S. 160.
213 Vgl. Vincenti, A.J.F. (2008), S. 544.

Um eine unerwünschte Ressourcenallokation, welche ein wettbewerbliches Umfeld geschaffen hätte, zu verhindern, sind Staatseingriffe zur Verfolgung redistributiver und meritorischer Ziele unabdingbar. Für Ärzte werden Eintrittsbarrieren geschaffen und sie verpflichten sich zudem zu ethischem Verhalten. Letztlich dient diese Marktbeeinflussung der Sicherung von anwaltschaftlichem Verhalten von Behandlern gegenüber Ihren Prinzipalen, den Patienten.[214] Aufgrund von Moral Hazard fragen krankenversicherte Individuen zu viele Leistungen nach. Eine Empfehlung zur Aufrechterhaltung zielführender Arztanreize stellen Kostenbeteiligungen zum Zeitpunkt der Konsumption dar. Hierbei sind die Formen der Abzugsfranchise, einer fixen Zuzahlung oder der Indemnität möglich. Das RAND Health Insurance Experiment zeigte auf, dass Zuzahlungen die Inanspruchnahme aufgrund der Preiselastizitäten senken.[215]

Aufgrund der viergeteilten Nachfrage[216] kann von Seiten der Patienten kein markträumender Preis hergestellt werden, ebenso wenig soll ihnen zugemutet werden im Krankheitsfall nach dem günstigsten Präparat zu suchen. Die Vierteilung der Nachfrage, die –wie aufgezeigt worden ist– bewusst herbeigeführt wird, hat nun zu einem (sekundären) Marktmangel in Form von einer Überinanspruchnahme geführt, da Grenznutzen und -kosten bei Arzneimitteln bei öffentlichen Gesundheitssystemen deutlich auseinander fallen. Ärzte erhalten häufig Anreize zu angebotsinduzierter Nachfrage aufgrund ihres Informationsvorsprunges und der Honorarform.[217]

Die Intention von Arzneimittelregulierung ist zusammenfassend die Behebung von originären und sekundären Marktmängeln. Die Dämpfung von Moral Hazard, die korrekte Zuordnung von Verfügungsrechten bei Innovationen, die Linderung von Informationsproblemen und die Behebung von Marktmängeln aufgrund von externen Effekten unterstützen in statischer Betrachtungsweise das Effizienzziel. Es sollen die Arzneimittel Verwendung finden, welche positiven Nutzen stiften. Der Arzneimitteloutput soll gleichzeitig mit möglichst geringem Mitteleinsatz erbracht werden.[218] Es besteht allerdings durchaus die Möglichkeit, dass durch die Behebung von Marktmängeln über einen staatlichen Eingriff die Vorteile der

214 Vgl. McGuire, A., Fenn, P., Mayhew, K. (1991), S. 17.
215 Vgl. Newhouse, J.P.et al. (1981), S. 1502.
216 Siehe Abbildung 2.8
217 Vgl. Culyer, A.J. (1991), S. 71.
218 Vgl. Mehnert, A. (1997), S. 168.

institutionellen Bereitstellung wieder überkompensiert werden. Die Regulierung würde dann zu einer höheren Ineffizienz führen.[219] Im Folgenden soll daher das Instrument der Festbeträge detailliert beschrieben und analysiert werden, vor allem in Hinblick auf Interaktionen und den Zielerreichungsgrad.

3 Ausgestaltung der Arzneimittelregulierung in Deutschland

3.1 Beteiligte Institutionen

Regulierung sollte prinzipiell auf einen legislativen Beschluss angewiesen sein. Ausgeführt werden kann sie von der Regierung, Ministerien, bestehenden oder extra gegründeten Behörden aber auch anderen Einrichtungen. Ein Sonderfall stellt die Selbstregulierung dar, bei der Regulierter und Regulierer in Personalunion entstehen. Im Fall der Konzertierten Aktion und der KVen liegt ein solcher Fall vor.[220] Nach Erteilung von Befugnissen muss in einem zweiten Schritt geklärt werden, ob die Durchsetzung privatrechtlich erfolgt oder auf Basis öffentlich-rechtlicher Normen. Im deutschen Gesundheitswesen haben sich dabei Verbandsstrukturen herausgebildet, die sämtliche marktrelevanten Aufgaben (Preissetzung, Leistungsvolumen, Qualitätsstandards) übernehmen. Dies sind die KVen für die Vertragsärzte und die Kassenverbände für die GKV. Diese klassischen Gruppen der Public Choice Theorie besitzen machtpolitische Interessen, die ggf. zu Regulierungen führen.[221] Die KV stellt dabei für den einzelnen Arzt ein Machtinstrument zur Interessenvertretung dar, begrenzt ihn aber auch in seiner Handlungsfreiheit aufgrund kollektiver Regelungen. Neben Honorarverhandlungen für die Ärzte in Pflichtmitgliedschaft sorgen die KVen auch für die Erfüllung des Leistungskataloges für Kassen und Patienten. Krankenkassenverbände dienen als Gegengewicht zur KV ebenso der Interessenbündelung und der Vermeidung einer Vielzahl von bilateralen Verhandlungen. Die Versicherten der GKV sind hingegen unorganisiert und dürfen sich aufgrund des Pflichtversicherungscharakters allein die Kasse aussuchen, nicht die generelle Versicherungsoption. In Bezug auf die Stimmenmaximierung der Politiker ist es fraglich, ob dieser Gruppe als sehr heterogener und unorganisierter Gruppe viel Gehör geschenkt wird. Es erscheint daher möglich,

219 Vgl. McGuire, A., Fenn, P., Mayhew, K. (1991), S. 23.
220 Vgl. Mehnert, A. (1997), S. 38.
221 Vgl. Wähling, S. (1996), S. 69.

dass stärkere Gruppen mehr Einfluss nehmen. Im Bereich der Arzneimittel sind dies der Bundesverband der pharmazeutischen Industrie (BPI), der Verband forschender Arzneimittelhersteller (VfA), der Bundesverband der Arznemittelhersteller (BAH) und die Bundesvereinigung Deutscher Apothekerverbände (ABDA). Im Gesundheitswesen kollidieren in der Folge unterschiedliche Interessen.[222]

Tabelle 3.1: Akteure auf der Angebots- und Nachfrageseite

Anbieter	Nachfrager	Regulatoren
Inländische forschende Unternehmen	Nationaler Gesundheitsdienst	Behörden#
Ausländische forschende Unternehmen	Krankenkassen (auch Anbieter)	Gesetzgeber#
Inländische Nachahmer	Private Versicherer auch Anbieter)	Gemeinsamer Bundesausschuss#
Ausländische Nachahmer	Verordnende Ärzte (auch Anbieter)	Spitzenverband Bund#
Großhändler	Konsumenten	Ministerien#
Apotheker	Selbsthilfegruppen	Zulassungsstellen#
Einzelhändler (allein OTC)	Kammern	Selbstregulatoren
VfA, ABDA, BPI, ProGenerika, BAH etc.	Arbeitgeber	

#: Im Bereich der Institutionen gibt es aufgabenspezifische Überschneidugnen, auf die hier im Einzelnen nicht eingegangen wird, die Aufgabe der Arzneimittelregulierung bleibt dennoch einigendes Element.

Quelle: Eigene Darstellung.

Pharmahersteller (aus der ersten Spalte der Tabelle 3.1) haben eine Erlössicherungsabsicht. Sie wünschen gute Absatzmöglichkeiten ihrer Produkte auf dem jeweiligen Markt. Nachahmer bevorzugen dabei kurze, Originatoren eher lange Patentlaufzeiten. Die Apotheken profitieren durch die Vielzahl an Regulierungen, da sie ihnen Gebietsschutz und sichere Erwerbsmöglichkeiten garantierten. Seitdem das Fremd- und Mehrbesitzverbot zur Diskussion stehen und das Arzneimittelabgabemonopol sowie die fixen Margen ebenfalls nicht dauerhaft Bestand haben müssen, ist hier ein sich verschärfender Wettbewerb erwartbar.[223] Nach der Entscheidung des europäischen Gerichtshofes sind länderspezifische Regelungen wie das Fremdbesitz- und Mehrbesitzverbot

[222] Vgl. Wähling, S. (1996), S. 70f.
[223] Vgl. Schulenburg, J.-M. Graf v.d., Hodek, J.-M. (2008), S. 40f.

rechtlich nicht zu beanstanden und somit in der Entscheidung der Mitgliedsstaaten, ob solche Regelungen aufrecht erhalten werden sollen.[224] Die Ärzte wünschen sich Patientenbindungsmöglichkeiten. Diese könnten über die Selbstdispension erreicht werden oder die strikte Beibehaltung der Verschreibungspflicht. Die ärztliche Therapiefreiheit sollte möglichst uneingeschränkt bleiben und Regresse[225] eher unwahrscheinlich sein. Krankenkassen müssen sich im Wettbewerb behaupten und angesichts der Vereinheitlichungsbemühungen seitens der Politik im Zuge des Gesundheitsfonds seit Anfang 2009 gut aufstellen, um zukunftsfähig zu bleiben. Sie benötigen im Bereich der Arzneimittel Maßnahmen, wie Festbeträge und Rabatte, um die Beiträge niedrig zu halten. Über die Stellgrößen Beitragsbemessungs- und Pflichtversicherungsgrenze und seit 01.01.2009 dem einheitlichen Beitragssatz aller Krankenkassen lassen sich im deutschen System Einnahmespielräume – allerdings allein zentral seitens des deutschen Gesetzgebers– gestalten. Die Patienten fordern sichere Arzneimittel und einen möglichst umfassenden Zugang. Neben guter Information wünschen sie zudem eine nach ihren Bedürfnissen ausgerichtete Arzt-Patientenbeziehung.[226]

3.2 Arten der Arzneimittelregulierung an ausgewählten Beispielen

Generell liegt im Bereich der europäischen Arzneimittelregulierung ein starker Fokus auf anbieterseitigen Maßnahmen.[227] Am direktesten wirken Preiskontrollen, Profitkontrollen und Festbeträge. Der bezahlte Preis sollte dem entsprechen, was ein Individuum ohne Vorliegen der viergeteilten Nachfrage auch zu zahlen bereit wäre.[228] Ein maximal erstatteter Preis kann dabei über Verhandlungen, Preisabschläge, die Kostenplusstrategie oder Warenkorbpreisvergleiche gefunden werden. Je nach betrachtetem Land erfolgt der Einsatz unterschiedlicher Kombinationen von Maßnahmen. Im Folgenden sollen diese Ansätze detailliert vorgestellt werden. Arzneimittelausgaben ergeben sich, wie bereits erläutert, durch die Multiplikation der verkauften Menge mit dem Preis. Dabei erfolgt eine Differenzierung der Angriffspunkte intendierter Regulierung, da Unvollkommenheiten sowohl auf der Angebots- als auch auf der Nachfrageseite

224 Vgl. Urteil des EuGH vom 19.05.2009: Nr. C171/07 und C172/07.
225 Auf diese Form der Mengenregulierung wird in Kapitel 3.2 eingegangen.
226 Vgl. Mehnert, A. (1997), S. 170f.
227 Vgl. Mossialos, E. et al. (2004), S. 115.
228 Vgl. Greiner, W. et al. (2008), S. 267f.

existieren. Eine Regulierung der Angebotsseite erfolgt in Europa mehrheitlich über Formen der Preiskontrolle. Zur Kontrolle der Nachfrage könnten finanzielle Anreize, Mengenkontrollen und Weiterbildungen für Mediziner hilfreich sein. Aufgrund einer unterschiedlichen Zielgewichtung differieren die Ansätze innerhalb der europäischen Länder. Preiseingriffe werden mit der Notwendigkeit der Kontrolle des einheitlichen staatlichen Beschaffers begründet, der als Intermediär für die Bürger bzw. staatlich Krankenversicherten Kontrollfunktionen wahrnehmen muss. Von einem wissenschaftlichen Standpunkt aus gesehen, sollte eine klare Trennung von preis- und mengenregulierenden Mechanismen erfolgen. Bei öffentlichen Financiers findet sich häufig keine klare Trennung, was die gegenseitige Beeinflussung der Maßnahmen erhöht.[229]

Ein weiteres Steuerungsinstrument bildet die generische Arzneimittelsubstitution. Diese ist eng an die Festbetragsgruppen gebunden und wird in zwei Ausprägungsformen unterteilt. Die aut idem Substitution greift direkt in das Verhalten des Arztes ein, indem ein verordnetes Arzneimittel vom Apotheker bei entsprechender Kennzeichnung auf dem Rezept durch ein wirkstoffgleiches und günstigeres Präparat ersetzt werden kann. Die aut simile Substitution bezeichnet den Austausch mit einem wirkstoffähnlichen Arzneimittel.[230] Zur Sicherstellung eines ausreichenden Angebots an verfügbaren Arzneimitteln in geographischer Hinsicht dient die Herstellung einheitlicher Preise. Zum 01.01.1981 wurden in Deutschland bundeseinheitliche Abgabepreise realisiert und der Preiswettbewerb auf der Einzelhandelsstufe abgeschafft. Dabei sind bislang lediglich die Handelsspannen der Groß- und Einzelhandelsebene (GH/EH) betroffen; die Bildung des Herstellerpreises erfolgt noch frei. Die beiden Spannen bewirkten zeitweilig eine vertikale Preisbindung, die gesetzlich nicht bestand.[231] Ziel dieser Preisregulierung war der Schutz vor Beitragssatzsteigerungen. In der Folge spielt der Preis verschreibungspflichtiger Medikamente für die Patienten keine Rolle, da die Krankenkasse die Erstattung übernimmt und steigende Beiträge der eigenen Inanspruchnahme nicht zuzuordnen sind. Die Regulierung erscheint zunächst inkonsequent, da auf GH- und EH-Ebene mit Argumenten eingegriffen wird, die ebenso für die Hersteller gelten könnten. Der Preismechanismus ist gänzlich

229 Vgl. Puig-Juniy, J. (2005), S. 35f.
230 Vgl. Langer, B. (2005), S. 44.
231 Vgl. Wähling, S. (1996), S. 94.

außer Kraft gesetzt und lediglich Substitute wie die Festbetragsregelung sollen wettbewerbliche Elemente in das System bringen. Vertikale Integration, wie im Fall des britischen National Health Service (NHS) oder dem HMO Gedanken (Health Maintenance Organizations) folgend, gewährleistet eine Interessenangleichung der Akteure. Die Beeinflussung des Marktergebnisses erfolgt stärker von der steuernden Institution über Vorgaben und die Wahl der ex ante Honorierung.[232]

Seit dem Arzneimittelverordnungswirtschaftlichkeitsgesetz von 2006 unterliegen besonders hochpreisige und risikobehaftete Präparate vor ihrer Verordnung einer Zweitmeinungspflicht durch einen Arzt mit einer besonderen pharmakotherapeutischen Qualifikation.[233] Dieses Zweitmeinungsverfahren soll das Verordnungsverhalten für Hochkostentherapien steuern. Im Zuge des AMNOG erfolgt eine Ablösung dieses Instruments.[234] Eine übergeordnete Rolle bei der Mengensteuerung spielen die Arzneimittelrichtlinien, die das Wirtschaftlichkeitsgebot für die Vertragsärzte und Krankenkassen konkretisieren. Kurz skizziert implementieren sie eine Prüfung möglicher Behandlungsalternativen vor der Verordnung eines Arzneimittels. Gibt es keinen adäquaten Gegenvorschlag, wird eine Kosten-Nutzen-Relation der zur Verfügung stehenden Mittel vorausgesetzt, um eine wirtschaftliche und therapeutisch korrekte Wahl zu treffen.[235] Die Regulierung des Nachfrageverhaltens der Versicherten erfolgt mit Zuzahlungen, um diese für die Kosten eines Arzneimittels zu sensibilisieren und so dem Moral Hazard Verhalten entgegenzuwirken. Diese Kostenbeteiligung des Patienten gibt es seit 1925. Im zeitlichen Verlauf veränderten sich die Zuzahlungsmodalitäten bis zur letzten großen Revision im Jahr 2004. Im Zuge des GKV-Modernisierungsgesetzes erfolgte die Implementierung einer prozentualen Zuzahlung je nach Packungsgröße für den gesetzlich Versicherten von mindestens fünf Euro und maximal zehn Euro.[236] Der Effekt auf die Gesundheitsausgaben ist zum einen eine direkte fiskalische Entlastung und zum anderen eine Verminderung der Nachfrage. Dieses Mittel zur Ausgabensteuerung steht im Kontrast zum Sozialversicherungsverständnis nach Bismarck und muss

[232] Vgl. Besley, T. (1991), S. 63.
[233] Vgl. §73d Abs. 1 SGB V.
[234] Vgl. AMNOG (2010), S. 16.
[235] Vgl. Schöffski, O. et al. (2002), S. 95.
[236] Vgl. Hajen, L. et al. (2008), S. 225-228.

dementsprechend Regelungen für Sozialschwache beinhalten.[237] Im Zuge des RAND Experiments weisen Newhouse et al. nach, dass die Vollversicherung zu einer erhöhten Inanspruchnahme führt, der allerdings über Zuzahlungsregelungen begegnet werden kann. Für die Health Pläne mit vollständiger Kostenübernahme konnte eine um 50 Prozent höhere Leistungsinanspruchnahme festgestellt werden im Vergleich zu Plänen mit 95 Prozent Beteiligung.[238] Gängige Thesen wie eine Benachteiligung von ärmeren Bevölkerungsteilen durch Zuzahlungen oder eine Verschiebung von Kosten in den stationären Sektor wurden nicht ermittelt.[239] Abschließend lässt sich formulieren, dass die Steuerung der Nachfrage primär über die Lenkung des ärztlichen Verhaltens erfolgt und weniger über eine Zuzahlung von Seiten der Versicherten. Gerade Festbeträge wirken allerdings über die Gefahr einer Patientenzuzahlung preisreduzierend, da die Hersteller sich der Regulierung anpassen.[240]

Frankreich und Großbritannien haben den Schwerpunkt der Regulierung auf die Herstellerebene verlagert. In Deutschland tragen die Ärzte einen wesentlichen Teil der Verantwortung für das Ausgabenwachstum der Arzneimittelausgaben. Für Deutschland wird häufig angenommen, dass die atomistische Apothekenstruktur zu einem für die Patienten ungünstigem Preissetzungsverhalten führt. In einer Nachbeobachtungsstudie aus dem Jahr 2007 weisen Stargardt et al. für diese Frage nach, dass die Preise auf einem beinahe konstanten Niveau gehalten wurden. Dabei haben Apotheken in Gegenden mit einer geringeren Kaufkraft eher von Preissenkungen als möglichen Preiserhöhungen im Segment der OTC-Arzneimittel Gebrauch gemacht, trotz niedrigerer Apothekendichte in ihrer Umgebung.[241] Einen weiteren Angriffspunkt der Regulierung stellen neben den Pharmazeuten die Großhändler dar. Die meisten EU-Länder schreiben dort Margen vor. Über einen Konzentrationsprozess ist es zu einer größeren Machtkonzentration bei den Zwischenhändlern gekommen, die sich insbesondere auch im Parallelimport engagieren. Parallelimporte sind möglich, wenn Arzneien in Ländern mit niedrigem Preisniveau günstiger abgegeben werden und dann wieder auf den Heimatmarkt zurückgelangen, um dort unterhalb des ursprünglichen

[237] Vgl. Busse, R. , Riesberg, A. (2005), S. 14.
[238] Vgl. Newhouse, J.P. et al. (1981), S. 1502ff.
[239] Vgl. Newhouse, J.P. et al. (1981), S. 1505f.
[240] Vgl. Pavcnik, N. (2002), S. 469.
[241] Vgl. Stargardt, T. et al. (2007), S. 32ff.

Preises angeboten zu werden. Der Hauptanteil des Erlöses verbleibt allerdings bei den Großhändlern, so dass die Staaten diese Stellgröße etwas weniger stark forcieren.[242] Grundsätzlich stellt sich die Frage, ob ein marktlich orientiertes Preissystem realisierbar ist oder welche second best Lösungen Alternativen darstellen. Für ersteren Fall müsste der Preis seine Markträumungsfunktion wahrnehmen können. Die Tabelle 3.2 stellt die eingesetzten Instrumente in Bezug zur Zieldimension der Regulierungsmassnahme.

Tabelle 3.2: Regulierungsinstrumente und die betreffenden Akteure

Ansatzpunkt Akteure	Umsatz (über Preis oder Menge)	Qualität und Umsatz	Qualität
Pharmazeutische Hersteller	• Preismoratorium • Gesetzlicher Herstellerabschlag • Festbeträge • Zuzahlungsbefreiungsgrenzen • Höchstbeträge • Rabattverträge	• Kosten-Nutzen-Bewertung • Einschränkung/ Ausschluss der Verordnungsfähigkeit nach Kosten-Nutzen-Bewertungen (auch Patient)	• Nutzen-bewertung
Großhandel	• Großhandelshöchstzuschläge		
Apotheke	• Apothekerspanne und Preisbindung • Gesetzlicher Apothekerabschlag • Importförderung • Naturalrabattverbot • Aut idem-Regelung • *Auseinzelung*		

Arzt	• Ausgabenvolumina mit Kollektivregress oder -boni
	• Zielvereinbarungen
	  • Leitsubstanzquoten bzw. Analogpräparatquoten
	  • Generikaquoten
	  • Importförderung
	• Malus/ Bonus bei (Nicht-) Erreichen der Wirtschaftlichkeits-ziele
	• Arztgruppenspezifische Richtgrößen
	  • Auffälligkeitsprüfungen, Praxisbesonderheiten, Beratung und Regress
	• Zufälligkeitsprüfungen
	• Preisvergleichsliste
	• Bonus-Malus-Regelung
	• Vorgaben bei Entlassmedikation
	• Dispensierverbot
		• Zweitmeinungs-verfahren
		• Zielvereinbarungen
		• Zurückhaltende Verschreibung neuer Arzneimittel
		• Therapiehinweis des G-BA
			• Teile der Arzneimittel-richtlinien (Leitlinien, Off- Label etc.)

Patient	• Zuzahlungsregelung
	• *Zuzahlungsbefreiung*
	  • ZZBG
	  • Belastungsgrenze
	  • Rabattverträge
		• Negativliste (auch Hersteller)	

[242] Vgl. Ess, S.M., Schneeweiss, S., Szucs, T.D. (2003), S. 97.

	• Sonstige (DMP, Minderjährige, Versandhandel etc.) • *Höchst- und Festbetragszuzahlungen*		

ZZBG: Zuzahlungsbefreiungsgrenze, (Regelungen des GKV-WSG kursiv)

Quelle: Eigene Darstellung in Anlehnung an Wille, E., Cassel, D., Ulrich, V. (2008), S. 98.

Die bereits skizzierte Aufspaltung der Nachfragefunktion führt über vorhandene Informationsunterschiede zu Marktineffizienzen. Ärzte benötigen dabei für ihre Verschreibung nicht allein die Kenntnis über Verfügbarkeit und Wirkungsweise, sondern auch über den Preis. Transparenzlisten dienen wie auch Fachinformationen der Unterstützung der Verschreibungsentscheidung. Die in Deutschland eingesetzte Rote Liste hat dabei informativen Charakter, da keine Therapieentscheidungen gegeben werden und nahezu sämtliche Arzneimittel enthalten sind. Zur Erreichung von Markttransparenz wurde in Deutschland nicht nur die Rote Liste (Preisvergleichsliste) eingesetzt, in Planung war ebenso eine Positiv- als auch Negativliste.[243] Eine Negativliste ist 1989 im Zuge des GRG implementiert worden. Negativlisten geben an, welche Medikamente nicht erstattet werden. Diese finden Anwendung in Deutschland, Holland, Irland und Großbritannien.[244] Dabei kann auf den Nutzen oder auf den Preis Bezug genommen werden. Für den Patienten kommt eine Listung einer 100%-igen Zuzahlung gleich, da die Krankenkasse keinerlei Erstattung übernimmt. 1992 sollte eine Positivliste folgen, deren Einführung allerdings 1996 bereits wieder abgesagt wurde. Im Jahr 2000 erfolgte der erneute Anlauf bis zur endgültigen Aussetzung im Jahr 2003. Eine im Jahr 2002 bereits konkret geplante Positivliste konnte dabei von den Herstellern bislang vermieden werden. Positivlisten können sehr unterschiedlich implementiert werden: Zum einen kann die Erstattungsfähigkeit und Listung übereinstimmen oder auseinanderfallen, zum anderen kann die Preisfestsetzung an die Aufnahme in die Liste gebunden sein oder nicht. Positivlisten entfalten je nach Ausgestaltung eine fiskalische Zielsetzung. Auf einer Positivliste sollen Arzneimittel aufgenommen werden, die für eine zweckmäßige, ausreichende und notwendige Behandlung geeignet sind.[245] Hauptziel stellt die Vermeidung der Verschreibung umstrittener Arzneimittel dar. Eine weitere Zielsetzung ist die unabhängige Verbesserung des

[243] Vgl. Mehnert, A. (1997), S. 204.
[244] Vgl. Mehnert, A. (1997), S. 209.
[245] Vgl. Oberender, P., Zerth, J. (2003), S. 3.

ärztlichen Informationsstandes.[246] Erstattungsfähigkeit (auf der Ebene Wirkstoff) und Erstattungsanspruch können grundsätzlich auseinander fallen.

In Israel wurde ein zentral festgelegter Leistungskatalog implementiert, bei dem aber jeder der vier Krankenversicherer eine eigene Positivliste nutzt. Die Versicherer können sich so Spielräume bei der generischen und therapeutischen Substitution erschliessen. Der Erstattungsanspruch differiert daher von der Erstattungsfähigkeit. In den USA haben die Krankenversicherer noch darüber hinausgehende Möglichkeiten. Sie stellen individuelle Positivlisten auf, die entweder geschlossen sind, also klar festlegen, welche Medikamente erstattet werden und welche nicht, oder offen gestaltet sind durch die Feststellung von präferierten Mitteln. Am häufigsten anzutreffen sind dabei so genannte tiered formularies als eine Form der geschlossenen Variante, bei der allerdings nach Zuzahlung gestaffelt mehrere Medikamente einer Klasse wählbar sind. Gänzlich off-formulary erworbene Medikamente muss der Versicherte aus eigener Tasche bezahlen.[247] In den tiered formularies der USA werden beide Konstrukte von den Kostenträgern festgelegt. In Israel hingegen gibt der Staat zentral die Erstattungsfähigkeit vor, die einzelnen Kassen bestimmen jedoch welche Arzneimittel in „ihre“ Positivliste aufgenommen werden.[248] Die meisten Länder nutzen zunächst ungeachtet der Ausgestaltung eine Positivliste (zumindest auf der Ebene der Erstattungsfähigkeit), die zentral geregelt sein kann oder aber auch vom einzelnen Versicherer beeinflusst wird. Zum Teil kommt zudem für die Beurteilung der Wirtschaftlichkeit eine vierte Hürde hinzu. In der Schweiz folgt daraus eine Einteilung in vier Klassen, Frankreich nutzt die vierte Hürde um sechs Klassifikationsstufen herauszufiltern. In Großbritannien bewertet das National Institute for Health and Clinical Excellence (NICE) Gesundheitstechnologien anhand von HTAs und kommt somit zu einem System der Empfehlung oder Ablehnung für das System des NHS. Drummond et al. analysieren den Einfluss ökonomischer Evaluation auf die Erstattungsentscheidungen anhand ausgewählter Länder.[249] Ökonomische Evaluation kann dabei bei der Entscheidung der Marktzulassung bereits einen verpflichtenden Bestandteil der

[246] Vgl. Mossialos, E. et al. (2004), S. 135.
[247] Vgl. Greß, S., Niebuhr, D., Wasem, J. (2005), S. 44f.
[248] Vgl. Greß, S., Niebuhr, D., Wasem, J. (2005), S. 61.
[249] Vgl. Drummond, M. et al. (1997), S. 203ff.

Einreichungsunterlagen darstellen. Australien und Kanada nutzen diese Form der Pflichteinreichung.[250]

Ein großes Problem stellt die Beurteilung von Wirksamkeit bzw. des klinischen Nutzens dar. Da die Versorgungsforschung in Deutschland derzeit noch rudimentär ausgeprägt ist, fiele die Selektion, welche Medikamente aufgenommen werden sollen, aktuell schwer. Wenn ein zu starker Fokus auf kurzfristige Einsparungen gelegt wird, könnten die langfristigen Effekte durchaus abweichen, u.a. in Bezug auf entstehende Kosten in anderen Sektoren.[251] Lundkvist et al. weisen für Schweden und Finnland eine Zeitverzögerung der Inverkehrbringung neuer Substanzen aufgrund einer vierten Hürde insbesondere nach Änderung der regulativen Rahmenbedingungen empirisch nach. Nichtsdestominder führen verstärkte ökonomische Evaluationen –sinnvoll eingesetzt– zu einer verbesserten Ressourcenallokation.[252] Aktuelle Reformvorschläge favorisieren kassen-individuelle Ausprägungen (vgl. Kap. 7).

Neben Negativ- und Positivlisten gelten Eigenleistungen als verbraucherzentrierte Maßnahme. Diese Selbstbehalte können prozentual vom Produktpreis abhängen, eine fixe Höhe pro Verschreibung haben oder eine Abzugsfranchise sein. Erstere Variante ist dabei am weitesten verbreitet. Die Eigenbeteiligung kann bis zu 50 Prozent betragen (Norwegen), wobei häufig Ausnahmen für sozial Schwache erfolgen.[253] Im Bereich der GKV liegen die jährlichen Zuzahlungen in einer Höhe von 2,2 Mrd. Euro.[254]

Tabelle 3.3 zeigt die vielfach genutzten Mengensteuerungsinstrumente je nach Adressat der Maßnahme. In Deutschland wird seit Einführung der Richtgrößen die Mengensteuerung forciert, nachdem zunächst preissteuernde Elemente im Vordergrund standen. Je nach Land differieren die Ursachen für hohe Ausgaben, woraus sich eine unterschiedliche Gewichtung der beiden Maßnahmenbereiche ergibt.

---

[250] Vgl. Pinto Prades J.L., Badía Llach, X. (2005), S. 151.
[251] Vgl. Oberender, P., Zerth, J. (2003), S. 11f.
[252] Vgl. Lundkvist, J. et al. (2006), S. 343.
[253] Vgl. Ess, S.M., Schneeweiss, S., Szucs, T.D. (2003), S. 98.
[254] Vgl. Hommel, T. (2010).

Tabelle 3.3: Instrumente der Mengensteuerung für den Bereich erstattungsfähiger Arzneimittel

	Nachfrage		
	Versicherte	**ambulante Ärzte (Vertragsärzte)**	**Krankenversicherer (Determinanten des AM-Angebots)**
Instrumente	Zuzahlung	Arzneimittelbudgets & Zielvereinbarungen	Arzneimittelzulassung
		Richtgrößen & Wirtschaftlichkeitsprüfung	Kosten-Nutzen-Analyse
		generische Arzneimittel-substitution (aut-idem-Substitution & Aut-simile-Substitution)	
		Zweitmeinungsverfahren	Negativliste, kleine Positivliste
		Arzneimittelrichtlinien	

Quelle: Eigene Darstellung in Anlehnung an Langer, B. (2005), S.24-44. Drabinski, T. et al. (2008) S. 44-64. Hajen, L. et al. (2008), S. 225-230.

Die Verbände der Krankenkassen und die Kassenärztlichen Vereinigungen schließen Vereinbarungen über das Ausgabenvolumen für das Folgejahr der Ärzte im jeweiligen Bezirk. Daraus resultierend erfolgt die Formulierung von qualitäts- und wirtschaftlichkeitsorientierten Zielvereinbarungen. Das Instrument Richtgrößen fußt auf einer konkreten Vorgabe für die Vertragsärzte auf regionaler Basis aus der vorgeschalteten Vereinbarung über die Höhe der Arzneimittel und Heilmittelausgaben. Diese Vereinbarung der KV und der Krankenkassen bestimmt die Höhe der erlaubten Mehrausgaben; in Nordrhein waren dies 158 Mio. Euro Mehrausgaben im Arzneimittelbereich für das Jahr 2009.

Die Arzneimittelbudgets wurden 1998 durch das Instrument der *Richtgrößen* abgelöst. Im Vergleich zu dem Arzneimittelbudget fokussiert das Instrument „Richtgrößen“ (vgl. Tabelle 3.2) stärker auf den arztindividuellen Faktor der Wirtschaftlichkeit. Sie konkretisieren die Wirtschaftlichkeit indem sie den Arzt bei der Wahl der Therapie mit günstigem Kosten/Nutzen Verhältnis unterstützen.[255] Anhand des entweder stichprobenartigen oder auffallsbezogenen Vergleichs des einzelnen ärztlichen Verschreibungsverhaltens im Vergleich zu der Fachgruppe der Region, erfolgt eine Beurteilung der sparsamen Verwendung von Arzneimitteln. Die KVen sind im Zuge dieses Verfahrens in der Pflicht, Regresse einzutreiben. Das Verfahren der Richtgrößenprüfung ist dabei für die KV nicht

255 Vgl. § 84 (6) SGB V.

freiwillig, sondern verpflichtend vorgeschrieben. Die zuständige Prüfstelle bittet die betroffenen Ärzte um Stellungnahmen, die das Verfahren der Richtgrößenprüfung beeinflussen.[256] Das arztindividuelle Arzneimittelbudget stellt die durchschnittlichen Verordnungskosten der Praxis pro Quartal dar. Sobald die Verordnungskosten 15 Prozent über dem Richtgrößenvolumen liegen, wird ein Prüfverfahren von Amts wegen eingeleitet. Wenn der Arzt darstellen kann, dass aufgrund von Praxisbesonderheiten der Wert tatsächlich niedriger liegt, endet das Verfahren.[257] Kriterien für die Bestimmung der Richtgrößen sind unter anderem die Alterstruktur der Patienten und die Krankheitsarten.[258] Die durchschnittlichen Fallkosten eines Arztes werden bei einer Prüfung mit dem aktuellen Richtwert in Vergleich gesetzt. Im Bereich zwischen 15 und 25 Prozent Überschreitung findet eine Beratung statt. Erst ab einer Überschreitung von 25 Prozent erfolgt die Einleitung eines Regressverfahrens.[259] Im Fall eines Regresses hat der Vertragsarzt den Krankenkassen den „Schaden" der unwirtschaftlichen Verschreibung zu ersetzen.[260] Die Höhe des Regresses richtet sich nach der exakten Überschreitung. Wirtschaftlichkeitsprüfungen werden durch eine Prüfstelle erstellt. Hierbei erfolgt der Einbezug von Therapiehinweisen des G-BA.[261] Zudem können die Praxisbesonderheiten geltend gemacht werden. Die Prüfungsstelle erlässt einen Bescheid und dem betroffenen Arzt verbleibt die Möglichkeit des Widerspruchs und ohne Erfolg bei dem Beschwerdeausschuss allein der Gang zum Sozialgericht.[262]

In Nordrhein gibt es zudem für Generika und Me-Too-Arzneimittel Quoten, die zusätzlich zu den vereinbarten Richtgrößen einzuhalten sind. Bei der Berechnung des vereinbarten Ausgabenvolumens werden die Rabattverträge nach § 130 a Abs. 8 SGB V für die Ärzte pauschalisiert positiv berücksichtigt. Eine seltene Nutzung von aut idem kann somit für die einzelne Praxis in der Folge von Vorteil sein. Erst seit 2002 erfolgt die Erlassung von Regressen.[263] Nach Schwabe

256 Vgl. Hansen, L., Enderer, K. 2009, S. 15-18.
257 Vgl. Drabinski, T. et al. (2008), S. 30.
258 Vgl. §84 Abs. 6 SGB V.
259 Vgl. Hansen, L., Enderer, K. 2009, S. 39.
260 Vgl. Hansen, L., Enderer, K. 2009, S. 22.
261 Vgl. Becker, A. (2010), S. 221.
262 Vgl. Hansen, L., Enderer, K. 2009, S. 56.
263 Vgl. § 84 (6), § 106 (5a) SGB V.

können die Ärzte allerdings durch die Verschreibung preiswerter Generika die Richtgrößen relativ gut einhalten.[264]

Im Vergleich zu den Arzneimittelausgaben der privaten Krankenversicherer weisen Schreyögg und Busse nach, dass Arzneimittelbudgets im Allgemeinen für die GKV einen positiven Ausgabeneffekt hatten.[265] Sie ermittelten für den Zeitraum von 1992 bis 2002, dass vor allem die umstrittenen Medikamente seltener verschrieben wurden. Einen weiteren Effekt stellt die steigende Generikaquote dar. Ausgehend von 44 Prozent möglichen Generikaverschreibungen 1992 wurden im Jahr 2002 bereits 68,3 Prozent umgesetzt.[266] Insgesamt errechnen die Autoren Einsparungen in Höhe von 5,7 Milliarden Euro für die betrachteten zehn Jahre.[267] Die Richtgrößen stellen somit das wichtigste Mengen- und Struktursteuerungsinstrument in der Arzneimittelausgabenregulierung dar. Die Instrumente der Mengensteuerung werden ergänzt um Elemente der Preissteuerung. Tabelle 3.4 zeigt jeweils getrennt nach Originator und generischem Segment die deutschen Preisregulierungsinstrumente.

Tabelle 3.4: Instrumente der Preisregulierung für den Bereich erstattungsfähiger Arzneimittel

Marktsegment	**Preisregulierungsinstrumente**				
	dezentral	**zentral**			
		direkt		**indirekt**	
	Marktpreise	**Preisfestsetzung** Administrativer Preis	**Sondermaßnahmen**	**Preisverhandlungen**	**Festbetragssystem** Administrativer Preis
patentgeschützt	nein	nein	Zweitmeinungsverfahren	seit 01.04.2007	teilweise (Jumbogruppen)
nicht patentgeschützt	nein	nein	Rabattverträge Herstellerabgaberabatte, Fixzuschlag, Preisstopps	nein	ja

Quelle: Eigene Darstellung in Anlehnung an: Drabinski, T. et al. (2008), S. 126. Schulenburg, J-M Graf v.d. et al. (2007), S. 181.

Direkte Preismoratorien hatten stets nur kurzfristige Einsparungen zur Folge.[268] Preisstopps stabilisieren zwar das Preisniveau, wirken aber nach dem

264 Vgl. Schwabe, U. (2006), S. 76.
265 Vgl. Schreyögg, J., Busse, R. (2005), S. 80.
266 Vgl. Schreyögg, J., Busse, R. (2005), S. 90.
267 Vgl. Schreyögg, J., Busse, R. (2005), S. 92.
268 Vgl. Mossialos, E. et al. (2004), S. 10.

Gießkannenprinzip und somit evtl. innovationshemmend.[269] Wird ein maximaler (einheitlicher) Erstattungspreis staatlicherseits festgelegt, stellt dies einen relativ restriktiven Eingriff dar, wobei nach Berücksichtigung der Parameter der Festlegung unterschieden werden muss. Dies können Budgets, Verschreibungsvorgaben, Einnahmevorschriften für die Patienten und die Relevanz des Wirtschaftszweiges sein. Von den EU-Staaten verzichtet allein Großbritannien gänzlich auf diesen Eingriff. Sobald kurzfristige Engpässe im Gesundheitssystem zutage traten, nutzten viele Länder Preismoratorien und Kürzungen. Ziel der direkten Preiskontrolle stellt die Fixierung der Preise auf einem (ausreichend niedrigen) Level dar, welches das Gesundheitssystem bezahlen kann. Eine andere Möglichkeit bildet die Fixierung anhand von Kriterien. Fixierte Preise werden zudem in Intervallen angepasst, dabei in aller Regel nach unten.[270] In Deutschland stellen Festbeträge das wesentliche Element der Preissteuerung dar.[271] Diese dominieren vornehmlich in sehr staatlichen Systemen wie in Deutschland, den Niederlanden und Kanada. Die meisten anderen Länder nutzen hingegen Preisverhandlungen als wichtigstes Steuerungsinstrument.[272] Hinzu kommen seit dem GKV-WSG die Rabattverträge nach § 130a Abs. 8 SGB V, welche individuell verhandelte Preisreduzierungen zwischen einzelnen Kostenträgern und Herstellern ermöglichen.

Regulatorische Maßnahmen zur Veränderung der Erstattungssituation sind zum einen Guidelines, Drug Utilization Reviews und Budgetrestriktionen. Erstere stellen dabei Behandlungsempfehlungen dar, die das ärztliche Verhalten standardisieren. Im Bereich der Verschreibungsempfehlungen existieren weniger Guidelines als in anderen Bereichen. In Frankreich sind es zwölf von insgesamt 147, wobei konformes Verhalten mit einem Erstattungsaufschlag belohnt wird. Da es zudem Strafen für Abweichungen gibt, behandeln ca. 75 Prozent der Ärzte nach den Vorgaben. Utilization Reviews stellen statistische Informationen über die Verschreibungen dar, mit denen die Mediziner Feedback erhalten sollen. Da sie häufig nicht exakt auf den einzelnen Mediziner heruntergebrochen und sanktionsfrei sind, bleiben sie weitgehend wirkungslos. Ebenfalls an die

269 Vgl. Greß, S., Niebuhr, D., Wasem, J. (2005), S. 54.
270 Vgl. Mossialos, E. et al. (2004), S. 117f.
271 Vgl. Becker, A. (2010), S. 219.
272 Vgl. Schneeweiss, S. (2007), S. 21.

Verschreiber adressiert sind Budgets. Diese werden häufig so konstruiert, dass bei dem Überschreiten von festgelegten Verschreibungsmengen Strafen fällig werden. Da diese aber in kaum einem Land konsequent umgesetzt wurden, ist diese Maßnahme wie die beiden anderen nicht erfolgreich.[273] Ein solches Beispiel stellt der vorangehend geschilderte deutsche Arzneimittelhöchstbetrag im Gegensatz zu den erfolgreicheren Richtgrößen dar.

Tabelle 3.5: Preisregulierung in Europa in 2003

	Markt-segment	Freie Preis-setzung	Direkte Preis-kontrollen	Internationale Preisvergleiche	Profit-kontrollen	Fest-beträge
Österreich	Im Patent		√	√		
	Generisch		√	√		
Belgien	Im Patent		√	√		√
	Generisch			√		
Dänemark	Im Patent			√		
	Generisch			√		√
Finnland	Im Patent		√	√		
	Generisch		√	√		
Frankreich	Im Patent		√	√		
	Generisch					√
Deutschland	Im Patent	√				
	Generisch					√
Griechenland	Im Patent		√	√		
	Generisch		√	√		
Irland	Im Patent		√	√		
	Generisch		√	√		
Italien	Im Patent		√	√		
	Generisch					√
Luxemburg	Im Patent		√	√		
	Generisch		√	√		
Niederlande	Im Patent		√	√		√
	Generisch		√	√		√
Portugal	Im Patent		√	√		
	Generisch			√		√
Spanien	Im Patent		√	√		
	Generisch			√		√
Schweden	Im Patent		√	√		
	Generisch		√	√		
Großbritannien	Im Patent	√			√	
	Generisch		√			

Quelle: Vgl. Mossialos, E., Mrazek, M., Walley, T. (2004), S. 115.

[273] Vgl. Ess, S.M., Schneeweiss, S., Szucs, T.D. (2003), S. 100f.

Wie die Tabelle 3.5 zeigt, werden im Besonderen direkte Preiskontrollen in Form von Verhandlungspreisen, maximalen Erstattungshöhen, internationale Preisvergleiche (Warenkörbe) und Moratorien eingesetzt. Indirekte Ansätze wie Festbeträge und Gewinnkontrollen finden erheblich seltener ihre Anwendung. Aufgrund von europäischen Preisunterschieden hat der Parallelimport an Bedeutung gewonnen und stellt eine Herausforderung für die jeweiligen staatlichen Regulierer dar. Der Parallelimport ist attraktiv, da europäische Preisunterschiede existieren. In der Folge bleibt eine unterschiedlich hohe Einpreisung aufgrund von Warenkörben sinnvoll. Auf beide Sachverhalte wird im Folgenden detaillierter eingegangen. Regulierungsaktivitäten sind miteinander hoch korreliert und kleine Änderungen an einzelnen Maßnahmen haben folglich große Auswirkungen. Erfolge der Länder, die Preise niedriger als die Inflationsrate zu halten, wurden durch Volumenausweitungen konterkariert.

Österreich, Frankreich, Italien, Portugal und Spanien verhandeln Preise mit den Herstellern. Als Resultat von Preisverhandlungen und der Notwendigkeit der Aufnahme in eine Erstattungsliste verzögern sich die Markteintritte erheblich. Dies kann sehr anschaulich im Vergleich zu Ländern dargestellt werden, in denen die Erstattungsfähigkeit sofort mit der Zulassung gegeben ist wie Großbritannien und Deutschland. Die Abbildung 3.1 trägt dabei die durchschnittliche Zeitspanne von der Zulassung bis zum Markteintritt für diejenigen Arzneimittel ab, die von der European Medicines Agency (EMEA) im Zeitraum Juni 2001 bis Juni 2005 zugelassen wurden.

Abbildung 3.1: Durchschnittliche Zeitspanne von Zulassung bis zum Markteintritt

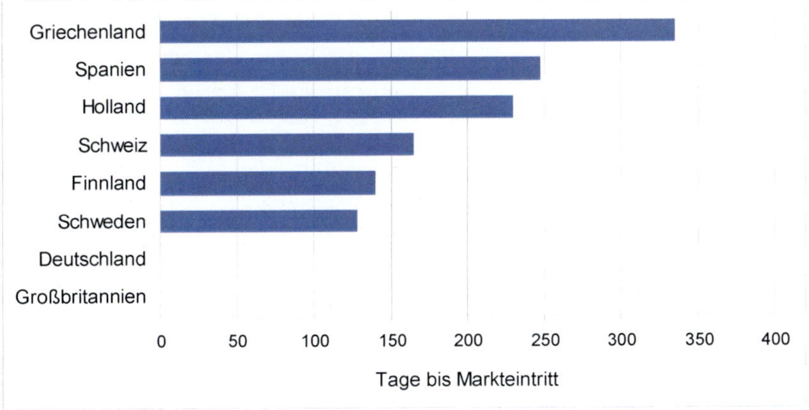

Quelle: Vgl. Yfantopolous, J. (2007), S. 94.

Die besonderen Umstände von Griechenland, welches hier besonders auffällt, werden in Kapitel 4.1 näher erläutert.

Großbritannien nutzt das Instrument der Preisverhandlungen nicht. Anstelle dessen wurde eine Preiskontrolle eingeführt. Eine indirekte Steuerung der Preise erfolgt, indem Profitobergrenzen definiert werden. Das Pharmaceutical Price Regulation Scheme (PPRS) ist das Ergebnis jährlicher Verhandlungen. Eine Überarbeitung findet alle paar Jahre statt. Firmen, von denen der britische nationale Gesundheitsdienst für mehr als 25 Mio. GBP Arzneimittel bezieht, müssen für die Produkte über 500.000 GBP Umsatz und Finanzkennzahlen vorlegen. Diese Unternehmen dürfen einen Profit auf den Return on Capital Employed (ROCE) von bis zu 21 Prozent erreichen, um ihre Innovationen zu fördern. Wurde im zugrunde liegenden Jahr keine Preiserhöhung durchgeführt, darf sogar bis zu 40 Prozent auf den ROCE erlöst werden. Bei Überschreitung einer dieser Schwellen, entsteht der Zwang die Preise zu reduzieren. Ob dieses System funktioniert, wird vielfach bestritten, insbesondere, da Firmen ein starkes Interesse an hohen Preisen in Großbritannien aufgrund der häufigen Teilnahme an Warenkörben haben. Die in Großbritannien operierenden internationalen Firmen haben zudem keine Anreize besonders effizient zu arbeiten, da Kosten direkt weitergegeben werden können. Eine Verlagerung von Produktionskosten von anderen Standorten nach England ist die Folge einhergehender Erhöhung der

Aktiva, um höhere Preise nehmen zu können. Tatsächlich stiegen die Preise im Zeitraum 1967 bis 1997 um jährlich zehn Prozent. Da nicht nur Kosten von Forschungsaktivitäten umlegbar sind und die Basis das eingesetzte Kapital darstellt, wird ein Anreiz gesetzt, die Aktiva zu stark auszubauen.[274]

Die in Tabelle 3.2 abgetragenen 27 deutschen Regulierungsinstrumente entfalten ggf. Interaktionen und sind nicht ausreichend aufeinander abgestimmt worden, wie am Beispiel der Rabattvertrags- und Festbetragsregelung in Abschnitt 7.1 aufgezeigt wird. Gerade in der jüngsten Vergangenheit kamen neue Regelungen hinzu, ohne dass alte im Gegenzug abgelöst worden sind.[275] Diese Politik der Add-on Nachregulierung könnte zu sich gegenseitig abschwächenden Instrumenten führen, im schlimmsten Fall zu einer gegenseitigen Aufhebung.[276] Einen Ansatz die eingeführten Instrumente zu überwachen und ungünstige Konstellationen abzubauen bestand bislang nicht. Wie im vorangehenden Kapitel dargestellt, ist die Zulassung die Basis des Marktzugangs für Arzneimittel in Deutschland. Im Fall der Insulinanaloga wurde hingegen nachträglich der Zusatznutzen vom IQWiG verneint und in der Folge die Verordnungsfähigkeit ausgeschlossen.[277] Eine solche nachträgliche vierte Hürde als Kosten-Nutzenbewertung durch das IQWiG hat letztlich staatlich administrierte Höchstpreise für innovative patentgeschützte Arzneimittel zum Ziel. Rückgrat der deutschen Ausgabenregulierung stellen allerdings die Festbeträge dar, die sich in unterschiedlicher Ausgestaltung auch in anderen Ländern finden. Die Vielzahl von Kostendämpfungsinstrumenten hat zu einer hohen Regulierungsdichte geführt, bei der Maßnahmen sich ergänzen, potenzieren oder neutralisieren können.[278]

4 Festbeträge im internationalen Vergleich

Unter dem Begriff Festbetrag werden stark divergierende Konzepte subsumiert. Von Warenkorblösungen über Preisfestlegungen in Positivlisten, Ansätzen der generischen Preiskontrolle bis zu Systemen, die patentgeschützte Arzneimittel in Festbetragssysteme einbeziehen. Dieses Kapitel soll die unterschiedlichen Konzepte vorstellen und dabei einen starken Fokus auch auf das Zusammenspiel

274 Vgl. Puig-Junoy, J. (2005), S. 44-47.
275 Vgl. Denda, R. (2010), S. 1202.
276 Vgl. Cassel, D., Wille, E. (2008), S. 99.
277 Vgl. IQWiG Bericht Nr. 42 (2009).
278 Vgl. Vorderwülbecke, U. (2006), S. 693.

mit anderen Regulierungsmaßahmen im Segment der Arzneimittel legen. Positivlisten sind bereits in Kapitel zwei diskutiert worden und stellen keinen klassischen Ansatz von Festbeträgen dar. Es handelt sich vielmehr um eine Rabattstaffelung und Begrenzung des Verschreibungsumfanges zur Ausgabenkontrolle.

Festbeträge fokussieren primär auf die Preiskomponente und werden in Gruppen oder auf einzelner Wirkstoffebene „bearbeitet“. Diese Art der Regulierung trägt der verzerrten Nachfrage Rechnung, da über eine Zuzahlungsandrohung oder Zuzahlungseinforderung der eigentliche Nachfrager wieder steuernd wirken kann. Zugleich erhöht sich die Aufmerksamkeit der Mediziner in Bezug auf die Preise der von ihnen verschriebenen Mittel, da es vielfach Anreize zum systemkonformen Verschreibungsverhalten gibt. Eine Illustration der Interaktionen erfolgt am Beispiel ausgewählter Länder. Für Krankenversicherer spielt neben den Arzneimittelausgaben auch die Entwicklung der Gesamtausgaben eine große Rolle.[279] Als ersten Ansatz sollen externe Referenzpreissysteme als weit verbreitete Maßnahme vorgestellt werden.

Allen Ausprägungen gemeinsam sind die Bildung von Gruppen mit ähnlichen therapeutischen Effekten sowie die Setzung eines Festbetrages als maximale Erstattungshöhe.[280] Es findet keine Regulierung der tatsächlichen Preissetzung statt, die Hersteller dürfen die Preise weiterhin frei setzen. Dies hat zur Folge, dass sich eine mögliche Differenz als Eigenleistung des Patienten berechnet.[281] In internen Systemen erfolgt ein Vergleich der Produktpreise innerhalb eines Landes, wohingegen bei externen Referenzpreisen die Preise anderer Länder als Vergleichsmaßstab herangezogen werden. Bereits für die Gruppenbildung gilt es, einheitliche Kriterien zu definieren. Hierbei stellt sich die Frage, ob allein generische Präparate oder auch lediglich therapeutisch ähnlich wirkende Arzneimittel einzubeziehen sind. Ziel ist dabei, eine Reaktion seitens des Herstellers in Form einer Preissenkung aufgrund drohenden Umsatzverlustes zu bewirken. Zudem wechseln Patienten häufiger aufgrund hoher Zuzahlungen auf

279 Vgl. Schneeweiss, S. (2007), S. 22.
280 Vgl. Drabinski, T., Eschweiler, J., Schmidt, U. (2008), S. 13.
281 Vgl. Danzon, P.M. (2001), S. 81.

ein zum Festbetrag verfügbares Therapeutikum.[282] Festbetragssysteme im Sinne eines Therapeutic Reference Pricing setzen Erstattungsmaximalhöhen für pharmakologisch-therapeutisch ähnliche Produkte, die in Gruppen formiert werden. Sie funktionieren nach dem Prinzip der indirekten Nachfragesteuerung, da Preise über dem Festbetrag direkt vom Patienten zu zahlen sind.[283] Wenn Patientenzuzahlungen zu Umschichtungen führen, stellt dies eine Stärkung der Generikaquote dar.[284] Die Tabelle 4.1 gibt einen Überblick über den Charakter der jeweiligen Regelung.

Tabelle 4.1: Systematik der länderspezifischen Festbetragsregelungen

Land	Einführungsjahr	Berechnungsweg
Deutschland	1989	Komplexes Verfahren der Ermittlung der Marktstärke, danach Preisbildung in Relation zu einer Standardpackung
Niederlande	1991	Durchschnittlicher Preis für Arzneimittel mit ähnlichen pharmakotherapeutischen Effekten
Dänemark	1996	Niedrigster Preis auf dem Markt erhältlicher generischer Äquivalente
Spanien	2000	Arithmetisches Mittel der drei niedrigsten Kosten pro Tagesdosis, gruppiert nach Rezeptur und berechnet nach DDD
Belgien	2001	Preisgleichheit mit einem Wert, der 26% unter dem Preis des Originalpräparates für generisch äquivalente Produkte liegt
Italien	2001	Niedrigst eingepreistes, auf dem Markt verfügbares generisches Äquivalent
Portugal	2003	Niedrigst eingepreistes, auf dem Markt verfügbares generisches Äquivalent

DDD: Daily Defined Dosis

Quelle: Vgl. Mossialos, E., Mrazek, M., Walley, T. (2004), S. 125.

In Deutschland wurden in den ersten 20 Jahren des Bestehens von Festbeträgen Einsparungen in Höhe von 36,4 Milliarden Euro diesem Instrument zugeordnet. Im Jahr 2009 deckten sie 73 Prozent der Verordnungen und 42 Prozent des

282 Vgl. López-Casasnovas, G., Puig-Junoy, J. (2001), S. 5.
283 Vgl. Becker, A. (2010), S. 219.
284 Vgl. Nuijten, M.J.C. (2001), S. 165.

Arzneimittelumsatzes in der GKV ab.[285] Zum Zeitpunkt ihrer Implementierung betrafen Festbeträge 10 Prozent der GKV-Ausgaben für Arzneimittel des Jahres 1988. Die prognostizierten Einsparungen des ersten Jahres waren mit 425 Mio. DM noch relativ niedrig angesetzt.[286] In einer ersten Welle folgten dann die Niederlande 1991, Schweden, Dänemark und Norwegen 1993. Zum Startzeitpunkt der Festbeträge in Spanien im Jahr 2000 wurden sie in Norwegen bereits wieder abgeschafft. In Europa implementierten Belgien und Italien im Jahr 2001 ebenso Festbetragssysteme. Außerhalb Europas nutzen Australien, Kanada und Neuseeland Festbeträge zur Ausgabensteuerung.

4.1 Warenkorbreferenzen

Einige Länder nutzen für die Verhandlungen oder für administrative Vorgaben internationale Preisvergleiche. Hierbei werden die Preise der Arzneimittel mehrerer Länder in einen Warenkorb aufgenommen und durchschnittliche Werte für die Erstattungshöhe gebildet. Je nach Land kommen unterschiedliche Vergleichsländer und Preisschwellen zum Einsatz. Diese Regulierungsvariante findet sich in Irland, Belgien, Frankreich, den Niederlanden, Spanien, Österreich, Dänemark, Finnland, Griechenland, Norwegen, Portugal, Schweden, Kroatien, Taiwan und Neuseeland.[287] Deutschland nutzt keine Warenkorbreferenz, aber da Österreich, Irland, Italien, Luxemburg, die Niederlande, Portugal, Spanien, die Schweiz, Norwegen und Griechenland Referenzpreise einsetzen und Deutschland in ihren Körben berücksichtigen, ist die Preissetzung hierzulande für die anderen Länder hoch relevant.[288] Die Tabelle 4.2 gibt einen Überblick über die Ausgestaltung in ausgewählten Ländern.

---

285 Vgl. N.N. (2009), S. 6.
286 Vgl. Geursen, R.G. (2009), S. 1284.
287 Vgl. Richter, A. (2008), S. 650.
288 Vgl. Richter, A. (2008), S. 655.

Tabelle 4.2: Warenkörbe ausgewählter Länder

Land	Preisvergleichsmechanismus
Belgien	Herstellerabgabepreis in Frankreich, Deutschland, Luxemburg und Niederlande
Dänemark	Durchschnittlicher Herstellerabgabepreis europäischer Länder ohne Griechenland, Portugal, Spanien und Luxemburg, aber inklusive Lichtenstein
Finnland	Durchschnittlicher EU Großhandelspreis
Irland	Durchschnittlicher Großhandelspreis von Dänemark, Frankreich, Deutschland, den Niederlanden und Großbritannien
Italien	Gewichteter durchschnittlicher Herstellerabgabepreis in der EU (ohne Luxemburg und Dänemark)
Niederlande	Durchschnittlicher Herstellerabgabepreis von Belgien, Frankreich, Deutschland, den Niederlanden und Großbritannien
Portugal	Minimum-Herstellerabgabepreis identischer Produkte aus Frankreich, Italien und Spanien

Quelle: Mossialos, E.,Mrazek, M.,Walley, T. (2004), S. 118.

In Griechenland stellt der Preisvergleich beispielhaft die Hauptdeterminante des Systems dar. Preise dürfen dort nicht über dem Durchschnitt der in den Vergleich einbezogenen Länder liegen. Problematisch bei Warenkorbreferenzen im Allgemeinen ist die Annahme, dass die herangezogenen Preise jeweils sinnvoll gebildet sind. Hinzu kommt, dass mögliche Preisabsenkungen bewusst unterlassen werden, da es sich in dem Markt um einen Referenzmarkt handelt, bei dem ein hohes Preisniveau gehalten werden soll. Diese Systeme sind in der Folge sehr strategieanfällig. Eine Reform im Mai 2006 senkte die Erstattungshöhe im Warenkorb auf den Durchschnitt der drei günstigsten Arzneimittel, von denen zwei aus den „alten" EU-15 Staaten kommen sollten plus jeweils eines aus der Schweiz oder den neuen EU-Staaten.[289]

Trotz der erwähnten Maßnahmen stiegen die Gesamtausgaben für Arzneimittel in vielen Ländern an. Dies lag an der Tatsache, dass entweder mehr verkauft, oder dass günstige Arzneimittel durch teurere ersetzt worden sind (Substitutionseffekt).[290] Da Neuprodukte meist hoch eingestuft werden, war der Anreiz groß, viele Me-Too's zu platzieren. Hierbei kommen Probleme der verantwortlichen Stellen, die Menge adäquat zu kontrollieren, zum Vorschein. Eine konsequente Bewertung neuer Substanzen anhand von

[289] Vgl. Yfantopolous, J. (2007), S. 95.
[290] Vgl. Mossialos, E.,Mrazek, M.,Walley, T. (2004), S. 126.

gesundheitsökonomischen Studien findet sich zudem kaum. Aufgrund der ökonomischen Theorie der Politik ist es sinnvoll, Maßnahmen zu unterlassen, die den Medianwähler direkt schlechter stellen.[291] Dies könnte ein Grund sein, warum die Analogpräparate häufig vernachlässigt werden. Dabei bleibt zu beachten, dass die Produktveränderungen auch durchaus sinnvoll sein können, um in anderen Bereichen Kosten zu reduzieren bzw. Patientenwünschen entgegenzukommen.[292]

Eine Studie von Stargardt und Schreyögg aus dem Jahr 2006 untersucht die Effekte der deutschen Preissetzung auf die anderen Märkte und die Preisveränderungen aufgrund von Anpassungen in Ländern, die im jeweiligen Warenkorb enthalten sind.[293]

Es gibt drei Gruppen von Ländern:

(1) Deutschland, Spanien, England: Preise richten sich nicht nach anderen Ländern
(2) Belgien, Finnland, Frankreich und Schweden: Preisvergleiche mit Nachbarländern
(3) Österreich, Griechenland, Irland, Italien, Luxemburg, Niederlande und Portugal: Diese Länder nutzen Cross-Reference-Pricing auf einem mathematischen Verfahren beruhend.

Bei der letzten Gruppe erfolgt für ein Marktsegment über dieses Instrument die Ermittlung von Maximalerstattungshöhen. In der konkreten Anwendung gibt es jedoch Divergenzen. Der niedrigste Preis in einem Index oder ein Durchschnittswert werden als Referenz herangezogen. Je nach Marktvolumen ist zudem eine Gewichtung des Einflusses eines jeden Landes möglich. Entscheidend ist des Weiteren die Anzahl einbezogener Länder, die von Nachbarstaaten bis zu allen EU Staaten reicht. In aller Regel erfolgt ein Vergleich von Arzneimitteln mit denselben Wirkstoffen (bspw. Portugal und Griechenland). Die Zahl der betroffenen Wirkstoffe variiert zudem je nach Land. Die Niederlande und Irland beziehen alle Arzneimittel in das Preissystem ein, wohingegen in Österreich nur ein kleiner Teil davon betroffen ist. Eine Preisänderung in Deutschland beeinflusst den Preis in Irland indirekt. Möglich wird dies durch die Intermediärstellung der Niederlande, welches den deutschen Preis einbezieht. Portugal referenziert hingegen den niederländischen Preis. Die Hersteller

291 Vgl. Kap 2.5.4.
292 Vgl. Sheridan, D., Attridge, J. (2006), S. 51ff.
293 Vgl. Stargardt, T.,Schreyögg, J. (2006), S. 235-247.

versuchen nun in Märkten wie Deutschland hohe Preise zu halten, um in anderen Ländern das Preisniveau nicht zu gefährden. Stargardt und Schreyögg empfehlen den besonders negativ betroffenen, kleinen Ländern, dass sie:

(1) möglichst viele Vergleichsländer einbauen, um die Einflüsse einzelner Länder zu reduzieren
(2) keine Länder, die ebenfalls Cross-Reference-Pricing anwenden einzubeziehen, um beschriebene Doppeleinflüsse zu reduzieren und
(3) das Verschreibungsvolumen berücksichtigen, um den Effekt von Dummypackungen zu minimieren.

Diese Form der Preisregulierung hat entscheidende Einflüsse auf die internen Referenzpreise. Die Entscheidungen zum internen Festbetragsregime des G-BA beeinflussen aufgrund der Warenkorbreferenzen Österreich, Griechenland, Irland, Italien, Luxemburg, die Niederlande, Portugal, Spanien, die Schweiz und Norwegen.[294] Stargardt und Schreyögg haben in diesem Zusammenhang aufgezeigt, dass eine Preisreduktion in Deutschland um einen Euro zu 0,36 Euro Senkungen in den aufgezählten Ländern führt.[295]

4.2 Interne Festbetragssysteme

Neben dem dargestellten Ansatz des Warenkorbvergleiches kann ein Festbetrag auf Basis eines „internen“ Preisvergleiches ermittelt werden. Die Systeme der Länder unterscheiden sich insbesondere in den Berechnungsmethoden, den Einschlusskriterien und der Frage, ob patentgeschützte Arzneimittel einbezogen werden. Die Kategorien richten sich nach Therapiegebiet oder Wirkweise. Gruppenbildungen in Festbetragssystemen können dabei sehr weit vorgenommen werden (z.B. sämtliche Antihypertensiva), oder je Substanzklasse.[296]

Wie die Tabelle 4.3 zeigt, wurden in relativ kurzen Zeitabständen in den betrachteten Ländern interne Referenzpreissysteme eingeführt, die auch direkt Einsparungen zur Folge hatten. Als Grundlage der Festbetragsfindung dient meist ein Durchschnittspreis. Allein Deutschland nutzt ein regressionsanalytisches Verfahren. Interne Festbetragssysteme unterscheiden sich nach dem Einbezug

[294] Vgl. Richter, A. (2008), S. 655.
[295] Vgl. Stargardt, T., Schreyögg, J. (2006), S. 242.
[296] Vgl. Schneeweiss, S. (2007), S. 19.

allein der Generika (wie z.B. in Norwegen) oder der Abbildung sämtlicher Stufen wie in Deutschland und den Niederlanden.

Tabelle 4.3: Internationale Referenzpreissysteme

Land	RBP-Stufen	Einführungsjahr	Grundlage des Referenzpreises	Gesamtausgaben für Arzneimittel
Deutschland	I	1989	Statistischer Durchschnittspreis der Medikamentenkategorie	Verringerung der Rate des Ausgabenanstiegs 1989, 1993-1995; leichter Rückgang 1992
	II	1992		
	III	1993		
Australien	I	1990	Günstigstes Medikament	Verringerung des Ausgabenanstiegs 1997/1998, 1998/1999; Erhöhte Ausgaben 1998/1999, 1999/2000[a]
	II	1998		
Niederlande	III	1991	Durchschnittspreis der Medikamentenkategorie	Verringerung des Ausgabenanstiegs 1991; Erhöhte Ausgaben 1992, 1993
Neuseeland	III	1992	Günstigstes Medikament	Verringerung der Ausgaben 1998-1999; Verringerung des Ausgabenanstiegs 1993-1998
Schweden	I	1993	Günstiges Medikament plus zehn Prozent	Anstieg der Arzneimittelverkäufe 1993, 1994; Kosteneinsparungen 1993, 1994
Dänemark	I	1993	Durchschnittspreis je Verordnungseinheit für die zwei günstigsten Medikamente einer Gruppe	Verringerung des Ausgabenanstiegs im ersten Jahr
Norwegen[b]	I	1993	Günstigstes Medikament	Effekt der Preis*stabilisierung*, bis 1998 nur wenige Gruppen, kaum Ausgabeneffekte
Kanada (British Columbia)[c]	II	1995	Günstigstes Medikament	Verringerung der Ausgaben und des Ausgabenanstiegs 1996

[a] Daten des Pharmaceutical Benefits Scheme
[b] Ontario verfügt über ein System für generische Kategorien welches einem RBP Phase I entspricht
[c] Die Angaben zu Norwegen stammen aus: Hakonsen et al. (2009), S. 280f.
RBP = Reference Based Pricing; k.A. = keine Angaben

Quelle: Vgl. Ioannides-Demos, L.L., Ibrahim, J.E., McNeil, J.J. (2002), S. 581.

4.2.1 Generische Festbeträge

Am weitesten verbreitet sind Ansätze generischer Festbetragssysteme. Selten wird hierbei einfach der geringste am Markt beobachtete Preis als Minimumpreis und maximale Erstattungshöhe definiert.[297] Allein bei generischen Substituten ist eine unkritische Gruppenbildung möglich. Dänemark und Spanien sowie Belgien und Schweden beziehen in der Folge lediglich generische Produkte ein, wohingegen die Niederlande und Deutschland auch patentierte Arzneimittel gruppieren.[298]

Ein internes Festbetragsregime kann nach Greß, Niebuhr und Wasem über längere Frist wirkungsvoll sein. Ohne direkten Eingriff lassen sich sämtliche möglichen Innovationsprobleme umgehen, wenn lediglich Stufe 1 einbezogen wird.[299] Glaeske stellt hierzu allerdings bereits 1990 fest, dass mit Stufe 1 allein maximal 30 Prozent des Arzneimittelmarktes in Packungen abzudecken sind. Um wenigstens 50-60 Prozent Packungsanteil zu erreichen, sollten alle drei Stufen ausgeschöpft werden.[300] Ein Problem von Festbeträgen allein auf Stufe 1 stellen Kompensationsreaktionen seitens der Hersteller dar. Sie erhöhen im nicht-festbetragsgeregelten Bereich die Preise um das Ausmaß der Festbetragsabsenkung. Dies konnte bereits für den Wirkstoff Glibenclamid® festgestellt werden.[301] Solche Reaktionen verhindern potenzielle Beitragssatzsenkungen. Einem Einzelinstrument gelingt es ohne zusätzliche Regulierung nicht, Kosteneinsparungen im Gesamtetat zu erreichen.

4.2.2 Therapeutische Festbeträge

Nach Zulassung ist der Nachweis eines inkrementellen (Kosten-) Nutzen-Verhältnisses die wichtigste Voraussetzung für die Einschätzung der Innovation eines Medikamentes. Aber auch ohne die Implementation einer fixierten vierten Hürde muss eine praktikable Regelung dem Innovationscharakter Rechnung tragen, wenn patentierte Arzneimittel in Festbetragsgruppen einbezogen werden. Dabei steht, ungeachtet der konkreten Ausgestaltung, das Ziel der Kostenkontrolle meist konträr zur Sicherung von Innovationsanreizen, zumindest wenn primär

297 Vgl. Drabinski, T., Eschweiler, J, Schmidt, U. (2008), S. 13.
298 Vgl. Geursen, R.G. (2009), S. 1285.
299 Vgl. Greß, S., Niebuhr, D., Wasem, J. (2005), S. 64.
300 Vgl. Glaeske, G. (1990), S. 102.
301 Vgl. Glaeske, G. (1990), S. 103.

patentgeschützte Medikamente den Angriffspunkt darstellen. Positivlisten sind eine gängige Variante solche Medikamente von einer Erstattung auszuschließen, die teurer und weniger wirksam als vergleichbare Medikamente sind.

Insbesondere Deutschland nutzt ein sehr komplexes Festbetragssystem. Wenn ein Arzneimittel nicht unter die Ausschlusskriterien Neuartigkeit oder therapeutische Verbesserung fällt, besteht die Möglichkeit, es bei einer Gruppenbildung einzubeziehen. Vor allem um den Me-Too's zu begegnen, erfolgte nach einer Phase der juristischen Klärung wieder die Bildung von Gruppen der Stufe 2 und 3, die patentgeschützte Präparate, welche zudem pharmakologisch-therapeutisch ähnlich sind, umfassen können. Solche Gruppen wurden bspw. für die Protonenpumpenhemmer, die Sartane und Triptane gebildet.[302]

4.3 Ausgestaltung in ausgewählten Ländern

4.3.1 Niederlande

Die Niederlande weisen seit den 50er Jahren bereits ein differenziertes Arzneimittelregulierungskonzept auf. Eine pharmazeutische Kommission (CMPC) gibt ein Arzneimittelkompendium heraus, in dem jedes zugelassene Produkt bewertet wird. Aus diesem „Kompass" wurde 1982 die verbindliche Negativliste abgeleitet. Es reicht bereits ein 15 Prozent höherer Preis zu Alternativen, um von der Erstattung ausgenommen zu werden. 1983 folgte eine Selbstbeteiligung der Versicherten in Form eines Fixbetrages pro abgegebenem Arzneimittel. 1987 stand dann eine Einführung von Festbeträgen zur Diskussion. Diese wurde aber zunächst abgelehnt, da Festbeträge nur in Verbindung mit der Fixierung des gesamten Preisniveaus wirken könnten.[303] Anstelle dessen erfolgte 1989 die Einführung einer „All-Parteien-Vereinbarung", die zu einer Offenlegung der Rabattsysteme führen und die Krankenkassen somit an diesen Ersparnissen beteiligen sollte. Verordnungen hatten zudem mindestens 25 Prozent unter dem Preis des Erstanbieters zu liegen. Über ein Referenzpreissystem sollte der Preis von Neueinführungen nicht teurer sein als bei den Nachbarstaaten. Apotheker erhielten zeitgleich einen Fixzuschlag, der die Abgabe von Generika attraktiver

302 Vgl. Sundmacher, T., Jasper, J. (2006), S. 114.
303 Vgl. Glaeske, G. (1990), S. 106.

machte. Bei konsequenter Generikaabgabe wurden zudem Boni ausgezahlt.[304] 1991 haben die Niederlande schließlich ein Festbetragssystem implementiert. Ausgangspunkt stellte die Transparenzerhöhung zu Substitutionsmöglichkeiten in den gebildeten Gruppen dar. Es wurden sämtliche Arzneimittel ungeachtet Ihrer Patentlaufzeit eingeschlossen. Die Clusterbildung erfolgte auf Basis der klinisch relevanten Unterschiede in der Wirkung. Das Gesundheitsministerium sichert sich für die Entscheidungen Unterstützung von Beratungsgremien. Wenn ein Arzneimittel ein Alleinstellungsmerkmal in Bezug auf eine nicht anders zu therapierende Erkrankung hat, kann es von der Gruppenbildung ausgeschlossen werden.

Von 1991 bis 1999 erfolgte die Bildung des Festbetrags auf Basis von DDDs. Es kam in der Folge bei generischen Präparaten zu Anpassungen von unten an den in der Gruppe fixierten Festbetrag.[305] Einsparungen unterhalb der Erstattungslimite fielen allerdings allein den Apothekern zu, was die Listenpreise nicht erwartungsgemäß hat sinken lassen. Die Rabatte an die Apotheker betrugen bis zu 12 Prozent der Arzneimittelausgaben.[306] Insbesondere die Großhändler und Hersteller von Markenarzneimitteln haben über Zuwendungen an Apotheker versucht diese zur Abgabe der eigenen Mittel zu beeinflussen.[307] 1996 wurde zur Verstärkung des Einspareffektes ein auf einer Warenkorbreferenz beruhender Maximalerstattungspreis zusätzlich zu den Festbeträgen implementiert.[308] Die in den Vorjahren erhobenen Patientenzuzahlungen wurden 1999 ersatzlos gestrichen, was die Wirtschaftlichkeitsanreize für die Versicherten deutlich reduziert hat.[309] Aktuell gibt es weiterhin zwei parallel agierende Referenzpreissysteme. Den Anfang macht ein Auslandspreisvergleich. Dabei wird der durchschnittliche Großhandelspreis der Länder Belgien, Frankreich, Deutschland und Großbritannien herangezogen.[310] Zusätzlich werden, ähnlich dem deutschen System, Gruppen nach therapeutischer Substituierbarkeit gebildet. Mit Ausnahme einzeln benannter Mittel erfolgt die Erstattung dann über Maximalbeträge je Gruppe. Im externen System findet die Ermittlung über

304 Vgl. Glaeske, G. (1990), S. 107.
305 Vgl. De Wolf, P., Brouwer, W.B.F., Rutten, F.F.H. (2005), S. 356.
306 Vgl. De Wolf, P., Brouwer, W.B.F., Rutten, F.F.H. (2005), S. 361.
307 Vgl. De Vos, C.M. (1996), S. 78.
308 Vgl. Danzon, P.M., Ketcham, J.D. (2004), S. 9-11.
309 Vgl. De Wolf, P., Brouwer, W.B.F., Rutten, F.F.H. (2005), S. 365.
310 Vgl. de Vos, C.M. (1996), S. 78.

Marktpreise, in der internen Referenz durch nationale Vergleichspreise des Festbetragssystems statt.[311] Die Festbeträge je Gruppe richten sich nach dem durchschnittlichen Preis und nicht nach dem günstigsten Teilnehmer wie im System von Neuseeland.[312]

4.3.2 Neuseeland

Arzneimittelausgaben werden in Neuseeland von der Pharmaceutical Management Agency (Pharmac) gesteuert. Pharmac definiert hierzu die ca. 3.000 Positionen umfassende Positivliste, verhandelt Preise mit den Herstellern und bestimmt die Zuzahlungshöhen. 1993 wurde ein Festbetragssystem eingeführt, in welchem nahezu sämtliche erstattungsfähige Produkte aufgenommen werden. In den weit gefassten Gruppen spielt für die Einordnung der Patentstatus keine Rolle. Um in die Erstattung zu gelangen, müssen neue Produkte somit ihren Preis unterhalb des vorhandenen Preisspektrums ansetzen. Der niedrigste Preis in der Gruppe wird der Festbetrag. Um einen höheren Erstattungsbetrag für eine neue Arznei zu erhalten, akzeptiert die Pharmac Preisreduktionen in anderen Gruppen als Kompensation für einen höheren Preis der neuen Arznei.[313] Mengenkontrollen werden über die Verschreibungsnotwendigkeit über Fachärzte oder Preis-Mengen-Vereinbarungen erzielt.[314] In der Gruppe der ACE-Hemmer hat die Pharmac einen Preisaufschlag für Atorvastatin bei Preissenkungen für Quinapril akzeptiert. Der in der Folge sehr niedrige Preis von Quinapril (1998: $NZ 7,42) wurde zudem die Festbetragshöhe der Gruppe, woraufhin der Cilazapril-Hersteller seinen Preis auf dasselbe Niveau abgesenkt hat. Diese Abfolge führte zu einer Marktanteilserhöhung der beiden Wirkstoffe von 6 Prozent auf 92,4 Prozent.[315] Eine wichtige Rolle spielen dabei Veränderungen der Zuzahlungshöhen, da diese von der Pharmac gesteuert werden und ein erhebliches Umstellungspotenzial in sich bergen. Im Extremfall müssen die Versicherten eine Zuzahlung von 100 Prozent leisten.[316] In der Gruppe der ACE-Hemmer verschoben sich in der Folge mehrfach die Marktanteile der in der Gruppe eingeschlossenen Wirkstoffe, je nachdem wie sich die Zuzahlungsnotwendigkeit für die Patienten jeweils

311 Vgl. Drabinski, T., Eschweiler, J., Schmidt, U. (2008), S. 73.
312 Vgl. Cohen, J. (2006), S. 91f.
313 Vgl. Woodfield, A.E. (2001), S. 131.
314 Vgl. Danzon, P.M., Ketcham, J.D. (2004), S. 11-14.
315 Vgl. Ioannides-Demos, L.L., Ibrahim, J.E., McNeil, J.J. (2002), S. 583.
316 Vgl. Woodfield, A.E. (2001), S. 129.

entwickelte.[317] Da es sich bei Neuseeland um einen kleinen Markt handelt, der von Australien und Italien als direkte Referenz herangezogen wird[318], besteht bei dem rigiden Vorgehen der Pharmac die Gefahr, dass innovative Substanzen nicht eingeführt werden, um ein internationales Preisniveau zu halten.[319]

4.3.3 Kanada (British Columbia)

In Kanada erfolgt neben Preisverhandlungen für neue Wirkstoffe ein Auslandspreisvergleich. Der Zielpreis darf den Durchschnitt aus sieben Referenzländern nicht überschreiten. Als Referenz werden Frankreich, Deutschland, Italien, Schweden, die Schweiz, Großbritannien und die USA herangezogen. Dieser Preis dient als Basis für weitere Verhandlungen. Es gibt regionsübergreifend im Rahmen der generischen Substitution Festbeträge für generische Wirkstoffe (Phase 1).[320] British Columbia nutzt zusätzlich ein Festbetragssystem mit therapeutischen Gruppen.[321] Dieses 1995 eingeführte System hatte zum Ziel, günstige Therapieoptionen als First Line einzusetzen und erst bei Komplikationen auf teurere Alternativen zurückzugreifen. Nach der Einführung kam es zu einer verstärkten Verschreibung der Festbetragsarzneimittel mit einhergehenden Budgeteffekten.[322]

Je Gruppe werden drei eingeschlossene Wirkstoffe vollständig erstattet, was zu einer Substitution in Richtung dieser Wirkstoffe führt. Innerhalb der kanadischen Provinzen wird British Columbia als Referenz herangezogen, weshalb nicht alle Arzneimittel auf Festbetragsniveau reduziert werden.[323] Am Beispiel der ACE-Hemmer zeigen Schneeweiss et al., dass Zuzahlungen nicht zu übermäßigen Wechseln zu weniger wirksamen Wirkstoffen in der 1997 gebildeten Gruppe geführt haben. Von den 18 Prozent Patienten, die eine Umstellung der Medikation vorgenommen haben, hatten elf Prozent in der Folge eine höhere Anzahl an Arztkontakten. Bei Berücksichtigung dieser Effekte konnten für die Gruppe der ACE-Hemmer in den ersten zwölf Monaten sechs Mio. Can$ eingespart

317 Vgl. Woodfield, A.E. (2001a), S. 372 ff.
318 Vgl. Richter, A. (2008), S. 656.
319 Vgl. Woodfield, A. (2001a), S. 376.
320 Vgl. McArther, W.J. (2001), S. 148.
321 Vgl. Drabinski, T., Eschweiler, J., Schmidt, U. (2008), S. 97.
322 Vgl. Ioannides-Demos, L.L., Ibrahim, J.E., McNeil J.J. (2002), S. 584f.
323 Vgl. Richter, A. (2008), S. 655.

werden.[324] Die Selektion der ACE-Hemmer erfolgte, da sie eine geringe Variabilität der Effektivität innerhalb der Gruppe aufweist. Im System der Festbeträge in British Columbia werden die gebrechlichen, älteren Patienten von der Regelung ausgenommen und erhalten weiterhin die volle Erstattung. Für die ACE-Hemmer waren dies 2/5 der potenziell Betroffenen, welche in anderen Festbetragssystemen evtl. zu einem Wechsel animiert worden wären.[325] Die Einsparungen der ersten zwei Jahre in Höhe von 780.000 Can$ der Gruppe der über 65-Jährigen resultiert vorwiegend aus Therapieumstellungen (83 Prozent) und nur geringfügig aus Zuzahlungen (17 Prozent). Für den Kostenträger hat die Einführung von Festbeträgen im Bereich der ACE-Hemmer im ersten Jahr zu Einsparungen in Höhe von 5,8 Mio Can$ geführt.[326] Für die gesamte Provinz stellte sich allerdings über eine bei Einführung dokumentierte kurzzeitige Einsparung kein Effekt ein. Die jährlichen Ausgabensteigerungen stiegen schnell wieder auf das Vor-Festbetragsniveau. Trotz einer Erhöhung des Austausches in die Richtung festbetragsbetroffener Arzneimittel konnte aufgrund der Ausnahmen die Regelung nicht wie intendiert wirken. Die Preise sanken allerdings nicht erheblich, welches aufgrund der Referenz zwischen den kanadischen Bundesstaaten begründet sein könnte. Die Hersteller zogen Marktanteilsverluste in kleineren Provinzen wie in British Columbia den Umsatzverlusten in größeren Provinzen (Quebec und Ontario) vor, was einen klassischen Effekt von Referenzen verdeutlicht.[327]

4.3.4 USA

In den USA verhandeln Anbieter und Abnehmer die Preise der Arzneimittel direkt. Pharmaceutical Benefit Manager (PBM) übernehmen den Einkauf und die Rabatte für garantierte Mindestmengen. Die Folge waren Anhebungen der Listenpreise für Arzneimittel, was die Beschaffung für Unversicherte erheblich verteuerte. Anbieter nicht substituierbarer Substanzen können sich Wettbewerbsvorteile verschaffen, da die Versicherer diese mit aufnehmen müssen, um attraktiv für ihre Versicherten zu bleiben.[328] Auf den je nach Versicherer unterschiedlichen Positivlisten (tiered formularies) findet sich somit stets eine Auswahl an Therapieoptionen zu

324 Vgl. Schneeweiss, S. et al. (2002), S. 827.
325 Vgl. Schneeweiss, S. et al. (2002), S. 828.
326 Vgl. Schneeweiss, S. et al. (2004), S. 657.
327 Vgl. Schneeweiss, S. (2007), S. 22f.
328 Vgl. Greß, S., Niebuhr, D., Wasem, J. (2005), S. 9-13.

unterschiedlichen Zuzahlungsbedingungen.[329] Erstattungshöchstlimits werden vornehmlich für generische Produkte definiert, bei denen den Patienten die Wahl belassen wird, auch ein zuzahlungspflichtiges, höherpreisiges Produkt zu kaufen und die Differenz aus eigener Tasche zu bezahlen. Bei staatlichen Programmen ist diese Aufzahlung nicht möglich. Oft können die staatlichen Programme bessere Konditionen erwirken, da sie gegenüber den PBMs über eine noch höhere Einkaufsmacht verfügen. Als eines der beiden staatlichen Programme nutzt Medicaid Festbeträge in Form der Maximum Allowable Cost (MAC). Für generische Gruppen werden Erstattungshöchstlimits gesetzt, die sich am günstigsten Präparat zuzüglich einer Abgabegebühr orientieren.[330] Die Anzahl der Wahlmöglichkeiten (two tiered vs. three tiered formularies) bestimmt dabei die Höhe der verschriebenen Menge. Mit höherer Anzahl an unterschiedlich hohen Zuzahlungen und Alternativen steigt die Ersparnis des Kostenträgers, allerdings konnten auch Einnahmediskontinuitäten bei Chronikern beobachtet werden.[331]

4.3.5 Norwegen

Nachdem Norwegen zunächst vor allem auf ein so genanntes Price Capping gesetzt hat, erfolgte im Jahr 2003 die Einführung eines Festbetragssystems für den generischen Bereich.[332] Das Price Capping beruht auf Warenkorbreferenzen, bei dem der Regulator für jedes Produkt eine Maximalerstattung auf Basis des Durchschnitts der drei günstigsten Vergleichsländer festsetzt. In den gebildeten Festbetragsgruppen konnte eine Preissenkung aufgrund des verschärften generischen Wettbewerbs beobachtet werden.[333] Beide Systeme bestanden von 2003 bis 2004 parallel. In dem System der Warenkorbreferenz wurden sämtliche patentierten und unpatentierten Medikamente eingeschlossen mit Ausnahmen der in das neue Festbetragssystem aufgenommenen. Bereits Ende 2004 wurde das System der Festbeträge wieder abgeschafft, aufgrund zu geringer Einsparungen.[334] Die Erstattung von einem Indexpreis je Gruppe führte zu erhöhten Zuzahlungen der Patienten, wenn sie der Substitution in der Apotheke nicht zustimmten. Brekke et al. untersuchten in einem theoretischen Modell die

329 Vgl. Drabinski, T., Eschweiler, J., Schmidt, U. (2008), S. 99.
330 Vgl. Dickson, M., Redwood, H. (1998), S. 474.
331 Vgl. Schneeweiss, S. (2007), S. 24.
332 Vgl. Hakonsen, H., Horn, A.M., Toverud, E.-L. (2009), S. 280f.
333 Vgl. Brekke, K.R., Grasdal, A.L., Holmas, T.H. (2009), S. 171.
334 Vgl. Brekke, K.R., Grasdal, A.L., Holmas, T.H. (2009), S. 174.

Wirkungen beider Regulierungsansätze. In diesem Modell führte ein strikter Warenkorbpreis zu einer Reduktion der Originalpreise und die Generika folgten indirekt mit Preissenkungen, um Marktanteilsverluste zu begrenzen. Aufgrund der Zuzahlungen steigt die Preissensitivität der Patienten, so dass die Originalhersteller durch Preissenkungen versuchen die Marktanteile zu erhalten. Je nach der Höhe des neuen Preislevels können für die Generika Preissenkungen oder -erhöhungen sinnvoll sein. Festbeträge sind dann effektiver als Price Caps, wenn sie zu einem niedrigeren Preislevel führen.[335] Die Einführung von Festbeträgen in Norwegen hat zu Preisreduktionen in Höhe von 18 Prozent für Originale und acht Prozent für Generika geführt. Bei Generika in ähnlichen therapeutischen Gebieten konnte eine Preisreduktion in Höhe von sechs Prozent beobachtet werden. Dieser Spill-Over Effekt wurde unter anderem zum Anlass genommen, ab dem Jahr 2005 wieder allein auf die Warenkorbreferenz zu setzen. Brekke et al. kritisieren diesen Schritt als zu verfrüht, da das Festbetragssystem nach knapp zwei Jahren bereits wieder deaktiviert worden ist, ihre Analysen aber erhebliche Einsparungen oberhalb des Price Caps aufzeigen.[336] Diese Ansicht teilen Hakonsen et al., die eine Weiterentwicklung des Systems favorisiert hätten.[337]

4.4 Zwischenfazit zu Festbetragssystemen

Obwohl vielfach Einspareffekte feststellbar waren, wurden diese häufig durch Preiserhöhungen im unregulierten Bereich und durch Mengeneffekte kompensiert.[338] Schweden und Norwegen haben in der Folge ihre Festbetragssysteme eingestellt, Frankreich möchte dennoch Festbeträge einführen. In den Niederlanden fielen die Einsparungen des Festbetragssystems den Apotheken zu, da diese Rabatte von den Herstellern erhalten hatten, welche die Preise unter die Maximalerstattungshöhen fallen ließen. Dies war jedoch ein Fehler der Ausgestaltung des Systems[339], der letztlich zu einer Herausnahme einzelner Mittel aus dem System führte. In Schweden wurde das Festbetragssystem von 1993 bis 2002 allein für Generika angewandt. Der Festbetrag einer Gruppe orientierte sich an den generischen Teilnehmern

335 Vgl. Brekke, K.R., Grasdal, A.L., Holmas, T.H. (2009), S. 175.
336 Vgl. Brekke, K.R., Grasdal, A.L., Holmas, T.H. (2009), S. 183.
337 Vgl. Hakonsen, H., Horn, A.M., Toverud, E.-L. (2009), S. 284.
338 Vgl. Drabinski, T., Eschweiler, J., Schmidt, U. (2008), S. 14.
339 Vgl. Kanavos, P., Reinhardt, U. (2003), S. 24.

zuzüglich eines Preisaufschlages von zehn Prozent.[340] In Schweden konnte über die Einführung eines Festbetragssystems mittelbar die Preissensitivität der Ärzte verdoppelt werden.[341] In Kanada konnten Einsparungen bei moderaten Administrationskosten beobachtet werden. Allein über die Gruppe der ACE Hemmer ließen sich 6 Prozent der kardiovaskulären Kosten einsparen. Auch in diesem Markt sind begleitende Massnahmen nötig. Schneeweiss schlägt als ergänzende Mengensteuerung flexible Arztbudgets vor, die einer Unterversorgung aufgrund von Begrenzungen vorbeugen sollen.[342] Nachdem nun klar herausgearbeitet wurde, welche grundsätzlichen Möglichkeiten der Implementierung von Festbeträgen bestehen, soll sich das nächste Kapitel den Spezifika der deutschen Regelung widmen.

5 Festbeträge in Deutschland

5.1 Die Basis des Festbetragssystems im SGB V

Im Jahr der Einführung von Festbeträgen (1989) wies Deutschland die höchsten Pro-Kopfausgaben für Arzneimittel im europäischen Durchschnitt auf.[343] Das deutsche System der Festbeträge unterscheidet sich deutlich von Ansätzen anderer Länder, in denen zumeist Preisverhandlungen und Warenkorbreferenzpreise zur Anwendung kommen. Die Erstattungsentscheidung fällt im deutschen Festbetragsregime auf der Makroebene des Gesundheitssystems. Der Gemeinsame Bundesausschuss trägt die Alleinverantwortung für die Bildung von Festbetragsgruppen. Der Spitzenverband Bund begleitet den organisatorischen Ablauf federführend. Die legislative Basis der Festbeträge bildet der § 35 des Sozialgesetzbuches V. Dort findet sich in Abs. 1 Satz 2 Nummer 1 bis 3 die Klassifikation der Festbetragsstufen. Auf jeweils einer Stufe werden Medikamente zu einer Festbetragsgruppe zusammengeführt. Laut Spitzenverband Bund stellt die Festbetragsregelung erst die Transparenz her, um wirtschaftliche von unwirtschaftlichen Arzneimitteltherapien unterscheiden zu können.[344] In Deutschland werden die drei in Tabelle 5.1 dargestellten Stufen unterschieden. Im Gegensatz zu den generischen Wirkstoffen der Stufe 1 sind die

340 Vgl. Ess, S.-M., Schneeweiss, S., Szucs, T.D. (2003), S. 95.
341 Vgl. Jönsson, B., Ekelund, M. (2001), S. 78.
342 Vgl. Schneeweiss, S. et al. (2002a), S. 1251.
343 Vgl. López-Casasnovas, G., Jönsson, B. (2001), S. 4.
344 Vgl. BVerfG vom 17.12.2002, Az.: 1Bvl 28, 29, 30/95 in Spitzenverband Bund 2009.

Arzneimittel der Stufe 2 pharmakologisch-therapeutisch vergleichbar, aber auf Molekülebene nicht identisch. Pharmakologisch-therapeutisch vergleichbare Wirkstoffe interagieren oft denselben Rezeptor und sind chemisch verwandt, besitzen somit eine ähnliche Struktur mit gleichen funktionalen Gruppen.[345] Ihre Wirkungsdauer und Darreichungsform sollten zudem vergleichbar sein. Das GKV-Modernisierungsgesetz von 2004 eröffnete neben der Bildung solcher Gruppen die Möglichkeit von Festbetragsgruppen, die ausschließlich patentgeschützte Wirkstoffe umfassen. Werden auf der Stufe 2 nur innovative Arzneimittel innerhalb der Patentlaufzeit einbezogen, müssen mindestens drei Arzneimittel in einer solchen Gruppe enthalten sein.[346] Diese Regelungen tragen dem Postulat des § 35 Abs.1 Satz 3 SGB V Rechnung, dass die Gruppenbildung die Therapiemöglichkeiten nicht einschränken soll sowie Verordnungsalternativen zur Verfügung stehen müssen. Die Bildung einer Gruppe von Arzneimitteln innerhalb der Patentlaufzeit wurde mit dem Arzneimittelversorgungs-Wirtschaftlichkeitsgesetz durch eine Ergänzung des Absatzes 1a des § 35 SGB V von Stufe 2 auf Stufe 3 ausgedehnt. Auf dieser dritten Stufe werden Wirkstoffe von therapeutischer Vergleichbarkeit zusammengefasst. Es wird dabei auf das Anwendungsgebiet und die Wirkungsweise abgestellt, nicht auf die molekulare Ähnlichkeit. In dieser Gruppe finden sich folglich auch sehr heterogene Substanzen, insbesondere Arzneimittelkombinationen. Weiterentwicklungen von Originalpräparaten in Form von Kombinationen fallen ebenfalls oft in diese Gruppe. Zunächst wurden allein generische Gruppen gebildet, seit 1991 auch Gruppen mit therapeutisch ähnlichen Substanzen und seit 1992 schließlich auch Gruppen mit selbem therapeutischem Effekt.[347]

Da keine einheitlichen Preisabschläge zum Einsatz kommen, sondern jede Gruppe einzeln kalkuliert werden muss, ist ein erheblicher Aufwand auch für die Pflege der einzelnen Gruppen aufgrund der mindestens jährlichen Anpassungen systemimmanent. Um das optimale Absenkungspotential für eine Festbetragsgruppenanpassung herauszufinden, wurde ein eigenes iteratives Verfahren entwickelt, welches Absenkungssätze ermittelt.[348] Am 19.07.2007 erfolgte die Implementierung eines offiziellen Verfahrens für die Nachjustierung

345 Vgl. Entscheidungsgrundlagen G-BA vom 19.07.07.
346 Vgl. § 35 Abs.1a SGB V.
347 Vgl. Zweifel, P., Crivelli, L. (1996), S. 258.
348 Vgl. BKK-BV (1997a).

der Vergleichsgrößen, worauf im Verlauf noch eingegangen wird. Im Mittelpunkt dieses Abschnittes steht die Frage, in welchen Teilschritten deutsche Festbeträge berechnet werden und auf welchen Stellgrößen intendierte Wirkungen beruhen. Ein fiktives Beispiel einer Stufe 2 stellt die Systematik der Festbeträge dar. Der gewählte Ansatz einer Beeinflussung der Preiskomponente setzt hohe Anforderungen an Durchführungsverlässlichkeit und Verständlichkeit des Verfahrens für alle Beteiligten. Bereits kleinste Veränderungen der Durchführung können zu erheblich differierenden Ergebnissen führen.

Als erstes erfolgt eine Beschreibung der Rahmenbedingungen, unter denen Festbetragsgruppen gebildet werden. In einem zweiten Schritt werden anhand einer konstruierten Beispielgruppe der Stufe 1 die Gruppenbildung und die Wahl der Standardpackung erläutert. Der Berechnung des Festbetrages über die Regressionsgleichung, der Kalkulation der Vergleichsgrößen und schließlich der Berechnung der Festbeträge für sämtliche Gruppenteilnehmer dient eine anspruchsvollere Stufe 2 Gruppe mit pharmakologisch-therapeutisch vergleichbaren Wirkstoffen. Diese Beispielgruppe ist zwar fiktiv gewählt, entspricht in ihrer inneren Struktur jedoch tatsächlichen kleineren Gruppen.[349] Weitere Analysen basieren auf der Gruppe der ACE-Hemmer, da die Vielzahl an Studien[350] länderübergreifend die Kontroverse um eine solche Gruppenbildung zeigt. Aus der Analyse der Berechnungsergebnisse werden dabei die Einflussgrößen der Festbetragshöhen aufgezeigt. Einen insgesamt starken Einfluss auf das Berechnungsergebnis liefert die Vergleichsgröße auf den Stufen 2 und 3. Einen Schwerpunkt werden daher die Parameter zur Abbildung der Wirkäquivalenz darstellen.

Die Implementierung von Festbeträgen im Arzneimittelbereich als Erstattungsobergrenzen für die Krankenkassen auf pharmazeutische Erzeugnisse im Jahr 1989 diente der Verstärkung des Preiswettbewerbs. Die erwarteten Preissenkungen der Hersteller sollten zu einer Intensivierung des Wettbewerbs zwischen den Anbietern sowie letztlich zu sinkenden Ausgaben der GKV führen. Die Festbetragsregelung kann aus Patientensicht als Substitut für eine

349 Vgl. u.a. G-BA (2006), G-BA (2007b), G-BA (2007c), G-BA (2007e).

350 Vgl. Schneeweiss, S. et al. (2004), Redekop, W.K. et al. (2008), Tavakoli, M. et al. (2009), Kanavos, P. et al. (2007), Sheridan, D., Attridge, J. (2006), Schneeweiss, S. et al. (2002).

proportionale Selbstbeteiligung gesehen werden, bei der –eine Absenkung der Hersteller vorausgesetzt– diese somit nicht zwangsläufig zusätzlich belastet werden (siehe Kapitel 3.2). 1989 wurden zunächst generische Gruppen gebildet, wobei der § 35 des SGB V bereits drei Festbetragsgruppentypen vorsah.

Tabelle 5.1: Festbetragsstufen zum 01.01.2009

Gruppierung nach § 35 SGB V	**Identische Wirkstoffe (Stufe 1)**	**Pharmakologisch-therapeutisch vergleichbare Wirkstoffe (Stufe 2)**	**Therapeutisch vergleichbare Wirkung (Stufe 3)**	**Gesamter Festbetrags-markt**
Festsetzung für	315 Gruppen	63 Gruppen	62 Gruppen	440 Gruppen
mit	195 Wirkstoffen	207 Wirkstoffen	31 Wirkstoffkomb.	
Umsatz	4,0 Mrd. €	5,0 Mrd. €	1,6 Mrd. €	10,6 Mrd. €
Verordnungen	212,0 Mio. VO	159,9 Mio. VO	54,9 Mio. VO	426,8 Mio. VO
Packungen	14.744 Packg.	10.056 Packg.	4.378 Packg.	29.178 Packg.
Einsparung	1,6 Mrd. €	2,0 Mrd. €	0,7 Mrd. €	4,3 Mrd. €

VO: Verordnungen zu Lasten der GKV

Quelle: Vgl. Spitzenverband Bund (2009).

Generische Gruppen der Stufe 1 dominieren in ihrer Anzahl von Festbeträgen in der Tabelle 5.1. Dennoch wurden auf der Stufe 2 bereits 207 Wirkstoffe zusammengefasst, ein im Verhältnis zur Anzahl der Festbeträge hoher Wert. Auf der Stufe 3 folgen 62 Gruppen für 31 Wirkstoffkombinationen. In der Tabelle sind des Weiteren alle Packungen der jeweiligen Stufen in Abgrenzung ihrer Pharmazentralnummern (PZN) aufgeführt. Nach der Implementierung der Festbeträge im Jahr 1989 folgten mehrere Revisionen der gesetzlichen Rahmenbedingungen, wie die Tabelle 5. 2 zeigt.

Tabelle 5.2: Legislativer Rahmen der Festbeträge von 1989 bis 2009

Nr.	Gesetz/Beschluss	Festbetragsimplikation	Jahr
1	Gesundheitsreformgesetz	Etablierung eines internen Festbetragssystems	1989
2	Gesundheitsstrukturgesetz	Spezifizierung des Charakteristikums „Neuartigkeit“	1993
3	Verfassungsrechtliche Einwände des Bundessozialgerichtes	Anfechtung des Anspruches des SpiBu auf zentrale Erstattungsregulierung	1995
4	7. SGB V-Änderungsgesetz	Freistellung patentgeschützter Arzneimittel von Festbeträgen	1996
5	GKV-Solidaritätsstärkungsgesetz	Einführung der Preisfindung im unteren Drittel einer Gruppe	1999
6	Gesundheitsreformgesetz	Zuweisung von Klagen an die Sozialgerichtsbarkeit	2000
7	Festbetragsanpassungsgesetz	Zuweisung der Festbetragsverantwortung an das Gesundheitsministerium	2001
8	Bestätigung der Festbeträge über das Verfassungsgericht	Urteil dass Kompetenzen der Selbstverwaltungsorgane verfassungsmäßig sind	2002
9	EuGH bestätigt die deutsche Festbetragsregelung	Das EuGH erkennt keine Unvereinbarkeit mit dem europäischen Kartellrecht	2004
10	GKV-Modernisierungsgesetz	Zurücknahme der Patentschutzklausel, Ersetzung der rmTD durch wvg	2004
11	Arzneimittelverordnungswirtschaftlichkeits stärkungsgesetz	Spezifizierung des Begriffes „therapeutische Verbesserung“, 30%-Regelung für die Stufe 1	2006
12	GKV-Wirtschaftlichkeitsstärkungsgesetz	SpiBu wird eingerichtet, Start der Kosten-Nutzen-Bewertung	2007
13	Gesetz zur Neuordnung des Arzneimittelmarktes in der Gesetzlichen Krankenversicherung	Warenkorbreferenz im Zuge der Erstattungseinordnung, Festbeträge für alle Arzneimitel ohne Zusatznutzen	2011

Quelle: Eigene Darstellung

Eine Vielzahl der bereits in vorangegangenen Kapiteln aufgeführten gesetzlichen Regelungsänderungen der GKV betrifft die Festbeträge direkt (s. Tabelle 5.2). Nach der Einführung definierte das GSG 1993 die Neuartigkeit eines Wirkstoffes. 1995 wurde die Zuständigkeit des BKK-BV (Vorgängerorganisation des SpiBu) für die Normensetzung beanstandet. Mit der siebten SGB V Novelle erfolgte die weitestgehende Herausnahme der patentgeschützten Wirkstoffe aus dem System der Festbeträge[351], das Verfahren vor dem Verfassungsgericht bezüglich der generellen Möglichkeit der Festbetragssetzung zu Lasten Dritter lief weiter. 1999 wurde die Verpflichtung auf das untere Preisdrittel für gebildete Festbeträge eingeführt. Von 1999 bis zur Urteilsverkündung 2003/2004 konnte das Instrument Festbeträge nicht wie ursprünglich intendiert wirken. Eine geplante Festbetragsanpassung zum 01.04.2001 konnte nicht vorgenommen werden, da das Bundeskartellamt den Spitzenverbänden die Festlegung untersagte. Mit dem Festbetragsanpassungsgesetz in Form des § 35a SGB V wurde das Bundesgesundheitsministerium ermächtigt, bis zur juristischen Klärung zum Ende 2003 die Festbetragssetzung zu übernehmen. Sieben Jahre nach Beanstandung (im Jahr 1995) fiel das Urteil des Bundesverfassungsgerichts, mit der Erlaubnis für die Spitzenverbände Festbetragssetzungen vorzunehmen, vorbehaltlich der Bestätigung durch den Europäischen Gerichtshof (EuGH). Während der langwierigen Gerichtsverfahren wurde kein Festbetrag gesetzt oder angepasst, so dass 2003 nur noch 34 Prozent des Arzneimittelumsatzes im Festbetragssegment stattfand. Am 16.03.2004 urteilte der EuGH, dass Krankenkassen keine Unternehmen und die Spitzenverbände keine Unternehmensvereinigungen sind.[352] Mit dem GMG wurden im selben Jahr wichtige festbetragsrelevante Änderungen beschlossen. Zum einen erfolgte eine Zusammenfassung von Ausschüssen zu dem Gemeinsamen Bundesausschuss. Zum anderen wurde die Patentschutzklausel aus dem Jahr 1996 herausgenommen. Anstelle dieser trat die Innovationsschutzklausel des § 35 Abs. 1 S. 2. Nr. 2 und Nr. 3 SGB V, die die Ausnahmemöglichkeit von der Gruppenbildung über die Neuartigkeit und therapeutische Verbesserung definierte.

Einen Anreiz den Preis niedrig zu belassen, bietet eine Neuregelung des AVWG in Bezug auf die Möglichkeit der Zuzahlungsbefreiung, wenn der Preis mindestens 30 Prozent unter Festbetrag liegt, wie vorangehend erläutert. Ziel ist es, dass der Patient seinen Arzt zur Verschreibung solcher Arzneimittel anhält.[353] Der direkte Wegfall der Patientenzuzahlung führt hierbei zu einem starken Anreiz zu preisgünstigen Präparaten. Diese Regelung hat zu einer Belebung des Preiswettbewerbs auf der Stufe 1 gesorgt, welcher aufgrund der beschriebenen

351 § 35 1a SGB V.
352 Vgl. EUGH: C-264/01 vom 16.03.2004.
353 Vgl. Scherff, D. (2006).

Preisangleichungstendenzen vorab nicht ausreichend forciert werden konnte. In Kapitel 7 wird auf Interaktionen dieser Maßnahme im Kontext der Gesamtregulierung noch vertiefend eingegangen.

Bei Analogarzneimitteln ist die Bildung einer Gruppe möglich, wenn mindestens drei Arzneimittel eingeschlossen werden und sämtliche Gruppenteilnehmer sich noch im Patentschutz befinden. Eine Bildung von Mischgruppen, auch Jumbogruppen (Bildung von Gruppen mit Generika und patentgeschützten Gruppenarzneimitteln) genannt, wurde nunmehr mit Patentauslauf des ersten Wirkstoffes möglich. Die ersten nach dem GMG entstandenen Gruppen waren die Jumbogruppen der Statine und Protonenpumpenhemmer sowie die Gruppen der Sartane und Triptane, in denen allein patentgeschützte Arzneimittel nach dem §35 Abs. 1a SGB V gruppiert wurden. Mit dem GMG wurde zudem die Nutzenbewertung von Arzneimitteln durch das IQWiG eingeführt. Im Jahr 2007 erfolgte eine Erweiterung auf die Kosten-Nutzen-Bewertung im Zuge des GKV-WSG mit dem Ziel der Bildung von Höchsterstattungsbeträgen. Sämtliche Gruppenbildungen seit dem EuGH-Urteil dienten der Erschließung von Einsparpotenzialen bei Analogpräparaten, da diese aufgrund der vorangegangenen Ausschlüsse einen Umsatzanteil von 20 Prozent der insgesamt 40 Prozent patentgeschützten Präparate erreicht hatten.[354]

5.2 Akteure und das Verfahren der Gruppenbildung

Das Verfahren der zentralen Festbetragssetzung involviert verschiedene Beteiligte, die unterschiedliche Aufgaben wahrnehmen und Verantwortlichkeiten übernehmen. Die Abbildung 5. 1 visualisiert die zeitliche Abfolge der Bildung eines Festbetrages:

354 Vgl.Coca, V., Nink, K., Schröder, H. (2009), S. 168f.

Abbildung 5.1: Schritte der Festbetragsberechnung

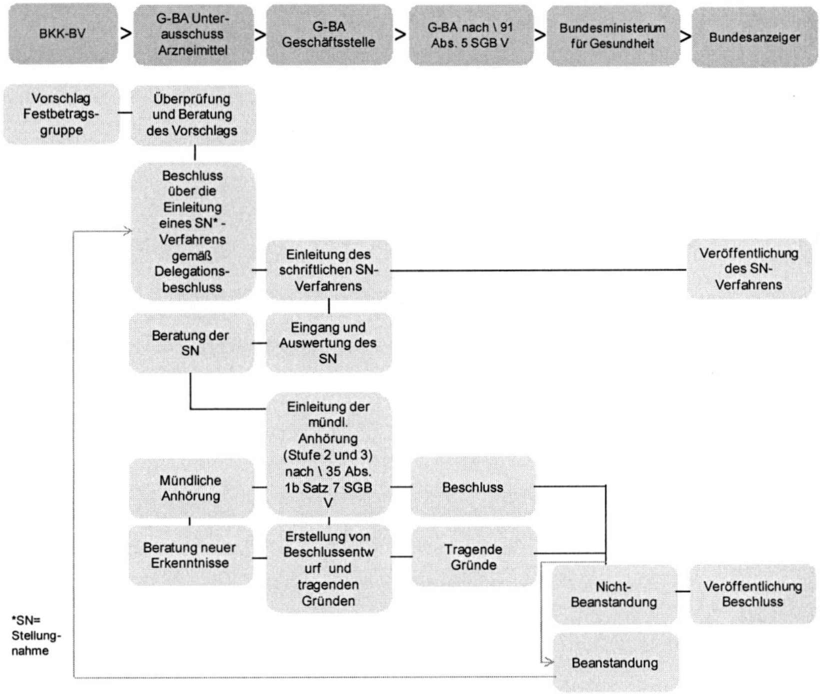

Quelle: Vgl. G-BA (2009).

Zunächst erfolgt die Festlegung der in einer Gruppe zusammenzufassenden Arzneimittel durch einen Unterausschuss des Gemeinsamen Bundesausschusses. Dem Unterausschuss arbeiten Arbeitsgruppen zu, die sich unter anderem mit Stellungnahmen aller Sachverständigen befassen. Ist eine Gruppe vorbereitet, wird dem G-BA vom Unterausschuss eine Beschlussempfehlung übergeben. Allen Sachverständigen aus medizinischer Wissenschaft und Praxis, pharmazeutischer Wissenschaft und Praxis sowie den pharmazeutischen Unternehmern wird daraufhin in einem ersten Anhörungsverfahren eine Stellungnahme ermöglicht.[355] Nach Prüfung und Würdigung der Stellungnahmen durch den Unterausschuss Arzneimittel wird ein Beschlussvorschlag erarbeitet. Über diesen entscheidet der G-BA und das Bundesgesundheitsministerium prüft anschließend formal.[356] Auf die Gruppenbildung baut die Festbetragssetzung auf. Zuständig für diese sind die

355 Vgl. BKK-BV (1997), S. 7.
356 Vgl. § 94 Abs. 1 SGB V.

Spitzenverbände der Krankenkassen nach § 213 SGB V. Auf Basis der beschlossenen Gruppen setzt der Spitzenverband Bund anhand einer Regressionsgleichung die Festbeträge fest. Im Anschluss sind die pharmazeutischen Hersteller erneut anzuhören und ggf. Modifikationen vorzunehmen. Auf die endgültige Festsetzung folgt die Bekanntgabe im Bundesanzeiger.

Der § 35 Abs. 5 SGB V definiert dabei den Anspruch des Gesetzgebers an die Setzung von Festbeträgen. Sie sollen:

- eine ausreichende, zweckmäßige und wirtschaftliche, qualitätsgesicherte Versorgung sicherstellen,
- Wirtschaftlichkeitsreserven ausschöpfen,
- einen wirksamen Preiswettbewerb auslösen,
- sich an preisgünstigen Versorgungsmöglichkeiten ausrichten sowie
- eine hinreichende Auswahl gewährleisten.

Ausgenommen von der Gruppenbildung sind lediglich patentgeschützte Wirkstoffe, die entweder eine therapeutische Verbesserung darstellen oder als neuartig anerkannt worden sind. Als neuartig gilt ein Wirkstoff solange die erste in Verkehr gebrachte Arznei einer Klasse unter Patentschutz steht.[357] Die Spezialisierung des unbestimmten juristischen Begriffes der therapeutischen Verbesserung erfolgte durch das AVWG, in welchem der Begriff legal definiert wurde. Diese liegt nunmehr vor, wenn ein Arzneimittel einen therapierelevanten höheren Nutzen aufweist als andere der Gruppe oder anderen vorzuziehen ist, da es für relevante Patientengruppen oder Indikationsbereiche besser wirkt. Die Verringerung von Häufigkeit und Schweregrad unerwünschter Arzneimittelwirkungen in Form von Nebenwirkungen gilt ebenso als therapeutische Verbesserung. Der Nachweis erfolgt über die Vorlage klinischer Studien, die im direkten Vergleich, also nicht gegen ein Placebo, bei patientenrelevanten Endpunkten wie Mortalität, Morbidität und Lebensqualität Verbesserungen belegen.[358]

Nach erfolgter Gruppenbildung berät der Spitzenverband Bund über die geeignete Festbetragshöhe. Den Preisfindungsbereich des jeweils zu bestimmenden

[357] Vgl. § 35 Abs. 1 S. 4 SGB V.
[358] Vgl. AVWG (2006).

Festbetrages gibt das SGB V vor. Bei Festbeträgen der ersten Stufe durfte vor Inkrafttreten des AVWG der festzulegende Preis der Standardpackung maximal am oberen Ende des unteren Preisdrittels der Gruppe festgesetzt werden. Bei der Berechnung sollten hochpreisige Packungen, die weniger als ein Prozent der Verordnungen der Festbetragsgruppe auf sich vereinen, keine Berücksichtigung finden.[359] Die Aufforderung zur Findung eines Festbetrages im unteren Drittel einer Gruppe wurde mit dem AVWG von der Stufe 1 auf die Stufen 2 und 3 ausgedehnt. Einer Preisbegrenzung nach unten dient die Vorschrift, dass ein Fünftel aller Packungen und ein Fünftel aller Verordnungen der Gruppe zum Festbetrag verfügbar sein müssen.[360] Die Summe der Vomhundertsätze der Verordnungen und Packungen, die nicht zum Festbetrag erhältlich sind, darf die Maßzahl 160 bzw. 100 bei einer Gruppe, in der drei patentgeschützte Wirkstoffe einbezogen werden, nicht überschreiten. Diese Maßzahl ergibt sich durch die Addition von 100 Prozent Verordnungen und 100 Prozent Packungen abzüglich der jeweils 20 Prozent (1/5) zum Festbetrag verfügbaren Verordnungen und Packungen. Ein Preis am untersten Rand einer Gruppe ist somit nicht vom Gesetzgeber intendiert, aber durchaus möglich, wenn diese 20 Prozent zum untersten Preis verfügbar sind.[361]

Der § 35 Abs. 7 des SGB V regelt die Einwendungsmöglichkeiten. Nach Festbetragsfestsetzung sind sämtliche Bestandteile überprüfbar. Zudem besteht die Möglichkeit, im Zuge der Anhörungen Hinweise einzubringen. Das Deutsche Institut für Medizinische Dokumentation (DIMDI) hat den gesetzlichen Auftrag, die Festbeträge zu veröffentlichen. Die Gruppendaten finden sich ebenso auf dem Internetauftritt des Spitzenverbandes Bund (SpiBu). Eine therapeutische Überlegenheit des eigenen Produktes sollte anhand von geeigneten Endpunktstudien nachgewiesen werden, insbesondere für die Herausnahme aus der Gruppenbildung. Dies ist auch nachträglich möglich, wenn eine Studie patientenrelevante Vorteile in Form von Mortalitäts- und Morbiditätsverbesserungen oder Steigerungen der Lebensqualität belegt.[362] Die Paragraphen 91, 92 und 213 SGB V regeln Näheres zum G-BA und den

359 Vgl. § 35 Abs. 5 S. 4 SGB V.
360 Vgl. AVWG (2006).
361 Vgl. § 35 Abs. 5 S. 5 SGB V.
362 Vgl. G-BA (2008).

Spitzenverbänden der Krankenkassen. Sofern diese oder andere Rechtsnormen im Folgenden Relevanz besitzen, werden sie an geeigneter Stelle noch diskutiert, hier erfolgt jedoch ein Verzicht darauf.

Um für den Patienten Wirtschaftlichkeitsanreize zu besonders günstigen Packungen zu setzen, wurde mit dem AVWG eine Regelung eingeführt, nach der für den Patienten die Zuzahlung entfallen kann, wenn ein Medikament preislich mindestens 30 Prozent unter dem Festbetrag verfügbar ist.[363] Diese Verfügbarkeit und vor allem erzielbare Einsparungen stellt der Spitzenverband Bund fest. Dem Hersteller wird in jenem Fall zunächst der generische Rabatt auf den Herstellerabgabepreis ohne Mehrwertsteuer (MwSt) in Höhe von 10 Prozent erlassen.[364] Am 01.09.2006 waren 2.653 Arzneimittel zuzahlungsbefreit verfügbar, am 15.11.2006 bereits 6.385, zum 01.06.2007 9.941 und zum 01.12.2008 waren 9.676 Arzneimittel auf der Liste zur Zuzahlungsbefreiung. Ein Arzneimittel umfasst jeweils eine Kombination von Wirkstärke und Packungsgröße. Eine Übersicht, welche jeweils am 1. und 15. des Monats aktualisiert wird, stellen sowohl das DIMDI als auch der SpiBu im Internet zur Verfügung.[365] Wie die Tabelle 5.3 zeigt, wurden mit jedem Festsetzungszeitpunkt neue Gruppen und Packungen zuzahlungsbefreit verfügbar.

Tabelle 5.3: Übersicht Zuzahlungsbefreiung

Freigestellte Packungen	2.102	6.255	11.226	12.374	8.539	10.684
Datum	01.07.2006	01.11.2006	01.07.2007	01.01.2008	01.06.2008	01.01.2009
⇨ Gruppen	63	146	165	174	170	174
⇨ Hersteller	50	103	112	120	111	116
⇨ Packungen	42 %	32 %	52 %	54 %	37 %	46 %

Quelle: Vgl. Spitzenverband Bund (2009).

Nachdem der Rahmen der Bildung von Festbeträgen in Deutschland skizziert wurde, widmet sich der nächste Abschnitt der Systematik der Berechnung von Festbeträgen. Dies erfolgt zum einen über fiktive Beispiele, zum anderen über die Berechnung der Stufe 2 Gruppe der ACE-Hemmer. Einen Schwerpunkt bilden dabei das methodische Vorgehen und die Arithmetik der Berechnung. Die

363 Vgl. § 130a Abs.3b S.3 SGB V.
364 Vgl. AVWG (2006).
365 Vgl. Spitzenverband Bund (2009a).

Gruppenbildung richtet sich in der Reihenfolge der Wirkstoffauswahl dabei nach der Rangfolge des Verordnungsvolumens zu Lasten der GKV.[366]

5.3 Berechnungsmethodik von Festbeträgen

Festlegung der Standardpackung

Die Festbetragshöhenfindung nach der Gruppenzusammenführung lässt sich in zwei grundsätzliche Teile, welche für alle Stufen identisch sind, zerlegen. Als Verfahren wird eine Regressionsanalyse eingesetzt. Die unabhängigen, erklärenden Variablen Packungsgröße und Wirkstärke bilden das Preisgefüge im Markt ab.[367] Die zu erklärende Variable ist der Standardpreis pr. Damit die Regressionsanalyse nicht zu starren Ergebnissen führt, wird sie mit relativen Preisen durchgeführt. Als erstes muss eine Standardeinheit gefunden werden. In einem zweiten Schritt erfolgt die multiple Regression. Die Standardpackung ist die am häufigsten vorkommende Wirkstärken-/Packungsgrößenkombination einer Gruppe. Kommen dabei zahlenmäßig mehrere Kombinationen in Betracht, wird als weiteres Bestimmungskriterium die Verordnungshäufigkeit herangezogen. Als Standardpackung definiert wird in jenem Fall die verordnungsstärkere Kombinationsvariante.[368] Mit der Festlegung der Standardpackung erfolgt eine Normierung des korrespondierenden Apothekeneinkaufspreises (AEP) auf 1 für jeden Hersteller, der die Standardpackung anbietet. Andere Kombinationen der jeweiligen Hersteller werden daraufhin in die entsprechende Preisrelation zu der Standardpackung gesetzt (siehe Tabellen 5.5 und 5.7).

---

366 Vgl. Bever-Breidenbach, N. (1991), S. 122.
367 Vgl. BKK-BV (1997), S. 16.
368 Vgl. G-BA (2009).

Tabelle 5.4: Fiktive Marktdaten für eine Festbetragsgruppenbildung der Stufe 1

Substanz	Hersteller	Wirkstärke	Packungsgröße	GKV Verordnungen	AEP in €
W	Arzneimittel A.G.	4 mg	50	1.345.000	4,78
W	Arzneimittel A.G.	6 mg	50	2.145.000	7,43
W	Arzneimittel A.G.	4 mg	100	856.000	9,98
W	Arzneimittel A.G.	6 mg	100	1.198.000	16,50
W	Hellwig Pharma	4 mg	50	3.225.000	5,11
W	Hellwig Pharma	4 mg	100	762.000	10,32
W	F Chemie intern.	4 mg	50	2.326.000	4,99
W	F Chemie intern.	6 mg	50	1.476.000	7,86
W	F Chemie intern.	4 mg	100	543.000	9,52

Quelle: Eigene Berechnungen.

In der Beispielgruppe einer Stufe 1 Festbetragsgruppe der Tabelle 5.4 sind exakt drei Handelsformen in der Zusammensetzung 4 mg und 50 Tabletten sowie drei Handelsformen 4 mg und 100 Tabletten vertreten. Die Kombination 6 mg Wirkstoff und 50 oder 100 Tabletten ist nur zweifach oder einfach vorhanden. Standardpackung könnten somit zunächst beide zahlenmäßig am häufigsten vorkommenden Kombinationen werden. Höhere Verordnungszahlen weist die Kombination 4 mg und 50 Tabletten auf, so dass sie in der Folge Standardpackung der Gruppe wird. Für den Hersteller Arzneimittel A.G. erfolgt eine Normierung des AEP dieser Kombination auf eins. Für die weiteren Produkte dieses Anbieters wird die Preisrelation zu der Standardpackung ermittelt. Bei der Kombination 6 mg und 100 Tabletten muss dazu der ursprüngliche Preis von 16,50 Euro durch 4,78 Euro dividiert werden, was einen Relativpreis von 3,45 Euro ergibt (siehe Tabelle 5.5). Analog wird für die anderen Hersteller verfahren.

Tabelle 5.5: Normierung Festbetragsgruppenbildung einer Stufe 1

Substanz	Hersteller	Wirkstärke	Packungsgröße	GKV Verordnungen	AEP in €
W	Arzneimittel A.G.	4 mg	50	1.345.000	1
W	Arzneimittel A.G.	6 mg	50	2.145.000	1,55
W	Arzneimittel A.G.	4 mg	100	856.000	2,09
W	Arzneimittel A.G.	6 mg	100	1.198.000	3,45
W	Hellwig Pharma	4 mg	50	3.225.000	1
W	Hellwig Pharma	4 mg	100	762.000	2,02
W	F Chemie intern.	4 mg	50	2.326.000	1
W	F Chemie intern.	6 mg	50	1.476.000	1,58
W	F Chemie intern.	4 mg	100	543.000	1,91

Quelle: Eigene Berechnungen.

Für eine erste Parameterschätzung werden nun die Spalten Wirkstärke, Packungsgröße und normierter Preis benötigt. Dieses Verfahren bedient sich einer Potenzfunktion, die für alle Stufen folgende Struktur aufweist:

$pr = a*wi^{b}*pk^{c}$ (Gleichung 1)

Wi steht hierbei für die Wirkstärke und pk für die Packungsgröße der jeweiligen Arznei. In einer Gruppe der Stufe 2 oder 3, deren Berechnung im Folgenden vorgestellt wird, wird in der Gleichung 1 wi durch die verordnungsgewichtete Wirkstärkenvergleichsgröße (wvg) ersetzt. Die exakte Berechnung findet sich im folgenden Abschnitt.

Demnach stehen als Variablen der normierte Preis pr, die verordnungsgewichtete Wirkstärkenvergleichsgröße wvg (Stufe 2 oder 3) oder wi (Stufe 1) in Mengeneinheiten der Standardpackung und die Packungsgröße pk in Zähleinheiten der Standardpackung zur Verfügung. Die Berechnungsgrundlagen kennzeichnen sowohl den Preis für die Potenzfunktion als auch den Preisanpassungsfaktor als Schätzmodell-Standardpreis p und nicht pr.[369] Die Parameter Packungsgröße und Wirkstärke der Medikamente einer Gruppe der Stufe 1 liegen direkt aus der Tabelle 5.5 ersichtlich vor. Unbekannt sind die Parameter a, b und c der Regressionsgleichung, welche über eine Kleinst-Quadrat-Schätzung unter Einsetzen der Preisrelationen aller Gruppenarzneimittel sowie sämtlicher Packungsgrößen- und Wirkstärkenkombinationen ermittelt werden. Diese Schätzung bedarf zuvor einer logarithmischen Transformation der Potenzfunktion:

$ln(pr) = ln(a) + b * ln(wi) + c * ln(pk)$ *(Gleichung 2)*

Die Gleichung 2 wird vorläufige Schätzgleichung genannt. Nicht abgetragen ist die Störvariable u, welcher der SpiBu aber auch geringe Bedeutung beimisst.[370] Sind die Regressionskoeffizienten a, b und c ermittelt, kann die Regressionsgleichung (Gleichung 1) aufgestellt werden. Der Festbetrag für die Standardpackung hat sich in der Höhe an der Maßzahl 160 zu orientieren, welche vorangehend detailliert vorgestellt wurde. Es müssen folglich 20 Prozent der Verordnungen (2.775.200)

[369] Vgl. G-BA (2009).
[370] Vgl. BKK-BV (1997), S. 16.

und 20 Prozent der Packungen dieser Gruppe zum festgesetzten Festbetrag verfügbar sein, um der Maßzahlregelung angemessen Rechnung zu tragen.

Nachfolgend sollen anhand der Beispielkalkulation einer Gruppe der Stufe 2 neben der Standardpackungsermittlung weitere Details einer Festbetragsberechnung dargestellt werden. In der Tabelle 5.6 stehen die Buchstaben S bis Z jeweils für die Hersteller, welche die Wirkstoffe A, B und C in unterschiedlichen Wirkstärken und Packungsgrößen anbieten. In dieser Beispielgruppe sollen die pharmakologisch-therapeutisch vergleichbaren Wirkstoffe A, B und C zusammengefasst werden. Eine einzelne Regression zur Berechnung der Anpassungsparameter reicht in einer solchen Gruppe in der Regel nicht aus. Da insbesondere bei einer Stufe 2 oder 3 nicht alle Hersteller die Standardpackung anbieten, muss eine Fiktivpackung als Rechenhilfe für Arzneimittelkombinationen, die von der Standardpackung abweichen, generiert werden. Diese müssen aber dennoch in die Parameterberechnung eingehen, um letztlich die Preisrelation der gesamten Gruppe abbilden zu können. Die fiktive Standardpackung des jeweiligen Wirkstoffes wird diejenige Kombination, die der Standardpackung am Ähnlichsten in Bezug auf die beiden Parameter Dosisstärke und Packungsgröße ist.[371] Die so bestimmte Packung wird die so genannte Referenzpackung. Auf Basis der Ergebnisse der ersten Regression erfolgt die Ermittlung des vorläufigen Schätzmodellstandardpreises. Die Division des tatsächlichen Preises der Referenzpackung mit dem neu berechneten Schätzmodell-Standardpreis liefert den absoluten fiktiven Preis für die Standardpackung. Dieser Preis soll eine Schätzung des Preises darstellen, den der Anbieter für die Standardpackung genommen hätte. In einer zweiten, endgültigen Regression werden abschließend auch die Packungen einbezogen, deren Hersteller keine Standardpackung anbietet. Die Preise aller Packungen werden dabei durch den herstellerspezifischen fiktiven Preis der Standardpackung dividiert. Über dieses Konstrukt der fiktiven Standardpackung können letztlich alle Gruppenmitglieder in die Regression zur Ermittlung der Anpassungsparameter einfließen. Die Anpassungsparameterberechnung erfüllt dabei keinen Selbstzweck. Sind die endgültigen Parameter nach maximal zwei Regressionen ermittelt, können über das Einsetzen der Wirkstärken-/

[371] Vgl. BKK-BV (1997), S. 30f.

Packungsgrößenkombinationen die Preisanpasser für jedes Gruppenarzneimittel zur endgültigen Berechnung der Festbeträge errechnet werden. Für eine Stufe 2 und 3 Gruppe müssen zunächst die Äquivalenzfaktoren errechnet werden und erst im Anschluss kann die Regression erfolgen.

Tabelle 5.6: Fiktive Marktdaten für eine Festbetragsgruppenbildung der Stufe 2

Wirkstoff	Arzneimittel/ Hersteller	Wirkstärke (wi)	Packungsgröße (pk)	GKV-Verordnungen	AEP in €
A	AX	2,5	20	978.000	19,78
	AX	5,0	20	576.000	41,31
	AY	2,5	20	2.189.000	21,54
	AY	2,5	50	1.318.000	58,92
	AY	5,0	20	734.000	49,14
	AY	5,0	50	412.000	133,46
	AZ	2,5	20	1.765.000	20,65
	AZ	2,5	50	832.000	55,78
	AZ	5,0	20	962.000	43,56
	AZ	5,0	50	389.000	120,98
				Summe: 10.155.000	
B	BU	3,0	20	754.000	28,45
	BU	3,0	50	679.000	68,59
	BU	6,0	20	272.000	57,32
	BV	3,0	20	1.134.000	23,16
	BV	3,0	50	556.000	65,98
	BV	6,0	20	387.000	54,23
	BV	6,0	50	231.000	135,76
	BW	3,0	20	957.000	25,78
	BW	3,0	50	421.000	66,48
				Summe: 5.391.000	
C	CS	4,5	20	679.000	29,23
	CS	7,5	20	82.000	60,51
	CT	4,5	20	581.000	30,45
	CT	7,5	20	123.000	55,62
				Summe: 1.465.000	

AEP: Apothekeneinkaufspreis, AVP: Apothekenverkaufspreis (AEP zzgl. 3% Zuschlag, 8,10 € und 19% MwSt.)

Quelle: Eigene Berechnungen.

Sollen, wie im Fallbeispiel in Tabelle 5.6 dargestellt, pharmakologisch-therapeutisch vergleichbare Wirkstoffe zu einer Gruppe der Stufe 2 zusammengeführt werden, schreibt das Gesetz eine Berechnung von Äquivalenzfaktoren vor, die helfen sollen, das Wirkverhältnis unterschiedlicher

Wirkstoffe abzubilden.[372] Aktuell erfolgt eine der Regression vorgelagerte Vergleichsgrößenberechnung, in der der Wirkunterschiedlichkeit inhomogener Wirkstoffe Rechnung getragen werden soll. Diese wird im folgenden Abschnitt anhand des obigen Beispieles durchgeführt. Zunächst muss für die Beispielgruppe eine Standardpackung definiert werden. Da es zahlenmäßig gleichauf liegende Kombinationen wie in der Beispielgruppe der Stufe 1 gibt, fällt die Entscheidung aufgrund der Verordnungshäufigkeit. Wirkstoff A in der Zusammensetzung 2,5 mg und 20 Tabletten wird daher zur Standardpackung dieser Gruppe. Der Preis der drei Handelsformen in dieser Kombination wird in der Folge auf 1 normiert und die anderen Handelsformen des jeweiligen Herstellers zu „ihrer" Standardpackung in eine preisliche Relation gesetzt. Die Ergebnisse dieser Rechnung zeigt die Tabelle 5.7.

Tabelle 5.7: Herstellung der Preisrelation für den Wirkstoff A dieser Gruppe

Wirkstoff	Arzneimittel/ Hersteller	wvg	Packungsgröße (pk)	GKV-Verordnungen	Normierter Preis
A	AX	0,765	20	978.000	1
	AX	1,530	20	576.000	2,09
	AY	0,765	20	2.189.000	1
	AY	0,765	50	1.318.000	2,74
	AY	1,530	20	734.000	2,28
	AY	1,530	50	412.000	6,20
	AZ	0,765	20	1.765.000	1
	AZ	0,765	50	832.000	2,7
	AZ	1,530	20	962.000	2,11
	AZ	1,530	50	389.000	5,86

Quelle: Eigene Berechnungen.

In die Gleichung 1 werden die Wirkstärkenvergleichsgrößen, Packungsgrößen und normierten Preise für die erste Regression zur Bestimmung der Parameter eingesetzt. Diese Parameterbestimmung liefert folgende Werte:

- 0,049118067
- 1,12340538
- 1,10476216

[372] Vgl. § 35 Abs.3 S.1 SGB V.

Die Einbeziehung der anderen Wirkstoffe der Gruppe über die jeweiligen Fiktivpackungen (BU 3,0/20; BV 3,0/20; BW 3,0/20; CS 4,5/20 und CT 4,5/20) ergibt nach einer zweiten Regression folgende Gleichung:

$$pr_i = 0{,}055292365 * wvg^{1,155379} * pk^{1,069653} \text{ (Gleichung 3)}$$

Diese Gleichung wird benötigt, um für alle Arzneimittel der Gruppe trotz unterschiedlicher Packungsgröße und Wirkstärke den Festbetrag zu errechnen. Bei einer Gruppe der Stufe 2 oder 3 sind wichtige Details zu beachten. Trotz ähnlicher Wirkstärken-/Packungsgrößenkombination sind AX (2,5/20) und BU (3,0/20) nicht identisch, da es sich um unterschiedliche Wirkstoffe handelt. In diesem Beispiel der Stufe 2 werden folglich die Vergleichsgrößen für die Wirkstoffe A, B und C benötigt, um diese als Divisor der Wirkstärke wi in die Regressionsgleichung aufzunehmen (siehe Gleichung 4). Für die Berechnung der benötigten Vergleichsgrößen erfolgt die Entnahme der Verordnungszahlen des Vorjahres für jede Arznei aus der Tabelle 5.6.

Berechnung der Vergleichsgrößen

Die Vergleichsgrößen dienen, wie bereits im vorangegangenen Abschnitt erwähnt, der Berechnung der wvg für die Festbetragsstufen 2 und 3. Diese müssen für jeden Wirkstoff separat ermittelt werden. Da im vorliegenden Beispiel drei unterschiedliche Substanzen in einer Gruppe zusammengefasst werden sollen, erfolgt die Berechnung der Vergleichsgrößen jeweils einzeln für A, B und C.

Innerhalb der einzelnen Wirkstoffe erfolgt die Bildung von Untergruppen mit gleicher Wirkstärke. Im vorliegenden Beispiel werden also AX (2,5/20), AY (2,5/20), AY (2,5/50), AZ (2,5/20) und AZ (2,5/50) zusammen betrachtet (wi: 2,5), darauf folgend die Handelsformen mit wi: 5,0. Um zu den gewichteten Wirkstärken zu gelangen, gilt es, den jeweiligen Verordnungsanteil im Vomhundertsatz zu ermitteln.

Tabelle 5.8: Gewichtete Wirkstärke für Wirkstoff A (2,5 mg)

Substanz	GKV Verordnungen	Wirkstärke
AX (2,5/20)	978.000	2,5 mg
AY (2,5/20)	2.189.000	2,5 mg
AY (2,5/50)	1.318.000	2,5 mg
AZ (2,5/20)	1.765.000	2,5 mg
AZ (2,5/50)	832.000	2,5 mg
	7.082.000	

Quelle: Eigene Berechnungen.

7.082.000 von 10.155.000 Verordnungen für den gesamten Wirkstoff A entsprechen einem Anteil der 2,5 mg Wirkstärke von 69,74 Prozent. Dieser gemeinsame Verordnungsanteil von 69,74 Prozent steht den 30,26 Prozent von AX (5,0/20), AY (5,0/20), AY (5,0/50), AZ (5,0/20) und AZ (5,0/50) gegenüber. Eine mathematische Besonderheit stellt das prinzipielle Abrunden des ermittelten Prozentwertes auf eine ganze Zahl dar.[373] Der Gewichtungswert wiederum bedarf der Addition um den Wert 1 (am Beispiel wi: 2,5 mg abgerundet 69 + 1 = 70). Der Grund für das beschriebene Vorgehen liegt in der Intention, Arzneimittel ohne Verordnungsanteil in der Berechnung zu berücksichtigen. Bei einer einfachen kaufmännischen Rundung wäre dies nicht gewährleistet. Wird die Wirkstärke mit dem Gewichtungswert multipliziert, ergibt sich die gewichtete Wirkstärke (am Beispiel 5,0 mg: 5,0*31 = 155). Die Ergebnisse dieser Berechnungen zeigt die Tabelle 5.9.

Tabelle 5.9: Berechnung des Gewichtungswertes Wirkstoff A gesamt

GKV Verordnungen	Wirkstärke	VO-Anteil	Gewichtungs-wert	Gewichtete Wirkstärke
7.082.000	2,5 mg	69,74%	70	175
3.073.000	5,0 mg	30,26%	31	155
			101	330

Quelle: Eigene Berechnungen.

Die Division aus der kumulierten gewichteten Wirkstärke (in Tabelle 5.9: 330) und dem kumulierten Gewichtungswert (in Tabelle 5.9: 101) liefert die benötigte

373 Vgl. G-BA (2009).

Vergleichsgröße VG. Für den Wirkstoff A insgesamt ergibt sich somit ein Wert der VG von (330 / 101 =) 3,26732673. Dieser Wert stellt quasi einen gewichteten Durchschnittswert der Wirkstärke von A gemessen an den GKV-Verordnungen dar. An dieser Stelle ist darauf zu verweisen, dass zunächst nach Wirkstärke getrennt eine gewichtete Wirkstärke errechnet, als Ergebnis aber eine einzige Vergleichsgröße für den Wirkstoff A ermittelt wird. Für B und C muss anschließend ebenso eine solche Vergleichsgröße errechnet werden.

Tabelle 5.10: Berechnung des Gewichtungswertes Wirkstoff B gesamt

GKV Verordnungen	Wirkstärke	VO-Anteil	Gewichtungs-wert	Gewichtete Wirkstärke
4.501.000	3,0 mg	83,49%	84	252
890.000	6,0 mg	16,51%	17	102
101	354		101	354

Quelle: Eigene Berechnungen.

Aus Tabelle 5.10 lässt sich die Vergleichsgröße für B durch die Division von 354 und 101 herleiten. Der Wirkstoff B bekommt somit die Vergleichsgröße 3,504950495.

Tabelle 5.11: Berechnung des Gewichtungswertes Wirkstoff C gesamt

GKV Verordnungen	Wirkstärke	VO-Anteil	Gewichtungs-wert	Gewichtete Wirkstärke
1.260.000	4,5 mg	86,01%	87	391,5
205.000	7,5 mg	13,99%	14	105
			101	496,5

Quelle: Eigene Berechnungen.

Für den Wirkstoff C folgt die Vergleichsgröße von 4,915841584 (Tabelle 5.11: 496,5 / 101).

Die so errechneten einzelnen Vergleichsgrößen für die Wirkstärken können nun durch eine einfache paarweise Quotientenbildung miteinander verglichen werden. Im direkten Vergleich von A und B durch Division von 3,267 durch 3,505 folgt ein Wert von 0,93. Nach dieser Systematik wird angenommen, dass 0,93 von A benötigt werden, um die Wirkung von 1,0 B zu erreichen. B wäre in dieser Berechnung wirkschwächer und erhielte einen niedrigeren Festbetrag. Eine relativ niedrige Vergleichsgröße ist dieser Systematik zu Folge mit einem relativ höheren Festbetrag verbunden. Diesen Effekt wird das fiktive Beispiel der Stufe 2 bestätigen. Dem relativ verordnungsschwachen Wirkstoff C ist eine hohe Vergleichsgröße zugeordnet, die zu einem niedrigeren Festbetrag führen wird, wie die Tabelle 5.15 zeigt.

Die ermittelten Vergleichsgrößen gehen mathematisch als Divisor der Wirkstärke in die Regressionsformel als Verordnungsgewichtete Wirkstärkenvergleichsgröße ein. Die wvg stellt in diesem Verfahren die mathematische Wirksamkeit einer Packung dar:

wvg = wi / VG (Gleichung 4)

Die wvg von CT (7,5/20) ist beispielhaft (7,5/4,91584158=) 1,526. Dieser Berechnungskomponente kommt eine sehr hohe Bedeutung zu. Der Gesetzgeber bestimmt das Verfahren der Berechnung von Vergleichsgrößen nicht, er fordert lediglich ein geeignetes Verfahren.[374] Möglich wären somit auch mittlere Tagesdosen (rmTD) oder andere Parameter alternativ zu der zurzeit angewendeten wvg. Die gegenwärtig vom SpiBu angewendete Berechnungsmethode ist nur eine Möglichkeit von diversen denkbaren Optionen, die Wirkvergleichbarkeit unterschiedlicher Wirkstoffe auf den Stufen 2 und 3 herzustellen. Die Verwendung einer anderen Vergleichsgröße ergäbe folglich eine gänzlich andere Kalkulation der Festbeträge. Der G-BA hat in der Anlage zu der aktuellen Verfahrensordnung das Verfahren der verordnungsgewichteten Vergleichsgröße als geeignet festgelegt.[375]

Die aktuelle Verfahrensordnung eröffnet die Möglichkeit, die wvg sehr differenziert zu bilden, je nach den Charakteristika der eingeschlossenen Wirkstoffe. Entscheidendes Kriterium ist dabei die Applikationsfrequenz der Wirkstoffe. Die Paragraphen eins bis vier der Entscheidungsgrundlagen differenzieren nach Applikationsfrequenz und Behandlungsdauer. Wenn möglich erfolgt eine Beschreibung der Berechnungsschritte am konkreten Beispiel.

---

[374] Vgl. § 35 Abs.1 S.5 SGB V.
[375] Vgl. Anhang 1 der Verfahrensordnung des G-BA (2008).

- § 1: VG für Wirkstoffe mit vergleichbarer Applikationsfrequenz[376]

Diese Variante benötigt keine weiteren Anpassungsschritte über das reguläre Prozedere hinaus. Beispielgruppen stellen die Statine und Sartane dar. Die Berechnungsschritte sind vorangehend beschrieben worden.

- § 2: VG für Wirkstoffe mit unterschiedlicher Applikationsfrequenz

Bei Heparinen oder Alpha-Rezeptorenblockern liegt eine unterschiedliche Applikationsfrequenz innerhalb eines Zeitraumes von 24 Stunden vor (Beispiel: 1 * X pro Tag ist äquivalent zu 2 * Y). Die Berechnung der gewichteten Einzelwirkstärke (wi*Gewichtungswert) erfolgt wie bei dem § 1. Die Summe der gewichteten Einzelwirkstärken dividiert durch die Summe der Gewichtungswerte liefert die vorläufige Vergleichsgröße (vVG). Im Anschluss muss die Applikationsfrequenz einbezogen werden, da es in der Gruppe Unterschiede in Bezug auf die tägliche Einnahmefrequenz gibt. Hierzu wird der Applikationsfaktor (APF) berechnet. Wenn man die Daten der Wirkstoffe A, B und C heranzieht, ergäbe sich folgendes Bild:

- APF = Ø APF-Wirkstoff / APF-Standard (häufigste Frequenz der Gruppe)

Die vVG beträgt jetzt 3,26 (in §1 die VG). Die zwei Applikationsfrequenzen des Wirkstoffes A seien 2 und 3 (in der Summe 5), die Standardapplikationsfrequenz in der gesamten Gruppe ist 2, da diese Einnahmefrequenz am häufigsten auftritt. Daher ist zunächst der durchschnittliche APF-Wirkstoff zu ermitteln: 5/2=2,5. Da nur zwei unterschiedliche Wirkstärken in der Gruppe von A eingeschlossen worden sind, erfolgt die Division der 2,5 durch 2. Eine Multiplikation mit der vVG liefert: 1,25*3,26 = 4,1 = VG von A. Somit folgt die wvg (2,5 mg): 2,5/4,1 = 0,61 und die wvg (5 mg) = 1,22. Diese verordnungsgewichteten Wirkstärkenvergleichsgrößen gingen dann in das weitere Verfahren einer Stufe 2 Gruppe nach § 2 ein. Neu war das Einbinden der Applikationsfrequenz, die je Wirkstoff dann mit der vVG multipliziert wird.

[376] §1 ist eine hierarchische Einteilung des SpiBu innerhalb der Entscheidungsgrundlagen, der keinen Bezug zu Gesetzen aufweist.

- § 3: VG für Wirkstoffe unterschiedlicher Applikationsfrequenzen und Behandlungszeiten

Bei der Gruppe der Makrolide, einer zyklischen Antibiotikatherapie, kommt als Vergleichsgröße die verordnungsgewichtete Gesamtwirkstärke nach § 3 zur Anwendung. Im Unterschied zu § 1 und § 2 erfolgt die Berechnung einer Gesamtwirkstärke über die Multiplikation von Packungsgröße und Wirkstärke je Tablette. Anders als bei § 1 und § 2 werden keine durchschnittlichen gewichteten Einzelwirkstärken, sondern eine Gesamtwirkstärke bestimmt. Zunächst wird der Gewichtungswert wie gehabt berechnet (abrunden +1) dann summiert [101]. Danach erfolgt eine Multiplikation der einzelnen Gewichtungswerte mit der Gesamtwirkstärke.

Tabelle 5.12: Berechnung der Gesamtwirkstärke nach §3 Entscheidungsgrundlagen

Wirkstoff „A"	wi je Tablette in mg	Packungs-größe	Gesamt-wirkstärke	Verord-nungen	Verord-nungs-anteil	Gewich-tungswert	Gewichtete Gesamt-wirkstärke
	2,5	20	50	4.932.000	48,57%	49	2.450
	2,5	50	125	2.150.000	21,17%	22	2.750
	5,0	20	100	2.272.000	26,78%	27	2.700
	5,0	50	250	801.000	7,9%	8	2.000
Summe				10.155.000	100%	106	9.900

Quelle: Eigene Berechnungen.

Nach § 3 für unterschiedliche Applikationsfrequenzen und Behandlungszeiten wird die Wirkstärke wi (mg) mit der Packungsgröße multipliziert und liefert die Gesamtwirkstärke. Wenn daraufhin der Gewichtungswert mit der Gesamtwirkstärke multipliziert wird, folgt daraus die gewichtete Gesamtwirkstärke (hier: 9.900). Final erfolgt die Division der Summe der gewichteten Gesamtwirkstärke mit der Summe der Gewichtungswerte, in diesem Beispielfall: 9.900/106=93,4. Diese Vergleichsgröße fließt in die Berechnung der wvg als Divisor ein:

- wvg = Gesamtwirkstärke der Kombination (2,5 mg*20 Tabletten / VG[93,4]) = 1,07

Für die Berechnung der wvg muss zwingend anstelle der einzelnen Wirkstärke die Gesamtwirkstärke je Packung herangezogen werden.

- § 4: VG für Wirkstoffe unterschiedlicher Applikationsfrequenzen und Behandlungszeiten sowie Therapieintervallen

Bei der Berechnung einer § 4 Vergleichsgröße der Entscheidungsgrundlagen weisen die einbezogenen Wirkstoffe unterschiedliche Applikationsfrequenzen und -intervalle, abweichende Behandlungszeiten sowie eine differierende Anzahl therapiefreier Tage vor. Bei der Gruppe der Biphosphonate wurde als Vergleichsgröße die verordnungsgewichtete durchschnittliche intervallbezogene Gesamtwirkstärke herangezogen.

Bei der Berechnung ist wie für den § 3 die Gesamtwirkstärke entscheidend, da auch hier die Größe der Packung Relevanz besitzt. Das Therapieintervall umfasst sowohl die Behandlungstage als auch die therapiefreien Tage. Zunächst erfolgt die Berechnung der gewichteten Gesamtwirkstärke. Hierzu werden die gesamtwirkstärkenbezogenen Verordnungsanteile abgerundet und dann jeweils um den Wert 1 erhöht. Anschließend erfolgt eine Multiplikation der Gesamtwirkstärke mit dem Gewichtungswert. Die gewichtete Gesamtwirkstärke stellt das Ergebnis dieser Berechnung dar. Im nächsten Schritt werden die Summen der gewichteten Gesamtwirkstärken durch die Summe der Gewichtungswerte des jeweiligen Wirkstoffes dividiert (gewichtete Gesamtwirkstärke/Summe Gewichtungswert = vVG). Dem zusätzlichen Aspekt des Therapieintervalls trägt die Berechnung des wirkstoffbezogenen Therapieintervalls Rechnung: Hierzu werden die durchschnittlichen Therapietage durch die durchschnittlichen therapiefreien Tage dividiert. Anschließend kann aus der Multiplikation der bereits vorangehend ermittelten vorläufigen Vergleichsgröße mit dem wirkstoffbezogenen Therapieintervall die finale Vergleichsgröße nach § 4 ermittelt werden:

- Berechnung der VG = vVG * ØTI/ØTF[377] (Struktur des Intervalls)

Die intervallbezogene Vergleichsgröße berücksichtigt in der Folge die Gesamtwirkstärke je Packung und die Struktur des Therapieintervalls. Die Berechnung der verordnungsgewichteten Vergleichsgröße erfolgt durch Division der jeweiligen Wirkstärke in mg durch die vVG.

[377] TI: Therapieintervall, TF: Therapiefreie Tage.

Tabelle 5.13: Berechnung der gewicheten Gesamtwirkstärke nach § 4 Entscheidungsgrundlagen

Wirkstoff	Gesamtwirkstärke	Verord-nungsanteil	Gewichtungswert	Gewichtete Gesamt-wirkstärke
A	50	48,57%	49	2.450
A	125	21,17%	22	2.750
A	100	26,78%	27	2.700
A	250	7,9%	8	2.000
Summe			**106**	**9.900**
B	60	52,77%	53	3.180
B	150	30,72%	31	4.650
B	120	12,22%	13	1.560
B	300	4,28%	5	1.500
Summe			**102**	**10.890**
C	90	86%	87	7.830
C	150	13,99%	14	2.100
Summe			**101**	**9.930**

Quelle: Eigene Berechnungen.

Für die Ermittlung der vorläufigen Vergleichsgröße aus Tabelle 5.13 muss zusätzlich noch eine Division der gewichteten Wirkstärkensumme je Wirkstoff und der Summe der Gewichtungswerte (Spalte 4 der Tabelle 5.13) erfolgen.

Tabelle 5.14: Berechnung der vVG und VG nach § 4 Entscheidungsgrundlagen

Wirkstoff	Gewichtete Gesamtwirkstärke	Summe der Gewichtungswerte	vVG	Ø TI	Ø TF	VG
A	9.900	106	93,4	18	16	105,1
B	10.890	102	106,8	14	11	135,9
C	9.930	101	98,3	10	9	109,2

Quelle: Eigene Berechnungen.

VG (A): vVG*øTI/øTF = 93,4*18/16 = 105,1. Analog werden für die anderen Wirkstoffe die Vergleichsgrößen aus der vorläufigen Vergleichsgröße und dem Therapieintervall berechnet. Diese Differenzierung der Berechnung der wvg gemäß den Entscheidungsgrundlagen findet Anwendung für Stufe 2 und 3 Gruppen.[378]

[378] Vgl. § 35 Abs. 1 Satz 2 Nr.2 und 3 SGB V.

Wenn die Vergleichsgrößen und somit für jedes Arzneimittel die wvg's ermittelt worden sind, folgt als letzter Berechnungsschritt der Stufe 2 und 3 Gruppen die Berechnung der jeweiligen Festbeträge aller Gruppenmitglieder.

5.4 Modellrechnungen der Stufe 1 und 2

Kalkulation des Festbetrages

Durch Einsetzen der jeweiligen wvg/pk-Kombination in Gleichung 1 lässt sich für jede Arznei der Preisanpassungsfaktor pr errechnen. In einem zweiten Schritt liefert die Multiplikation der pr_i mit dem Festbetrag (FB) der Standardpackung den Festbetrag der jeweiligen Arznei:

$$pr_i * FB_{SP} = FB_i \text{ (Gleichung 5)}$$

Als Festbetrag der Standardpackung wurde 20,35 Euro gewählt. Bei dieser Beispielgruppe bildete eine zweite, endgültige Regression den Endpunkt der Berechnung der Regressionsparameter für alle 23 Spaltenwerte und lieferte die finalen Parameter a, b und c:[379]

a) 0,055292365
b) 1,155379
c) 1,069653

Der Festbetrag für CT (7,5/20) berechnet sich in zwei Schritten. Zunächst muss der Preisanpassungsfaktor pr CT(7,5/20) durch Einsetzen der wvg/pk-Kombination in Gleichung 3 ermittelt werden. Aus der Berechnung der wvg für CT (7,5/20) folgt $1{,}526^{1{,}155379} * 20^{1{,}069653} * 0{,}055292365 = 2{,}220193658$.

Zur Ermittlung des Festbetrages von CT (7,5/20) wird dieser Anpassungsfaktor mit dem Preis der Standardpackung multipliziert. Die Multiplikation von 2,220193658 mit 20,35 ergibt einen Festbetrag auf AEP-Basis von 45,18 Euro. Dies ist ein um 10,44 Euro niedrigerer Wert als der Preis für CT (7,5/20) vor der Gruppenbildung (siehe Tabelle 5.15).

379 Vgl. G-BA (2009).

Für AZ (2,5/50) berechnet sich der Anpassungsfaktor analog: wvg: 2,5/3,2673 = 0,765. $0{,}765^{1{,}155379} * 50^{1{,}069653} * 0{,}055292365$ = 2,664148284. 2,664148284*20,35 Euro = 54,22 Euro. AZ (2,5/50) war vor der Gruppenbildung für 55,78 Euro am Markt erhältlich und lag damit leicht über dem neuen Festbetrag in Höhe von 54,22 Euro.

Alle anderen Festbeträge der weiteren Wirkstärken-/Packungsgrößenkombinationen werden über die Multiplikationen der Anpassungsfaktoren pr_i mit dem Festbetrag von 20,35 Euro auf Ebene der Apothekeneinkaufspreise errechnet. In Tabelle 5.15 sind die Festbeträge der Gruppe zusammengefasst dargestellt. Fett markierte Festbeträge liegen dabei nach der Festbetragsbildung über dem AEP vor der Gruppenzusammenführung. Kursive Festbeträge liegen nach der Gruppenbildung unter den Ausgangswerten. Zusätzlich dargestellt ist die Preisdifferenz von berechnetem Festbetrag und vorherigem AEP jedes Arzneimittels in der letzten Spalte der Tabelle.

Das intendierte Ziel von Festbeträgen, eine Absenkung des Preisniveaus herbeizuführen, wurde in dieser Beispielgruppe erreicht. Der Wirkstoff A mit der vergleichsweise günstigen Vergleichsgröße (3,26732673) hat die größte Zahl an Medikamenten für eine potenzielle Preissteigerung. Bei dem wirkstarken, aber verordnungsschwachen Wirkstoff C entstehen pro Arzneimittel hohe Differenzen zwischen anfänglichem AEP und Festbetrag. Beide Wirkungen entfalten sich nur bei entsprechendem Preissetzungsverhalten der Hersteller. Eine Anpassung auf den Festbetrag ist die Voraussetzung für entsprechende Zugewinne bzw. Verluste.

Tabelle 5.15: Festbeträge der fiktiven Beispielgruppe der Stufe 2

Wirk-stoff	Arzneimittel/ Hersteller	Wirk-stärke (wi)	Packungs-größe (pk)	GKV-Verordnungen	AEP (alt)	Festbe-trag in €	Differenz in €
A	AX	2,5	20	978.000	19,78	**20,35**	+0,57
	AX	5,0	20	576.000	41,31	**45,32**	+4,01
	AY	2,5	20	2.189.000	21,54	*20,35*	-1,19
	AY	2,5	50	1.318.000	58,92	*54,22*	-4,70
	AY	5,0	20	734.000	49,14	*45,32*	-3,82
	AY	5,0	50	412.000	133,46	*120,76*	-12,70
	AZ	2,5	20	1.765.000	20,65	*20,35*	-0,30
	AZ	2,5	50	832.000	55,78	*54,22*	-1,56
	AZ	5,0	20	962.000	43,56	**45,32**	+1,76
	AZ	5,0	50	389.000	120,98	*120,76*	-0,22
				Summe: 10.155.000			
B	BU	3,0	20	754.000	28,45	*23,17*	-5,28
	BU	3,0	50	679.000	68,59	*61,73*	-6,86
	BU	6,0	20	272.000	57,32	*51,60*	-5,72
	BV	3,0	20	1.134.000	23,16	**23,17**	+0,01
	BV	3,0	50	556.000	65,98	*61,73*	-4,25
	BV	6,0	20	387.000	54,23	*51,60*	-2,63
	BV	6,0	50	231.000	135,76	**137,51**	+1,75
	BW	3,0	20	957.000	25,78	*23,17*	-2,61
	BW	3,0	50	421.000	66,48	*61,73*	-4,75
				Summe: 5.391.000			
C	CS	4,5	20	679.000	29,23	*25,02*	-4,21
	CS	7,5	20	82.000	60,51	*45,18*	-15,33
	CT	4,5	20	581.000	30,45	*25,02*	-5,43
	CT	7,5	20	123.000	55,62	*45,18*	-10,44
				Summe: 1.465.000			

Quelle: Eigene Darstellung.

Nach Berechnung der Festbeträge aller Arzneimittel einer Gruppe ist das rechnerische Verfahren abgeschlossen. Die gewählte Vergleichsgrößenberechnung, die Parameterergebnisse der Kleinst-Quadrat-Schätzung und die Angaben zur Standardpackung werden vom SpiBu veröffentlicht.[380] Die Gewinner und Verlierer entwickeln sich analog zu ihrer vorab ermittelten Vergleichsgröße.[381] Für das intendierte Ziel, eine auf die gesamte Gruppe bezogene Preissenkung zu erreichen, leisten einige Wirkstoffe einen größeren, andere einen kleineren Beitrag. Folgt aus der Wirkäquivalenz-Berechnung eine niedrige Vergleichsgröße respektive hohe wvg, scheint der Festbetrag entsprechend höher zu liegen, wie die Ergebnisse der Berechnung von

380 Vgl. G-BA (2009).
381 Vgl. Pro Generika (2010).

Wirkstoff A zeigen.[382] Die wvg ist dabei beeinflusst von der Verordnungszahl, also der Marktmacht der jeweiligen Arznei innerhalb der Gruppe. Dennoch gibt es durchaus auch Arzneimittel anderer Wirkstoffe (z.B. BV (6,0/50)), die nach der Gruppenbildung ihre Preise nicht absenken müssen, sondern theoretisch sogar erhöhen könnten, ohne den Festbetrag zu übersteigen, sofern dies seitens der Vertriebskalkulation sinnvoll erscheint.

Nicht immer einheitlich erscheint zudem die Gruppenzusammenstellung, da z.T. auch sehr heterogene Wirkstoffe in einer Gruppe gebündelt werden. Dies gilt im Besonderen auf Stufe 3. Eine Substanz kann nur substituierbar sein, sofern eine Vergleichbarkeit vorliegt. Rechnerisch wird diese Vergleichbarkeit derzeit durch „verordnungsgewichtete Vergleichsgrößen" bewirkt. Im Gegensatz zu der vor 2004 angewandten Wirkäquivalenz auf Basis der DDDs führen bei der wvg-Methode Nachfrageschwankungen direkt zu Änderungen des Wirkverhältnisses. Ob dies als eine Objektivierung der beanstandeten Wirkäquivalenz angesehen werden darf, bleibt strittig.[383]

Das Verfahren der Vergleichsgrößenberechnung ist, wie vorangehend dargestellt, in Bezug auf die Berücksichtigung unterschiedlicher Applikationsfrequenzen oder Zeiträume, in denen die Therapie ausgesetzt wird, weiter verfeinert worden. Diese Applikationsfrequenzen sowie unterschiedliche Behandlungszeiten in Form von therapiefreien Tagen und Therapietagen werden bei der Errechnung der zu ermittelnden Vergleichsgröße berücksichtigt. Dabei ist der Einfluss der hier vorgestellten Berechnungsmethode der Festbeträge und der darin enthaltenen Variablen im Vergleich zu anderen Methoden, die alternativ ebenfalls denkbar wären, von großer Relevanz für die Versorgungsqualität aus Sicht der Patienten und Krankenkassen. In Kapitel 6 werden daher anhand einer Stufe 2 Gruppe Alternativen zur Herstellung von Wirkvergleichbarkeit modelliert.

5.5 Weitere Beispiele für Effekte der Festbetragsregelung

Die Festbetragsregelung stellt eine Indemnität, mit der Intention durch induzierte Preissenkungen die Zuzahlungen für die Patienten möglichst gering zu halten, dar.

[382] Vgl. Stark, A. (2005), S. 13.
[383] Vgl. Pro Generika (2010).

Dies hat in der Vergangenheit in Bezug auf die regelhafte Absenkung der Herstellerpreise funktioniert. Aktuell ist allerdings, wie die Abbildung 5.2 verdeutlicht, ein Trend zu einer höheren Anzahl aufzahlungspflichtiger Packungen festzustellen.

Abbildung 5.2: Arzneimittel-Festbeträge: Aufzahlungspflichtige Packungen

Datum	Packungen
01.01.2006	1.780
01.04.2006	2.605
01.07.2006	3.307
01.01.2007	2.667
01.07.2007	2.549
01.01.2008	2.543
01.07.2008	2.779
01.01.2009	2.718

2.718	8,0 % der Packungen 5,8 % der Verordnung	
1.319	apothekenpflichtig	
247	Importe	
1.085	Arzneimittel mit patentfreien Wirkstoffen	
67	Arzneimittel mit patentgeschützten Wirkstoffen	
30	Arzneimittel mit Gesamtbelastung bis 10€	
37	Arzneimittel mit Gesamtbelastung über 10€	
	19 Warenzeichen 8 Hersteller 8 Festbetragsgruppen	
	• ACE-Hemmer	6 PZN
	• Beta-Rezeptorenblocker	3 PZN
	• Calcium-Antagonisten	10 PZN
	• Glucocorticoide, inhalativ, oral	3 PZN
	• Heparine, niedermolekular	1 PZN
	• HMG-CoA-Reduktasehemmer	12 PZN
	• Komb. ACE-Hem. + Ca-Blocker	1 PZN
	• Komb. AT-II-Antag. + HCT	1 PZN

Quelle: Vgl. Spitzenverband Bund (2009).

Bereits in der Analyse des deutschen Marktes aus dem Jahr 1996 von Zweifel und Crivelli ließen sich unterschiedliche Reaktionen beobachten. Als ein Beispiel für ein niedriges Bertrandgleichgewicht konnte das Medikament Trental® ermittelt werden, welches in starker Konkurrenz zum generischen Rentylin® den Preis auf Festbetragsniveau absenken musste. Ein Beispiel für ein hochpreisiges Bertrandgleichgewicht stellt Adalat® dar, bei dem der Hersteller den Preis nicht auf den Festbetrag abgesenkt hat, sondern eine Aufzahlung beließ. Mit dem Andauern des Festbetrages fiel allerdings der Marktanteil zusehends. Im Fall von Lexotanil® wurde ebenso der Preis zunächst über Festbetrag belassen, es folgte allerdings analog zu Adalat® eine starke Senkung des Marktanteils. Die generischen Konkurrenten von Lexotanil® haben ihre Preise sogar unter

Festbetrag belassen, was der These der stets erfolgenden Anpassung von unten widerspricht.[384]

Ein aktuelles Beispiel stellt die Aufzahlungsnotwendigkeit für Schizophrenie-Patienten für den Wirkstoff Paliperidon dar. Der G-BA hat am 26.08.2009 die Gruppe *„Antipsychotika, andere"* als eine Stufe 2 Gruppe gebildet. In dieser Gruppe wurden die atypischen Neuroleptika Paliperidon und Risperidon zusammengefasst. Der Hersteller des Präparates Invega® Janssen-Cilag war nicht bereit den Preis um die benötigten 85 Prozent zu senken, so dass zum in Kraft treten der Gruppe am 01.11.2009 eine Aufzahlung notwendig geworden ist.[385] Als Standardpackung fiel die Wahl auf Risperidon, welches eine niedrigere wvg (1,4) im Vergleich zu Paliperidon (5,5) aufweist.

Rückschlüsse auf Erfolgspotenziale in der Therapie erlauben Verbesserungen von Risikoparametern. Lipidwerte im Blut könnten eine solche Surrogatvariable darstellen. Eine aktuelle Studie stellt hierbei beispielhaft den Zusammenhang zwischen der Substitution verschiedener Statine mit jeweils unterschiedlicher lipidsenkender Wirkung pro Wirkstoffmenge her, die in der Folge zu einer differierenden Senkung patienten-relevanter Ereignisse führt.[386] Dosisvergleiche der unterschiedlichen Statine fanden über die jeweiligen Daily Defined Dosis statt. Bei 71,2 Prozent der umgestellten Patienten wurde in dieser retrospektiven Studie von den behandelnden Ärzten keine Wirkstärkenbereinigung durchgeführt. Die weitere Therapie verlief somit mit einem günstigen Festbetragspräparat ohne eine auf Basis der DDD sinnvolle Dosiserhöhung. In der Folge verschlechterte sich bei 60 Prozent der Patienten der LDL-Cholesterinwert. Ein dauerhaft erhöhter Cholesterinwert wird dabei mit einem erhöhten Risiko von kardiovaskulären Ereignissen in Verbindung gebracht. Die Festbetragssetzung hat mittelbar aufgrund suboptimaler Arztreaktionen zu Therapiebeeinträchtigungen geführt. Andere Studien mit gesundheitsökonomischer Ausrichtung untersuchen die Raten und Wirkungen von Substitutionen aufgrund von Erstattungs-regelungsänderungen. Eine weitere Studie beschäftigt sich mit den Resultaten aufgrund von Umstellungen in der Gruppe der Statine seit Festbetragsbildung. Je

384 Vgl. Zweifel, P., Crivelli, L. (1996), S. 268.
385 Vgl. N.N. (2009a).
386 Vgl. Bestehorn, K., Greiner, W. (2007), S.218.

öfter Patienten umgestellt werden, umso höher ist die Gefahr der Non-Compliance und es konnte zudem eine höhere Hospitalisierungsrate festgestellt werden.[387]

6 Empirische Untersuchung

6.1 Forschungsansatz und Methodik

Nachdem im vorangegangenen Kapitel die Darstellung der Berechnungssystematik der Festbeträge in Deutschland anhand fiktiver Beispielgruppen vorgenommen wurde, wird nachfolgend über vier tatsächliche Festbetragsgruppen der Zielerreichungsgrad ermittelt und die Problemfelder identifiziert. Den Untersuchungsgegenstand stellen unterschiedlich große Festbetragsgruppen der Stufe 1 und eine das Versorgungsgeschehen bedeutend beeinflussende Festbetragsgruppe der Stufe 2 dar. Zur Auswertung der Gruppen und für die Durchführung des Regressionsverfahrens wurde neben Micorsoft Excel eine spezielle Software in Form des IMS Analysers® genutzt, die der Berechnung von Festbeträgen dient. Zu den Preis- und Verordnungsdaten von IMS wurden die historischen und aktuellen Festbetragssetzungsveröffentlichungen des BKK-BV bis 2008 und ab 2009 des Spitzenverbandes Bund herangezogen. Durch die Zusammenführung dieser drei Datenquellen lassen sich sämtliche Berechnungsschritte der Festbetragsberechnung nachvollziehen und Projektionen vornehmen. Dies ist insbesondere für die Analyse von Wirkvergleichbarkeitsalternativen relevant, deren Berechnung einen Schwerpunkt der Analyse darstellt. Unterschiedliche Vergleichsgrößen lassen sich ohne weiteres über den IMS Analyser® in die Berechnungssystematik integrieren. Somit ist eine konsistente Berechnung mit der alleinigen Variation der Vergleichsgröße bei ansonsten gleichen Inputparametern gewährleistet. Im Folgenden wird zunächst die Preisentwicklung in den jeweiligen Festbetragsgruppen skizziert, um daraufhin Schlüsse in Bezug auf das Regulierungshandeln und die Reaktionsmöglichkeiten der beteiligten Stakeholder zu ziehen. Drei Stufe 1 Gruppen und eine Stufe 2 Gruppe wurden genutzt, um eine empirische Analyse des Verfahrens anhand realer Gruppendaten retrospektiv durchzuführen. Es liegen dabei jeweils der Apothekenverkaufspreis (AVP), der Apothekeneinkaufspreis und der Festbetrag aller Gruppenmitglieder in dem

[387] Vgl. Stargardt, T. (2009a).

Zeitraum der Gruppenbildung bzw. Aufnahme des einzelnen Wirkstoffes bis zum Zeitpunkt 01.01.2007 vor. Werte in Deutscher Mark aus der Zeit vor 2002 werden anhand des amtlich fixierten Kurses von 1,95583 in Euro umgerechnet. Die drei generischen Gruppen sind sehr unterschiedlich in Bezug auf die Anzahl der eingeschlossenen Wirkstoffe, dem Umsatzanteil und der absoluten Höhe der Apothekenverkaufspreise. Die Gruppen der Stufe 1 dienen primär der Analyse der Preiseffekte, wohingegen bei der Stufe 2 Gruppe die Herstellung der Wirkvergleichbarkeit unterschiedlicher Wirkstoffe im Vordergrund steht.

6.2 Festbetragsentwicklungen von drei Generikagruppen

Folinsäure

Bei Folinsäure, oder N5-Formyltetrahydrofolsäure, handelt es sich um ein natürliches oder synthetisches Derivat der Folsäure. Es ist ein Wachstumsfaktor für Mikroorganismen und beteiligt sich an der Übertragung von Einkohlenstoffresten. Es lässt sich als Antidot bei Überdosierung von Folsäureantagonisten sowie als Antianämikum anstelle von Folsäure einsetzen.[388] Vor dem 01.07.2005 war es den Gruppen der verschreibungsfreien Substanzen zugeordnet, seit dem 01.07.2005 ist es als so genannte zweite Gruppe verschreibungspflichtig.

Die Festbetragsgruppe Folinsäure umfasst zum Ende des Berichtszeitraumes 159 Wirkstoffe (01.01.2007). Die Berechnung erster Festbeträge fand am 01.04.1998 statt. Zu diesem Zeitpunkt wurden 38 Wirkstoffe zur Gruppenbildung herangezogen. Zum letztverfügbaren Abfragezeitraum, zum 01.06.2008, erfolgte eine Setzung der Standardpackung auf die Wirkstärke 1000 und Packungsgröße 1 mit der dazugehörigen Regressionsgleichung $p = 0{,}001946431 * wi^{0{,}903587} * pk^{0{,}986021}$. Die Standardpackung zum Beschlusszeitpunkt 01.07.2005 hatte noch die Kombination Packungsgröße 1 und Wirkstärke 200 mit dem Festbetrag der Standardpackung in Höhe von 103,39 Euro (Regressionsgleichung: $p = 0{,}008810457 * wi^{0{,}893079} * pk^{0{,}981667}$). Hohe Verordnungszahlen weisen im Besonderen die Ribofoline, die Leucovorine, die Calciumgluconamide und die Calciumfolinate auf. In der Beschlussfassung zum 01.04.2004 hatte dieselbe

[388] Vgl. Reiche, D. (2003), S. 638.

Kombination noch einen Festbetrag in Höhe von 172,71 Euro mit der dazugehörigen Regressionsgleichung $p = 0{,}010432036 * w^{0{,}861193} * pk^{0{,}913078}$. Davor galt der Festbetrag in Höhe von 188,84 Euro. Einen Überblick über die in der Gruppe vorhandenen Wirkstärken-/Packungsgrößenkombinationen gibt die Tabelle 6.1.

Tabelle 6.1: Festbeträge der Kombinationen 01.01.2007 der Gruppe Folinsäure

Wirkstärke	Packungsgröße	Festbetrag	Wirkstärke	Packungsgröße	Festbetrag
3	10	36,46	300	1	184,77
10	1	17,86	300	5	862,33
15	1	21,48	300	10	1695,65
15	5	67,31	350	1	210,80
30	1	31,73	350	5	989,12
30	5	117,19	400	1	236,45
30	10	222,30	400	5	1114,07
50	1	44,63	500	1	286,87
50	5	179,90	500	5	1359,47
50	10	346,28	600	1	336,25
100	1	74,87	600	5	1599,92
100	5	327,17	800	1	432,67
100	10	637,47	800	5	2069,40
150	1	103,54	900	1	479,94
150	5	466,85	900	5	2299,52
200	1	131,27	1000	1	526,67
200	5	601,82	1000	5	2527,06
200	10	1180,54			

Quelle: Vgl. BKK-BV (2007).

In der Gruppe Folinsäure zeigen alle Wirkstoffe analog zur intendierten Absicht einen abnehmenden Kurvenverlauf in Bezug auf die Höhe des Festbetrages mit einem kleinen Anstieg zwischen 1998 und 2002 (vgl. Abb. 6.1). Die Festbeträge sind darauffolgend im Zeitverlauf mit jeder Anpassung gesunken. Am Anfang des Jahres 2007 variieren die Preissenkungen für die Mehrzahl der Wirkstärken-/Packungsgrößenkombinationen von ca. 22 Prozent bis 33 Prozent auf den ersten Festbetrag im April 1998. Es gibt zwei Ausreißer in der Gruppe (PZN 3247965 und 2094666), deren Festbetrag im Zeitverlauf zunahm. Erstere PZN vereinte im Jahr

2004 einen hohen Umsatz auf sich und war mit 2.044 Einheiten am häufigsten von der Gesamtgruppe verordnet. Bis zum Jahr 2007 sank diese Zahl auf 530 verkaufte Einheiten. Letztere PZN ist sowohl vom Volumen als auch der Verordnungszahl eher unbedeutend, sie sank von 106 auf 49 Einheiten im selbigen Zeitraum. Beide Wirkstoffe sind die geringst dosierten Wirkstoffe mit nur 10 bzw. 15 mg. Abgesehen von diesen beiden Gruppenteilnehmern sind in der Gruppe die Festbetragshöhen konstant gesunken. Das Instrument Festbetrag, in seiner intendierten Wirkung, langfristig Wirtschaftlichkeitsreserven zu eröffnen, erscheint erfolgreich angewandt worden zu sein. Dabei sind durchaus nicht alle Wirkstoffe genau auf den Festbetrag eingepreist. Von den 159 Wirkstoffen sind am 01.01.2007 95 zum Festbetrag verfügbar, 48 lagen im AVP unter dem Festbetrag und nur 16 über dem Festbetrag. Dabei gibt es immer wieder einzelne Wirkstoffe unterschiedlicher Hersteller, die anders eingestuft sind als das restliche Sortiment. Eine besondere Wirkstärken-/Packungsgrößenkombination, deren AVP stets hoch bzw. niedrig gesetzt wurde, fällt nicht auf. Die Möglichkeit der Zuzahlungsbefreiung nach AVWG existiert für diese Gruppe erst seit dem Ende des Berichtszeitraumes. Zum 01.01.2007 wurden Grenzwerte für die Zuzahlungsbefreiung festgelegt. Anhand ausgewählter eingeschlossener Kombinationen lässt sich der Festbetragsverlauf der Gruppe veranschaulichen:

Abbildung 6.1: Festbetrags-Verläufe ausgewählter Gruppenmitglieder der Gruppe „Folinsäure“

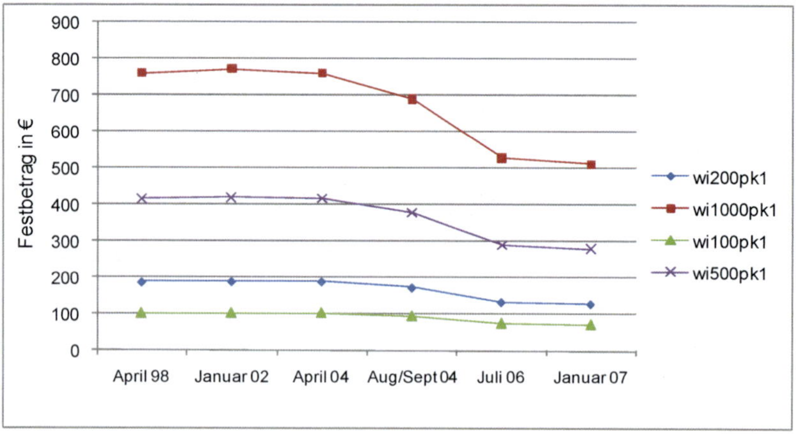

Quelle: Eigene Darstellung.

In der Abbildung 6.1 werden die vier am häufigsten in der Gruppe vorkommenden Wirkstärken-/Packungsgrößenkombinationen abgetragen. Die Abszisse zeigt die jeweiligen Anpassungszeitpunkte, die Ordinate die Höhe des Festbetrages in Euro. Starke preisreduzierende Effekte konnten erst ab 2004 realisiert werden. Die Kombination (wi:100/pk:1) hat dabei 29 Prozent abgegeben, die Gruppenteilnehmer (wi:1000/pk:1) wie auch (wi:500/pk:1) 33 Prozent. Durch die sehr differierenden Wirkstärken (10-1000), die am Markt erhältlich sind, gibt es eine große Bandbreite von Packungspreisen. Die günstigste Packung wurde am 01.01.2007 zum AVP in Höhe von 17,41 Euro angeboten, die teuerste war zum Festbetrag in Höhe von 2.463,35 Euro erhältlich.[389] Die Gruppe Folinsäure ist ein Musterbeispiel der durch Festbeträge gewünschten Effekte. Das Preisniveau wurde von 2004 bis 2007 massiv um bis zu 33 Prozent abgesenkt. Alle eingeschlossenen Wirkstoffe folgen demselben Verlaufsschema.

Lorazepam

Lorazepam gehört zur Gruppe der Benzidiazepine mit mittellanger Halbwertzeit. Es wird als Tranquilizer sowie zur Prämedikation in der Anästhesiologie zur Sedierung bei Muskelspasmen, Myalgien und Epilepsie eingesetzt. Benzodiazepine haben eine sedative, angst- und spannungslösende aber auch muskelrelaxierende und antikonvulsive Wirkung. Der Wirkstoff hat ein hohes Abhängigkeitspotenzial.[390]

In der Gruppe Lorazepam wurden am 01.04.1998 zunächst 54 Arzneimittel zusammengefasst. Lorazepam DURA kam mit vier Darreichungsformen erst am 01.04.2006 hinzu. Die Festbetragshöhen stiegen dabei gruppenübergreifend zunächst von April 1998 bis April 2004 leicht an (von 0,9 bis 3 Prozent). Danach sprang der Festbetrag bei der Mehrzahl der eingeschlossenen Wirkstoffe stark an. Der Zugewinn betrug dabei zwischen 15 Prozent und 400 Prozent, jeweils bezogen auf den Wert vom 01.01.2004. Dies ist zum einen im Fall der 400 Prozent eine extreme Steigerung, zum anderen als ein Effekt, der die Gruppe so unterschiedlich trifft, bedeutsam. Im Folgenden sank der Festbetrag mit den weiteren Anpassungen im April 2006, Juni 2006 und Januar 2007 gruppenübergreifend leicht ab. Von den 58 Wirkstoffen der Gruppe am 01.01.2007

389 100fach stärkere Dosierung.
390 Vgl. Lemmer, B., Brune, K. (Hrsg.) (2005), S. 105f.

waren 22 zum Festbetrag eingestuft, der AVP von 30 Wirkstoffen lag unter und von nur sechs Wirkstoffen über dem Festbetrag. Die Abweichungen sind dabei sehr klein. Die tatsächlichen Werte unterscheiden sich in beiden Richtungen meist nur um wenige Cent (Differenz < 1 €). Die Gruppenmitglieder sind somit im direkten Umfeld der Preisschwelle Festbetragshöhe mit ihrem AVP angesiedelt worden. Umsatzzahlen und -volumen im Zeitraum von 1999 bis 2004 gewann vor allem Lorazepam Ratio in vier verschiedenen Wirkstärken-/Packungsgrößenkombinationen. Besonders hohe Umsatzeinbußen hat dabei der Handelsname Somagerol hinnehmen müssen. Die Abbildung 6.2 zeigt den ungewöhnlichen Verlauf der Festbeträge von 1998 bis 2007. Die Gruppe Lorazepam bestand von Beginn an bis Ende mit Ausnahme der vier Zugänge aus derselben Anzahl von Mitgliedern. Im Gegensatz dazu kamen in der Gruppe Folinsäure (siehe voriger Abschnitt) im Laufe der Neufestsetzungen 113 Wirkstoffe hinzu. Nach letztmaliger Anpassung zum 01.06.2008 wurde die Wirkstärken-/ Packungsgrößenkombination Packungsgröße 50, Wirkstärke 1mg mit dem Festbetrag in Höhe von 4,26 Euro Standardpackung mit der Regressionsgleichung $p = 0{,}047018658 * wi^{0{,}607734} * pk^{0{,}781491}$. In der Festsetzung zum 01.04.2004 war der Festbetrag dieser Kombination noch 9,56 Euro. Die Regressionsgleichung lautete $p = 0{,}043865391 * wi^{0{,}588668} * pk^{0{,}799236}$. Zum 01.04.2006 folgte bei Beibehaltung der Standardpackung eine neue Regressionsgleichung $p = 0{,}045281525 * wi^{0{,}590869} * pk^{0{,}791114}$ mit der Festbetragshöhe 4,96 Euro. Noch im selben Jahr, zum 01.07.2006, erfolgte eine Anpassung des Festbetrages auf 4,41 Euro, unter Beibehaltung von der Packungsgröße 50 und Wirkstärken 1mg-Kombination und der Regressionsgleichung vom 01.04.2006. Die Tabelle 6.2 gibt die jeweiligen Festbeträge der Wirkstärken-/Packungsgrößenkombinationen der Gruppe zum Festsetzungszeitpunkt 01.04.2007 wider.

Tabelle 6.2: Festbeträge der Kombinationen 01.01.2007 der Gruppe Lorazepam

Wirkstärke	Packungsgröße	Festbetrag	Wirkstärke	Packungsgröße	Festbetrag
0,5	20	11,39	2	20	13,59
0,5	50	13,23	2	50	17,78
1	10	11,15	2,5	10	12,23
1	20	12,26	2,5	20	14,14
1	50	15,04	2,5	50	18,94

Quelle: Vgl. BKK-BV (2007).

Abbildung 6.2: Festbetragsverläufe ausgewählter Gruppenmitgliedern der Gruppe Lorazepam

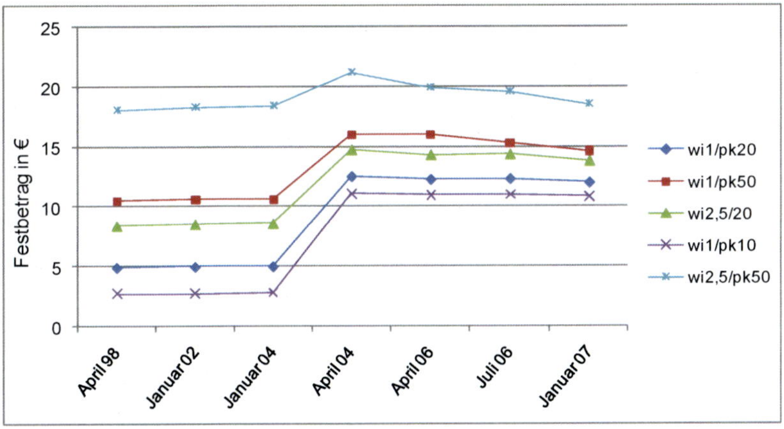

Quelle: Eigene Darstellung.

Die Abbildung 6.2 zeigt die gruppenübergreifend gleiche ungewöhnliche Entwicklung eines Festbetragssprunges und vorangehenden Anstieges für ausgewählte Kombinationen. Erst ab April 2004 konnten Preisabwärtsentwicklungen realisiert werden. Aufgrund der zwischenzeitlichen Erhöhungen liegen alle Festbeträge dennoch über dem Ausgangsniveau. Bei der Kombination wi 2,5/pk 50 ist annähernd wieder das Ausgangsniveau erreicht. Wie der Abbildung 6.2 entnommen werden kann, sind die Festbetragssteigerungen bei den anderen Kombinationen sehr massiv. Insgesamt ist in dieser Gruppe das Ziel, ein niedrigeres Preisniveau zu realisieren, verfehlt worden, obwohl die Anpassungssystematik durchaus die gewünschten Absenkungspotenziale erschließen konnte. Die starken Sprünge könnten auf einer Neuwahl der Standardpackung im Regressionsverfahren beruhen. Für das Ziel der Senkung der Arzneimittelkosten wäre dies dann folglich nicht zuträglich gewesen. Eventuell konnte eine bessere Abbildung des Marktgeschehens erreicht werden. Tatsächlich ist die Entwicklung nicht auf originär festbetragsinduzierte Zusammenhänge zurückzuführen, sondern hat seine Gründe in einer Umstellung der Arzneimittelpreisverordnung (AMPreisV) auf einen Festzuschlag von 8,10 Euro zuzüglich drei Prozent im Jahr 2004, die insbesondere die niedrigpreisigen Packungsgrößen überproportional verteuert hat. Diese Umstellung erhöhte den Preis preisgünstiger Generika stark und verringerte so Patientenanreize zu wirtschaftlicher Arzneimitteltherapie.[391] Die Erklärung für dieses Phänomen liegt in einem Effekt der Interaktion von Regulierungsmassnahmen.

MTX

Der Wirkstoff Amethopterin ist ein zu den Antimetaboliten gehörendes Zytostatikum. Als ein Folsäure-Antagonist hemmt es die Aktivität von Folsäurereductase und somit indirekt die Bildung von Tetrahydrofolsäure. Es wird bei chronischer Polyarthritis und schwerster therapieresistenter Psoriasis eingesetzt. Als unerwünschte Arzneimittelwirkungen (UAW) sind Knochenmarktoxizität, Diarrhö, Stomatismus, Neurotoxizität und Nierentoxizität bekannt.[392]

Die MTX-Gruppe umfasst zum 01.01.2007 32 Handelsformen nach 21 zum Festsetzungszeitpunkt 01.04.2004. Stets war die Standardpackung die Kombination mit der Wirkstärke 10 und der Packungsgröße 30. Der Festbetrag zum Zeitpunkt 01.04.2004 betrug auf AEP-Basis 72,29 Euro (Regressionsgleichung $p = 0{,}004800758 * wi^{0{,}988089} * pk^{0{,}900807}$). Unter Beibehaltung der Standardpackung ergab sich zur Anpassung zum 01.04.2006 eine neue Regressionsgleichung $p = 0{,}003006179 * wi^{1{,}064808} * pk^{0{,}986498}$ mit dem neuen Festbetrag 44,19 Euro. Diese blieb zum 01.07.2006 unverändert, der Festbetrag wurde allerdings auf 37,23 Euro abgesenkt. Zum Festsetzungszeitpunkt 01.01.2007 erfolgte mit der Regressionsgleichung $p = 0{,}002649898 * wi^{1{,}048742} * pk^{1{,}034464}$ eine erneute Absenkung auf 26,06 Euro auf AEP-Basis. Eine Kombination (wi: 2,5 und 30 Tabletten in der Anzahl), die in 2007 zahlenmäßig gleichauf in der Gruppe vertreten ist, aber deutlich weniger Verordnungen auf sich vereint, ist somit gemäß den Aufgreifkritieren nicht Standardpackung geworden.

391 Vgl. Schwabe, U. (2006), S. 76.
392 Vgl. Lemmer, B., Brune, K. (Hrsg.) (2005), S. 163f.

Tabelle 6.3: Festbeträge der Kombinationen 01.01.2007 der Gruppe Methotrexat

Wirkstärke	Packungsgröße	Festbetrag	Wirkstärke	Packungsgröße	Festbetrag
2,5	10	13,17	7,5	30	43,23
2,5	30	20,08	7,5	50	65,24
2,5	50	26,91	10	10	73,34
2,5	100	43,84	10	10	25,09
5	10	17,02	10	30	55,28
5	30	31,45	10	50	85,17
7,5	10	21,00	10	100	159,31

Quelle: Vgl. BKK-BV (2007).

Abbildung 6.3: Festbetragsverläufe ausgewählter Gruppenmitglieder der Festbetragsgruppe MTX

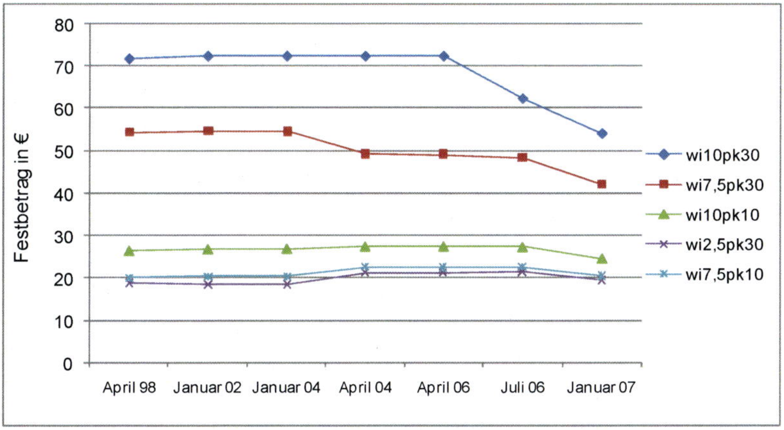

Quelle: Eigene Darstellung.

Auf der Ordinate sind die Festbetragshöhen in Euro abgetragen, auf der Abszisse der Zeitverlauf. Wie die Abbildung 6.3 zeigt, konnte ein preisreduzierender Effekt für die Standardpackungskombination erst mit der Neufestsetzung im April 2006 induziert werden. Die Kombination (wi: 7,5/pk: 30) folgt im Verlauf der Standardpackung, hat allerdings zum April 2004 bereits eine kleine Reduktion zu verzeichnen. Selbst bei Herausnahme (nicht in der Tabelle abgetragen) der beiden Wirkstoffe (wi: 2,5/pk: 10) mit starkem zwischenzeitlichen Anstieg, zeigen die anderen Kombinationen einen eher ansteigenden Verlauf und erst zur letzten Feststellung im Januar 2007 eine erste Abnahme. Da die Hersteller über einen längeren Zeitraum keine Preisreduzierungen hinnehmen mußten, haben sie keine höheren AVPs belassen, sondern auch zu den Zwischenzeitpunkten genau zu Festbetrag eingepreist. In dieser Gruppe konnte übergreifend erst ab April 2006 eine Tendenz zu sinkenden Preisen realisiert werden. Alle fünf Darreichungsformen von Lantarel, Metex und neun Kombinationen von Hexal fanden sich bei Abruf am 19.02.2009 auf der Liste der zuzahlungsbefreiten Wirkstoffe des BKK-BV. Deren Festbetrag muss mindestens 30 Prozent unterhalb des festgesetzten Festbetrags liegen, um diesen Status zu erreichen, wie vorangehend skizziert. Lediglich die Hersteller Medac und Lederle nutzten dieses Instrument auch zu dem Zeitpunkt nicht. Bei drei (PZN 1274099, 4907932, 3854174) von den insgesamt vier in diese Gruppe eingeschlossenen Arzneimitteln der beiden Hersteller fand bereits von 1999 bis 2004 eine Umsatzerosion statt. Da sich in der Liste der zuzahlungsbefreiten Wirkstoffe neun Präparate des Herstellers Hexal fanden und in der Gruppenaufstellung zum 01.01.2007 nur fünf enthalten sind, scheinen die Kombinationen 5mg/10St. (PZN: 4946599), 5mg/30St. (4946607), 15mg/10St. (4946642) und 15mg/30St. (4946659) erst nachträglich gelauncht und sofort preislich unter Festbetrag in die Gruppe aufgenommen worden zu sein. Diese Effekte werden nachfolgend noch eingehend untersucht.

6.3 Analyse einer therapeutischen Festbetragsgruppe

6.3.1 Preisliche Entwicklung und Gruppencharakteristika

ACE-Hemmer sind Antihypertonika zur Behandlung der beiden Hauptindikationen Hypertonie und Herzinsuffizienz. Erstere beschreibt einen erhöhten Blutdruck, welcher als Hauptrisikofaktor für kardio- und zerebrovaskuläre Erkrankungen gilt.[393] Letztere ist definiert als Unvermögen des Herzens entweder im Ruhezustand oder unter Belastung den für den Blutstoffwechsel erforderlichen Blutauswurf aufzubringen beziehungsweise den Rückfluss aufzunehmen. ACE-Hemmer und Angiotensin-II-Antagonisten senken die Konzentration des blutgefäßverengenden Hormons Angiotensin.[394] Zur Behandlung beider Indikationen werden seit den 1990er Jahren primär so genannte Vasodilatatoren, wozu sowohl die Alpharezeptorenblocker als auch die ACE-Hemmer zählen, eingesetzt. Sie schonen das Myokard in der Nachlast, ihre Bedeutsamkeit in der

[393] Vgl. Alcocer, L., Cueto, L. (2008), S. 148.
[394] Vgl. Janhsen, K. et al. (2008), S. 23.

Langzeittherapie nimmt stark zu.[395] ACE-Hemmer sind in der Monotherapie oder der darauf folgenden Zweierkombinationstherapie indiziert.[396] Die Lebenszeitprävalenz bei Hypertonie beträgt insgesamt 27,1 Prozent und ab 65 Jahren 50,4 Prozent. Es entstanden im Jahr 2004 Krankheitskosten, die auf Hypertonie zurückzuführen sind, in Höhe von 8.121 Mio. Euro, was einer Belastung von 100 Euro je Einwohner Deutschlands entspricht.[397] Nach einer Schätzung der WHO werden im Jahr 2025 weltweit 1,56 Mrd. Menschen von Hypertonie betroffen sein. Die Herzinsuffizienz stellte die zweithäufigste Todesursache bei Frauen und die vierthäufigste bei Männern in Deutschland im Jahr 2004 dar. Die Krankheitskosten allein für die Bundesrepublik lagen im selben Jahr bei 2.548 Mio Euro.[398] Da mit der Hypertonie zudem Begleit- und Folgeerkrankungen (Schlaganfall, Herzinfarkt, periphere Durchblutungsstörungen und Niereninsuffizienz) auftreten, entstehen neben Einschränkungen der Lebensqualität erhebliche volkswirtschaftliche Aufwendungen (u.a. Frühinvalidität).[399] In der Sekundärprävention kardiovaskuärer Ereignisse spielen Antihypertensiva folglich eine bedeutende Rolle.[400] Gut eingestellte Patienten verursachen erheblich weniger Folgekosten als Untherapierte.[401] Die Festbetragsgruppe der ACE-Hemmer in Monotherapie, als die mittlerweile vorherrschende Therapie für die Grunderkrankungen Hypertonie und Herzinsuffizienz mit hoher Ausgabenrelevanz für eine zunehmende Volkskrankheit, ist exemplarisch für eine Festbetragsgruppe, die das Verordnungsgeschehen im nicht-generischen Bereich maßgeblich beeinflusst.[402] Da mittlerweile dieselben Zuzahlungsbefreiungsmöglichkeiten für Stufe 1, 2 und 3 Gruppen existieren, entsteht ein erhöhter Druck auf die jeweiligen Hersteller sich auch in solchen Gruppen marktkonform zu verhalten.[403] Besonderheiten einzelner Wirkstoffe könnten sich in unterschiedlichen Festbetragshöhen wiederfinden, um diesen Rechnung zu tragen, was Teil der Untersuchung sein wird.

Die Sartane sind als neue Substanzklasse aus den ACE-Hemmern in dem Indikationsgebiet hervorgegangen (siehe Abb. 6.4). Glaeske fordert allerdings die

395 Vgl. Prabhu, M. et al. (2005), S. 297ff.
396 Vgl. Zidek, W. (2004), S. 16.
397 Vgl. GBE-Bund (2008a).
398 Vgl. GBE-Bund (2008b).
399 Vgl. Janhsen, K. et al. (2008), S. 7f.
400 Vgl. Glaeske, G., Schicktanz, C., Janhsen, K. (2009), S. 51.
401 Vgl. Alcocer, L., Cueto, L. (2008), S. 148.
402 Auch in der Provinz British Columbia entwickeln sich die ACE-Hemmer zu der first-line Therapie, vgl. Schneeweiss, S. et al. (2004), S. 656.
403 Vgl. Schumacher, H.K., Greiner, W. (2008), S. 62.

weiter dominierende Verschreibung von ACE-Hemmern, solange die Sartane in vergleichenden Studien keine verbesserte Wirksamkeit nachweisen können.[404] Bei Vorliegen eines Reizhustens können Sartane aufgrund der besseren Verträglichkeit indiziert sein.[405] Die Tagestherapiekosten liegen bei den Sartanen durchschnittlich fünffach höher im direkten Vergleich zu den Statinen.[406]

Abbildung 6.4: Schrittinnovationen der kardiovaskulären Therapie

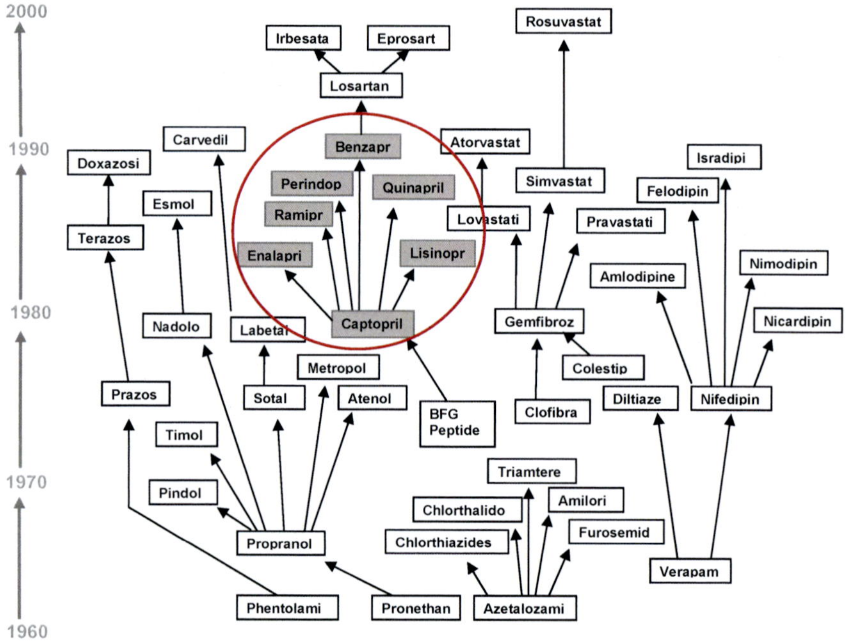

Quelle: Vgl. Sheridan, D., Attridge, J. (2006), S. 40.

Bereits im Jahr 1976 wurde der Wirkstoff Captopril zugelassen, welcher seit 1981 auch in Deutschland verfügbar ist und damit den Innovator dieser Wirkstoffgruppe darstellt. Da die ACE-Hemmer bei Diabetikern der Verschlechterung der Nierenfunktion vorbeugen, sind sie nicht nur für diese das Arzneimittel der ersten Wahl zur Behandlung einer Hypertonie.[407] Für die GKV sind die ACE-Hemmer in

404 Vgl. Glaeske, G. (2006), S. 700.
405 Vgl. Mehnert, H. (2010).
406 Vgl. Berliner Budget Bulletin (2009), S. 4.
407 Vgl. Häussler, B., Höer, A. et al. (2007), S. 109.

der Folge eine bedeutende und ausgabenrelevante Wirkstoffklasse. Ihr Verordnungsanteil nach DDD nimmt im Gesamten sehr stark zu und es finden sich in den Top 20 verordneter DDD des Jahres 2006 drei Vertreter dieser Klasse: Ramipril von Hexal mit 6.094.963 (Zuwachs 33,93%), Ramipril-ratiopharm mit 2.951.160 verordneten DDD (Zuwachs 57,55%) und Ramipril beta mit 2.209.390 DDD (Zuwachs 73,19%) waren diese drei führenden Arzneimittel.[408] Neben dem generischen Ramipril finden sich in der Festbetragsgruppe der ACE-Hemmer allerdings auch patentgeschützte Originalpräparate, die in diese Stufe 2 Gruppe einbezogen wurden, also den Nachweis einer therapeutischen Verbesserung nicht erbringen konnten. Dies sind Cilazapril, Imidapril, Moexipril, Perindopril, Spirapril und bis zum Februar 2007 auch Trandolapril. Letzeres lief direkt nach dem hier gewählten Beobachtungszeitpunkt aus dem Patent, so dass fünf patentierte Wirkstoffe in der Gruppe verblieben. In der betrachteten Festbetragsgruppe wurden die ACE-Hemmer als Monotherapeutikum einbezogen. Wie die Abbildung 6.5. zeigt, vollzog sich in den Jahren 2004 bis 2006 eine Anteilsverschiebung der Verordnungen der unterschiedlichen Wirkstoffe.

Abbildung 6.5: Verordnungsanteile in DDD der reinen ACE-Hemmer

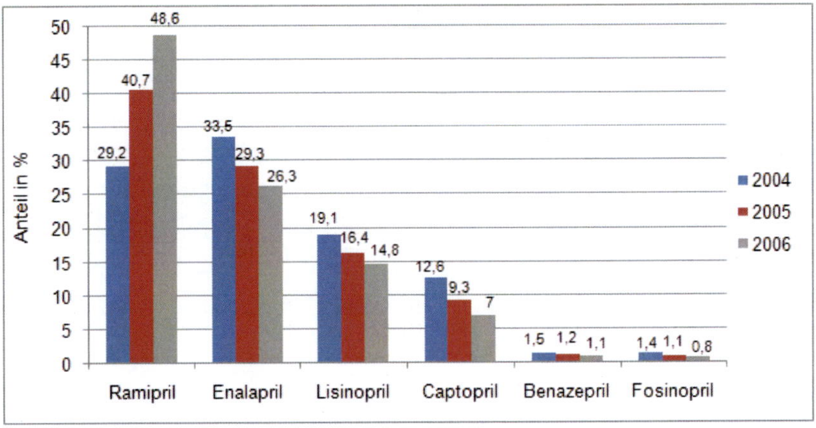

Quelle: Vgl. Häussler, B., Höer, A. et al. (2007), S. 112.

Das generische Ramipril verzeichnete deutliche Zugewinne, wohingegen keiner der patentgeschützten Gruppenteilnehmer die Schwelle von einem Prozent Anteil in der Gruppe realisieren konnte. Die sieben nicht in der Abbildung 6.5

408 Vgl. Glaeske, G., Janhsen, K. (2007), S. 59.

dargestellten Wirkstoffe vereinten 2004 einen Anteil von 2,7 Prozent, 2005 von 2,0 Prozent und 2006 von nur noch 1,4 Prozent der verordneten DDD. Ihre Bedeutung innerhalb der Gruppe nahm im Zeitverlauf ab. Der ursprüngliche Innovator Captopril sank im Beobachtungszeitraum konstant im Anteil an verordneten DDD. Ebenso in weniger stark abnehmender Tendenz vereint Enalapril die zweithäufigsten Verordnungen auf sich.

Tabelle 6.4: Patentausläufe Gruppe ACE-Hemmer

Wirkstoff	Patentierung	Markteintritt	Patentauslauf	Anmelder
Benazepril	1981	1993	2005	Novartis (Ciba Geigy)
Captopril	1976	1981	1995	Bristol-Myers Squibb
Cilazapril	1982	1992	2005	Roche
Enalapril	1978	1984	1999	Merck Sharp & Dohme
Fosinopril	1980	1992	2005	Bristol Myers Squibb
Imidapril	1982	1999	2008	Tanabe
Lisinopril	1978	1989	1999	Merck Sharp & Dohme
Moexipril	1981	1997	2007	Pfizer (Warner-Lambert)
Perindopril	1980	1989	2003	Servier
Quinapril	1980	1991	2004	Pfizer (Warner-Lambert)
Ramipril	1981	1990	2003	Aventis (Hoechst)
Spirapril	1980	1997	2006	Schering-Plough
Trandolapril	1981	1993	2007	Aventis (Hoechst)

Quelle: Eigene Berechnungen sowie vgl.: o.A. (1997), Coca, V. et al. (2008), Curley, D. (2007), Howard, L. (2006), Cassel, D., Wille, E. (2006), o.A. (2008), Schwabe, U., Paffrath, D. (2005), Schwabe, U., Paffrath, D. (2004), Sieger, H. (1996), Suchy, H. (1992).

Aus Tabelle 6.4 ist zu entnehmen, dass alle Wirkstoffe in der Gruppe der ACE-Hemmer innerhalb eines Zeitraumes von sechs Jahren patentiert wurden, was als Indiz für eine parallele Forschungsanstrengung der Hersteller zu werten ist. Der Innovator oder Pionier der Gruppe Captopril erhielt im Jahr 1976 das Patent. Es folgten Enalapril und Fosinopril, welche 1978 vom Hersteller MSD mit einem gemeinsamen europäischen Patent geschützt wurden.[409] Als letzte Anmeldungen erfolgten Cilazapril und Imidapril mit einem sechsjährigen Abstand zur Erstpatentierung von Captopril.

In einer Stufe 2 Gruppe finden sich per definitionem pharmakologisch nicht identische aber ähnliche Wirkstoffe. In diesem Fall erfolgte der Einbezug von 13 verschiedenen Wirkstoffen. Bei allen Gruppenteilnehmern wurde allein eine feste, abgeteilte, orale Darreichungsform in Form von Kapseln, Tabletten, Filmtabletten

[409] Europäisches Patent 0012401.

und Startsets eingeschlossen. Die Tabelle 6.5 veranschaulicht, welche Vergleichsgröße den einzelnen Wirkstoffen im Jahr 2006 zugeordnet worden ist.

Tabelle 6.5: Vergleichsgrößen der Wirkstoffe in der Gruppe ACE-Hemmer

Wirkstärke	Vergleichsgröße
Benazepril	9,6
Captopril	70
Cilazapril	3,3
Enalapril	8,9
Fosinopril	13,5
Imidapril	10,3
Lisinopril	12,3
Moexipril	11,6
Perindopril	3,3
Quinapril	12,5
Ramipril	8,7
Spirapril	5,6
Trandolapril	1,7

Quelle: Vgl. BKK-BV (2006a).

Die Gruppe der ACE-Hemmer umfasste zum 01.01.2007 1.369 Wirkstoffe unterschiedlicher Kombinationen. Insgesamt 86 Wirkstärken-/Packungsgrößenkombinationen von 0,1 mg und 20 Tabletten bis 3,5 mg und 100 Tabletten finden sich in der Gruppe. Dabei sind 30 Kombinationen nur einfach oder 2-fach vertreten. Die Häufigkeit der anderen Kombinationen gibt die Tabelle 6.6 wider.

Tabelle 6.6: Ausgewählte pk/wi-Kombinationshäufigkeiten in der Gruppe der ACE-Hemmer

Wirkstärken/Packungsgrößenkombinationen	Häufigkeit des Vorkommens in der Gruppe
0,8/50	30
0,8/30	31
1,6/50	32
1,8/30	32
0,2/30	34
0,9/50	34
0,8/100	35
0,9/100	35

1,6/100	35
0,7/50	37
1,8/50	38
1,8/100	38
0,7/100	43
0,2/50	56
0,2/100	64
0,4/30	67
0,4/50	103
0,4/100	115
	Summe: 862

Quelle: Eigene Berechnungen.

Neben diesen Kombinationen gibt es 16 weitere, die jeweils mindestens zehn und maximal 29 Wirkstoffe auf sich vereinen. Die restlichen Kombinationen sind nur einfach oder bis maximal neunfach vertreten. Allein 30 Kombinationen sind nur einfach oder zweifach in der Gruppe vorhanden. Die Standardpackung ist in der Folge zum betrachteten Neufestsetzungszeitpunkt die wvg/pk 0,4/100 Kombination geworden. Konkurrenz könnten ihr, unter der Annahme, dass sich die Gruppe nicht massiv durch Ein- und Austritte verändert, zunächst die weiteren Packungsgrößen mit 0,4 mg Wirkstoff machen. Die häufiger vorkommenden Kombinationen vereinen mehr als die Hälfte der gesamten Gruppenteilnehmer auf sich (862 von 1.369).

Veränderungen der Standardpackung und Regressionsgleichung

Da regelmäßige Anpassungen durch das SGB V vorgeschrieben sind und Wirkstoffe zum einen aus der Gruppe herausfallen und zum anderen weitere neu auf den Markt kommen, verändert sich die Gruppe stetig. Veränderungen in der Regressionsgleichung und der Standardpackung im Zeitverlauf sind die Folge. In der aktuellen Anpassung beträgt die wvg der Standardpackung 0,4 bei einer Packungsgröße von 100 Stück und dem Festbetrag der Standardpackung in Höhe von 4,09 Euro ($p = 0{,}029181951 * wvg^{0{,}514405} * pk^{0{,}869794}$). Die Standardpackung am 01.07.2006 war ebenso die Kombination (04/100) mit dem Festbetrag von 8,21 Euro ($p= 0{,}029013781 * wvg^{0{,}556542} * pk^{0{,}879433}$). Zum 01.04.2006 entsprachen die Vergleichsgrößen bei selber Standardpackung der Tabelle 6.6 zu einem Festbetrag von 11,05 Euro. Die Parameter der Regressionsgleichung entsprachen denen vom 01.07.2006. Zum 01.04.2004 gab es noch das Verfahren der Äquivalenzfaktorenberechnung anstelle der wvg. Die Vergleichsgrößen waren für die Gruppe entsprechend:

Tabelle 6.7: Äquivalenzfaktoren der Gruppe ACE-Hemmer zum 01.04.2004

Wirkstoffe	Äquivalenzfaktor (Äf)
Benazepril	0.62
Captopril	6,29
Cilazapril	0,31
Enalapril	1
Fosinopril	1,64
Lisinopril	1,19
Moexipril	1,11
Perindopril	0,28
Quinapril	1,78
Ramipril	0,31
Trandolapril	0,27

Quelle: Vgl. BKK-BV (2004).

Die Berechnung des Äquivalenzfaktors der Standardpackung (wi:Äf) ergab eine Vergleichsgröße von 3,97. In der Standardpackung fanden sich 100 Tabletten zu einem Festbetrag von 22,49 Euro. Die Regressionsgleichung der Gruppe zum 01.04.2004 lautete: $p = 0{,}017407194 * Äf^{0{,}517886} * pk^{0{,}724583}$. Der Festbetrag vor dieser Neufestsetzung betrug 34,60 Euro.

Einpreisung

Der Festbetrag der elfmal in der Gruppe vorkommenden Kombination 0,2/20 endet nach einem Sprung nach oben im April 2004 auf einem höheren Niveau als zur Gruppenfestsetzung. Bei anderen Kombinationen (1,6/100 und 0,4/100) zieht der Festbetrag zunächst an, sinkt dann aber etappenweise auf ein deutlich niedrigeres Niveau. Bei den restlichen hier abgetragenen Wirkstoffen verharrt der Festbetrag zunächst auf ähnlichem Preisniveau und sinkt dann seit April 2003 stufenweise ab.

Abbildung 6.6: Verläufe ausgewählter wi/pk-Kombinationen der Gruppe ACE-Hemmer

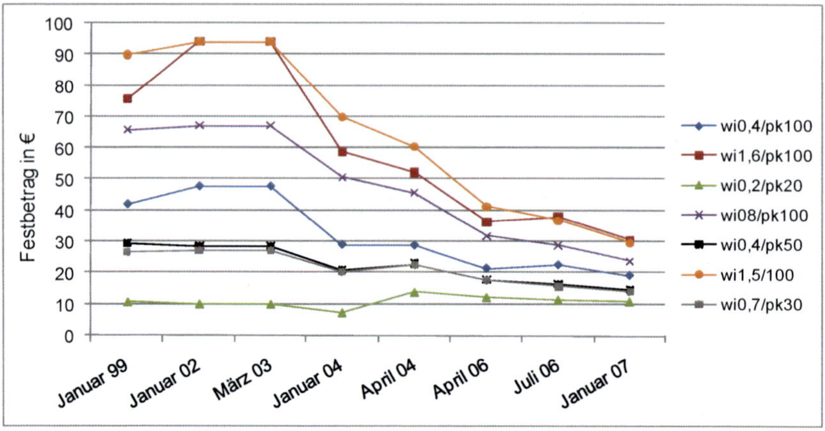

Quelle: Eigene Darstellung.

Für eine Einordnung der Auswirkungen des eingesetzten Berechnungsverfahrens bietet sich eine Zeitverlaufsanalyse an, die anhand der Preisdaten vollzogen wurde. Zum 01.01.2007 war die überwiegende Mehrheit (1.099) der eingeschlossenen Handelsformen mit dem Apothekenverkaufspreis unter Festbetrag eingepreist. Direkt zum Festbetrag sind 214 Arzneimittel erhältlich und nur 63 werden über dem Festbetrag angeboten, was eine Eigenleistung der Patienten zur Folge hat.

Abbildung 6.7: Festbeträge ausgewählter 100 Stück Packungsgrößen

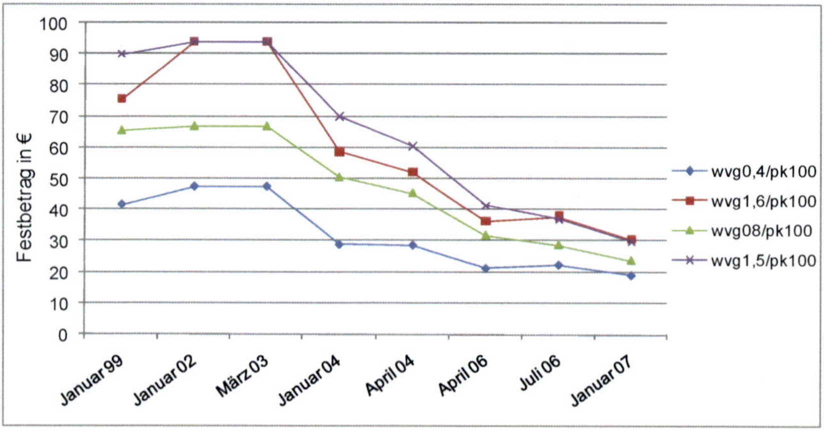

Quelle: Eigene Darstellung.

Bei den Kombinationen (1,6/100 und 0,4/100) zieht der Festbetrag von 75,66 Euro und 42,00 Euro im Januar 1999 zunächst leicht an, sinkt dann aber etappenweise auf ein deutlich niedrigeres Niveau von 30,61 bzw. 19,21 Euro. Bei dem auf der Ordinate abgebildeten Festbetrag zeigt sich, dass insgesamt teurere Präparate von der Umstellung der Arzneimittelpreisverordnung im April 2004 keinem Aufwärtstrend[410] unterworfen worden sind. Ihr Preisniveau sinkt mit jeder Preisanpassung deutlich ab. Allein die Kombination mit der verordnungsgewichteten Wirkstärkenvergleichsgröße (wvg) 1,5 und der Packungsgröße 100 büßt von dem höchsten in der Gruppe im Jahr 1999 vorkommenden Festbetragsniveau von 90 Euro zur Gruppenbildung preislich zwei Drittel ein (April 2007 19,21 €).

Abbildung 6.8: Festbeträge ausgewählter Wirkstoffe der Gruppe

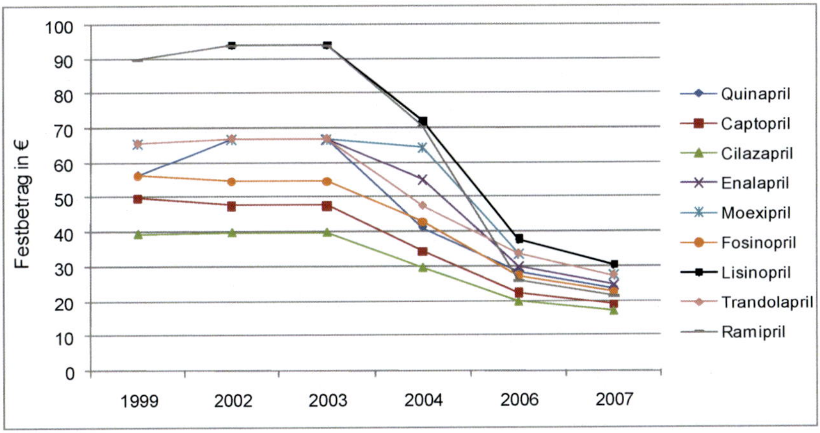

Quelle: Eigene Darstellung.

Wie in Abbildung 6.8 zu erkennen ist, haben sich die Wirkstoffe von einem unterschiedlich hohen Ausgangsniveau bei differierenden Wirkstärken (es sind Wirkstärken/wi von 2 bis 25 mg vertreten) zu einem relativ dicht beieinander liegenden Festbetragsniveau entwickelt. Abgebildet sind hier besonders verordnungsstarke Packungen, die alle stets wie die Auswahl für die Abbildung 6.7 die Packungsgröße 100 Stück haben, allerdings in ihrer Wirkstärke abweichen. Die ausgewählten Handelsformen stehen stellvertretend für die

410 Bei relativ günstigen Wirkstärken-/Packungsgrößenkombinationen wie z.B. (wvg0,2/pk20) steigt der Festbetrag durch die Umstellung der AMPreisV im April 2004.

Festbetragsentwicklung aller Kombinationen des jeweiligen Wirkstoffes. Ramipril und Lisinopril befanden sich anfangs noch auf einem relativ hohen Preisniveau und haben sich in der Folge im Zuge der Festbetragsanpassungen den anderen eingeschlossenen Wirkstoffen angenähert. Zum Jahr 2007 bewegt sich die Spanne der unterschiedlichen Festbetragshöhen nur noch bei etwa 12 Euro, wohingegen 1999 eine Differenz von 50 Euro zwischen dem günstigsten Wirkstoff Cilazapril und Ramipril bestand. Der Winkel der einzelnen Verläufe verflacht sich zunehmend mit jedem erreichten (niedrigeren) Niveau. Dies entspricht exakt dem häufig geltend gemachten Einwand gegen Festbetragssysteme, dass diese neben der preissenkenden eine preisangleichende Tendenz hätten.[411] Im Kapitel 6.3.4 wird auf die unterschiedliche Entwicklung der eingeschlossenen Wirkstoffe noch detailliert eingegangen.

6.3.2 Wirkvergleichsberechnungsalternativen

Ziel dieses Abschnittes ist es, nachdem zuvor die Entwicklung dieser Festbetragsgruppe in der derzeitigen Regulierung charakterisiert wurde, nunmehr die vom Spitzenverband Bund angewandte Methode der Herstellung von Wirkvergleichbarkeit und Alternativen aufzuzeigen. Die Kritik an dem derzeitigen Verfahren entwickelt sich entlang zweier Hauptlinien, wie sich aus den Einwänden und Begründungen des Gemeinsamen Bundesausschusses für die Bildung von Stufe 2 Festbetragsgruppen ergibt. Zum einen wird grundsätzlich die Einbeziehung bestimmter Wirkstoffe kritisiert, da diese im Vergleich zu den anderen eingeschlossenen Wirkstoffen therapeutisch vorteilhafter seien.[412] Zum anderen erscheint die Festlegung der Wirkäquivalenz zu anderen Wirkstoffen nicht treffend abgebildet worden zu sein.[413] Bei einer Stufe 2 ist hinsichtlich der Frage der Gruppenteilnehmer die chemische Verwandtschaft ein relevantes Kriterium, wohingegen die pharmakologisch-therapeutische Vergleichbarkeit dann sekundär das Indikationsspektrum eingrenzt. Hierbei ist dem Gesetzgeber ein relativ großer Spielraum gesetzt, welcher in Abhängigkeit vom Indikationsgebiet zu Ermessensspielräumen in der Wahl der Gruppenmitglieder führt. Als eine Jumbogruppe ist in dieser Gruppe die Herstellung der Wirkäquivalenz von

---

411 Vgl. Vogelbruch, B. (1992), S. 179.
412 Vgl. G-BA (2007a), Tragende Gründe zu Beta-Rezeptorenblockern.
413 Vgl. G-BA (2007d und 2007), Tragende Gründe zu ACE-Hemmern mit weiteren Diuretika & Makrolide (neuere).

besonderer Bedeutung, da den Eigenschaften der jeweiligen Gruppenteilnehmer aufgrund therapeutischer Unterschiede adäquat Rechnung getragen werden sollte. Dies wird durch den Umstand verschärft, dass die Applikationsfrequenzen der einzelnen Präparate in der Gruppe nicht gleich sind. Wie im Folgenden gezeigt wird, erfolgte im derzeitigen Verfahren der Vergleichsgrößenberechnung eine Adjustierung von Captopril und Ramipril. Es sollen demnach die möglichen Verfahren zur Herstellung der Wirkvergleichbarkeit für Stufe 2 Gruppen anhand der realen Gruppe der ACE-Hemmer als Monopräparat analysiert werden. Bei allen Gruppenteilnehmern ist allein eine feste, abgeteilte orale Darreichungsform in Form von Kapseln, Tabletten, Filmtabletten und Startsets eingeschlossen. Es findet keine Analyse der Festbetragsgruppen der ACE-Hemmer mit Calciumantagonisten oder anderer Kombinationen statt, da es eigene Festbetragsgruppen für diese Kombinationspräparate gibt. Datenquellen sind Verordnungs- und Preisdaten von IMS Health.

Verfahren zur Abschätzung der Wirkäquivalenz

Gerade in solchen Gruppen, die patentierte und patentfreie Teilnehmer beinhalten, stellt eine möglichst faire und genaue Abbildung der unterschiedlichen Wirksamkeit ein entscheidendes Kriterium für die Höhe der Erstattung dar. Dies gilt umso mehr, da wiederholt gefordert wird, die so genannten Analogpräparate in Gruppen wie den ACE-Hemmern durch vergleichbare Generika zu ersetzen, um eine höhere Wirtschaftlichkeit zu erreichen. Die Unterschiedlichkeit der Wirkstoffe zeigt sich unter anderem in der differierenden Dosierungserfordernis für gleiche Outcomeparameter. Deshalb sollen im Folgenden vier Ansätze aufgezeigt werden, eine Wirkäquivalenz unterschiedlicher Wirkstoffe abzuleiten. Die Tabelle 6.8 veranschaulicht dabei die Vor- und Nachteile unterschiedlicher Verfahren, die der Abbildung der Wirksamkeit dienen sollen.

Tabelle 6.8: Charakteristika verschiedener Ansätze zur Abschätzung der Wirkäquivalenz

Verfahren	Pro	Contra
Wirkvergleichbarkeit über vergleichende Studien	Klare Ergebnisse, hoher akzeptierter Evidenzgrad, sehr detaillierte Ergebnisse für Intragruppenvergleiche	Sehr hoher finanzieller Aufwand, klinisches Setting muss nicht der Versorgungsrealität entsprechen
Wirkvergleichbarkeit durch Nutzung von Verordnungsdaten und der Wirkstärke in mg (wvg)	Einfache Handhabung, Nutzung sekundärer Daten, die selbst vom SpiBu ermittelt werden. Universell einsetzbar	Hohe Intransparenz aufgrund nur teilweiser Publikation der Inputparameter. Wirkvergleichbarkeit wird nur aus Verschreibungsverhalten abgeleitet
Wirkvergleichbarkeit über standardisierte Messverfahren (DDD[414])	Internationaler Standard, transparent, einfache Handhabung	Nicht für Kostenerstattung gebildet, einheitlicher Wert nivelliert unterschiedliche Therapieregime
Wirkvergleichbarkeit über einen Wert der Fachinformationsangabe	Transparent, einfache Handhabung, auf RCTs basierend	Intention der Dosierungsangabe für unterschiedliche Therapien, daher meist Angabe in Spannen

Quelle: Eigene Darstellung.

Wie die Tabelle 6.8 zeigt, differieren unterschiedliche Ansätze zur Herstellung von Wirkäquivalenz in Bezug auf Praktikabilität und Abbildungsgenauigkeit. Ein Gegensatz besteht dabei häufig in den konträren Zielen Validität der Einzelvergleiche und Universalität der Anwendbarkeit. Ansätze mit höchstem Grad an Abbildungsgenauigkeit haben Schwierigkeiten mit einer einfachen Handhabbarkeit und Ansätze, die sich einer hohen Anzahl von Hilfskonstrukten bedienen, bilden eventuell nicht mehr adäquat den zugrunde liegenden Zusammenhang ab. Aus methodischer Sicht ist eine exakte Verfahrensweise, die sich auf eine gute Evidenz stützt, zu befürworten. In diesem Fall wäre dies ein Ansatz vergleichender Studien für Stufe 2 und 3 Gruppen. Dieser hat aufgrund der zu initiierenden Studien eine hohe Hürde der Umsetzbarkeit. Auf die genauen Spezifika der Konzepte gehen die folgenden Abschnitte ein.

Head to Head Vergleichsstudien

Über Head to Head Vergleiche könnte eine direkte Beurteilung, jeweils gemessen gegen möglichst alle therapeutischen Alternativen, der unterschiedlichen Wirkerfolge stattfinden. In diesem Fall hätte mindestens eine Studie die 13 Wirkstoffe dieser Gruppe gegeneinander evaluieren müssen, um im direkten

[414] DDD messen normiert den Verbrauch pro Tag eines 70kg schweren Mannes in der Erhaltungsmedikation.

Vergleich zu den unterschiedlich benötigten Dosierungen für gleiche Endpunkte zu gelangen. Da diese Studien derzeit nicht verlangt werden und somit bislang auch wenig Würdigung erhalten, werden sie für ältere Substanzen in der Regel nicht veranlasst.[415] Die Zulassungsagenturen forderten bislang in der Mehrzahl RCTs gegen Placebo, somit fehlt es an ausreichenden Anreizen für industrieinduzierte Vergleichsstudien.[416] Sowohl die FDA, als die EMEA gehen in einzelnen Fällen dazu über auch vergleichende Studien einzufordern, was von einem wissenschaftlichen Standpunkt sehr zu begrüßen ist.

Die in medline gesichteten Studien ALLHAT und EUROPA verfolgen zwar einen vergleichenden Ansatz, allerdings zwischen unterschiedlichen Wirkstoffklassen. In der ALLHAT-Studie werden Diuretika mit Kalziumantagonisten und ACE-Hemmern verglichen.[417] Die EUROPA-Studie vergleicht Perindopril versus Placebo bei jeweils belassener Begleitmedikation.[418] Diese Vergleiche zeigen eine Überlegenheit der ACE-Hemmer, allerdings können über ein solches Studiendesign keine best practices zur Herstellung von Wirkvergleichbarkeit innerhalb der Gruppe der ACE-Hemmer erlangt werden. Nur über Head to Head Studien ließen sich objektivierbare Ergebnisse auf eine über der reinen Fallbetrachtung liegenden Ebene liefern. Sie stellen die Idealvoraussetzungen eines Verfahrens zur Herstellung von Wirkvergleichbarkeit dar, sind aber nach Meinung mehrerer Autoren für diese Wirkstoffgruppe nicht zu erwarten.[419] Eine weitere Möglichkeit wäre der indirekte Vergleich über Studien, die sich in Patientenkollektiv und definierten Endpunkten ausreichend ähnlich sind. Hierfür wäre der direkte Vergleich abdingbar und solche Studien für die einzelnen Hersteller aufgrund des geringeren Aufwandes leichter durchzuführen. Ideal wäre eine Vorgabe von Standards für das Design und die Endpunkte aus Guidelines oder Fachgesellschaften, um eine hohe Objektivität, Vergleichbarkeit und Unabhängigkeit sicherzustellen.

Verordnungsgewichtete Wirkstärkenvergleichsgröße (wvg)

Das Verfahren der wvg ist bereits in vorangegangenen Publikationen gewürdigt

[415] Vgl. Hernandez, A.F., Harrington, R.A. (2008), S. 1316.
[416] Vgl. Schneeweiss, S. (2007), S. 19, 25.
[417] Vgl. Scholze, J., Unger, Th. (2003), S. 1193f.
[418] Vgl. Nitschmann, S. (2004), S. 1196.
[419] Vgl. Pilote, L. et al. (2008), S. 1309; McLaughlin, M.A., Lala, A. (2008), S. 286.

worden und bedient sich mehrerer Hilfsvariablen, um eine Wirkvergleichbarkeit zu erreichen.[420] Es geht im Besonderen von der Annahme aus, dass die gesamte Ärzteschaft über ein sinnvolles Verordnungsverhalten die Wirkstärkenäquivalenz der unterschiedlichen Wirkstoffe richtig einschätzt. Hierbei stellt sich die Frage, welche Sensitivität das Verfahren in Bezug auf kleine Veränderungen des Marktgeschehens aufweist. Die in mündlichen Stellungnahmeverfahren von den pharmazeutischen Herstellern vorgebrachten Einwände zeigen, dass dieses Hilfsmittel offenbar nicht allen Charakteristika differierender Wirkstoffe in einer Gruppe vollständig gerecht werden kann. Über eine Anpassung der Entscheidungsgrundlagen wurde unterschiedlichen Applikationsfrequenzen und Therapiezyklen Rechnung getragen.[421] Die Ausdifferenzierung dieses Ansatzes ist daher bereits sehr weitgehend. Positiv ist zudem die Nutzung von Verordnungsdaten, da dies keine neuen Erhebungen erfordert. Kritisiert worden sind hingegen die generelle Einordnung bestimmter Wirkstoffe zu gebildeten Gruppen, der nicht vorhandene öffentliche Zugang zu den verwendeten Verordnungsdaten und die Intransparenz der Entscheidungsfindung.

DDD-Ansatz/Fachinformationen

Die DDD benennen eine exakte Dosis für die Erhaltungsmedikation in der primären Indikation. Für diese Grundlage sprechen die einfache Handhabbarkeit, der internationale Standard und die daraus folgende hohe Transparenz. Sie können allerdings keine anderen Indikationen abbilden und auch besonderen Charakteristika keinen Spielraum einräumen. Aufgrund der Annahme der Äquipotenz werden Behandlungsdauer, Nebenwirkungs- und Interaktionsprofile nicht einbezogen.[422] Mit Ausnahme von Cilazapril und Benazapril liegen die DDD in den Bereichen der Dosierungsempfehlungen aus den Fachinformationen (siehe Tabelle 6.9). Die spezifischen DDD werden in den folgenden Berechnungen testweise als Äquivalenzfaktor eingesetzt und daraufhin die Festbeträge der Gruppe errechnet. Alternativ könnte ein Wert aus den Fachinformationen zur Anwendung gelangen (z.B. die niedrigste empfohlene Tagesdosierung), da in den jeweiligen Fachinformationen therapeutische Bereiche und nur in einem Fall

420 Vgl. Schumacher, H.K., Greiner, W. (2009), S. 34; Stargardt, T. et al. (2005), S: 470f.
421 Vgl. G-BA (2009).
422 Vgl. Cone, M. (2001), S. 826.

(Cilazapril) eine exakte Angabe der Tagesdosis vorliegt. Dieser Ansatz wird ebenso verfolgt, um zu ermitteln, ob sich Abweichungen zur DDD ergeben.

Da die DDD nach der Erhaltungsdosis der Hauptindikation eines 70 kg schweren Erwachsenen berechnet worden sind, könnte eine zusätzlich Anpassung z.B. über einen Aufschlag für die Wirkstoffe erfolgen, die eine abweichende Applikationsfrequenz haben. Captopril und Ramipril haben dabei eine höhere Applikationsfrequenz pro Tag, wie den jeweiligen Fachinformationen entnommen werden kann. Dies ist bei Ramipril anhand der Dosierung nicht eindeutig ersichtlich.

Tabelle 6.9: Vergleichsgrößen der Wirkstoffe ACE-Hemmer

Wirkstoff	Vergleichsgröße	DDD (30.04.2007)	Fachinformationen
Benazepril	9,6	7,5 mg	10 - 20 mg tgl.
Captopril	70 (35*2)	50 mg	25 - 50 mg tgl.
Cilazapril	3,3	2,5 mg	1,25 mg tgl.
Enalapril	8,9	10 mg	2,5 - 10 mg tgl.
Fosinopril	13,5	15 mg	10 - 20, max. 40 mg tgl.
Imidapril	10,3	10mg	5 - 10 mg, max. 20 mg tgl.
Lisinopril	12,3	10 mg	10 - 20, max. 40 mg tgl.
Moexipril	11,6	15 mg	7,5 - 15 mg tgl.
Perindopril	3,3	4 mg	4 - 8 mg tgl.
Quinapril	12,5	15 mg	10 - 20 mg, max. 40 mg tgl.
Ramipril	8,7 (5,8*1,5)	2,5 mg	2,5 - 5 mg, max. 10 mg tgl.
Spirapril	5,6	6 mg	3 - 6 mg tgl.
Trandolapril	1,7	2 mg	1 - 2 mg, max. 4 mg tgl.

Quelle: Vgl. BKK-BV (2008): Arzneimittel-Festbeträge 06/2008, Pharmnet-bund (2008).

Empirische Überprüfung alternativer Berechnungsverfahren

In der Gruppe der ACE-Hemmer fanden sich zum 01.01.2007 Festbetragssetzungen und Verordnungsdaten für 1.379 Handelsformen der 13 verschiedenen Wirkstoffe. Die Tabelle 6.9 veranschaulicht, welche Vergleichsgrößen aktuell den einzelnen Wirkstoffen zugeordnet werden. Zusätzlich zur VG aufgenommen sind die DDD und die Einnahmeempfehlungen der Fachinformationen. Gemäß den Fachinformationen wird eine unterschiedliche Wirkstoffmenge für einen ähnlichen Effekt benötigt. Auf DDD beruhen zudem die

Bonus-Malus-Regelungen, so dass ein direkter Verordnungs- und Wirtschaftlichkeitszusammenhang bereits unterstellt wird.[423] Da es sich um eine so genannte § 2 Gruppe der Entscheidungsgrundlagen handelt, wurden in diesem Fall die Vergleichsgrößen der Wirkstoffe Captopril und Ramipril um 2 bzw. 1,5 adjustiert.[424] Die Werte in Klammern (Tabelle 6.9) bei der VG der beiden Wirkstoffe zeigen die Berechnung der Vergleichsgröße aus vorläufiger Vergleichsgröße und Applikationsfrequenz. Dies wurde bei der Berechnung der Festbeträge analog angewandt.

Tabelle 6.10: Indikationsbereiche und Applikationsfrequenzen ACE-Hemmer

Wirkstoff	Indikationsbereiche	Applikationsfrequenz pro Tag nach FI	Applikationsfaktor Anhörung (APF)
Benazepril	Hypertonie Herzinsuffizienz/linksventrikuläre Dysfunktion	1,2 (1 kl. Ausprägung) 1,2 (1 kl. Ausprägung)	1
Captopril	Hypertonie Herzinsuffizienz/linksventrikuläre Dysfunktion Myokardinfarkt Nephropathie	1,2 (1 kl. Ausprägung) 2,3 (2 kl. Ausprägung) 2 2,3 (2 kl. Ausprägung)	2
Cilazapril	Hypertonie	1	1
Enalapril	Hypertonie Herzinsuffizienz/linksventrikuläre Dysfunktion	1 (1 kl. Ausprägung) 1,2 (1 kl. Ausprägung)	1
Fosinopril	Hypertonie Herzinsuffizienz/linksventrikuläre Dysfunktion	1 1	1
Imidapril	Hypertonie	1	1
Lisinopril	Hypertonie Herzinsuffizienz/linksventrikuläre Dysfunktion Myokardinfarkt	1 1 1	1
Moexipril	Hypertonie	1	1
Perindopril	Hypertonie Herzinsuffizienz/linksventrikuläre Dysfunktion	1 1	1
Quinapril	Hypertonie Herzinsuffizienz/linksventrikuläre Dysfunktion	1,2 (1 kl. Ausprägung)	1
Ramipril	Hypertonie Herzinsuffizienz/linksventrikuläre Dysfunktion Myokardinfarkt Nephropathie	1 1 1,2 (1 kl. Ausprägung) 1	1,5
Spirapril	Hypertonie	1	1

[423] Vgl. § 84 Abs. 7a SGB V.
[424] Vgl.G-BA (2009).

Trandolapril	Hypertonie Herzinsuffizienz/linksventrikuläre Dysfunktion Myokardinfarkt	1 1 1	1

FI: Fachinformationen
Quelle: BKK-BV (2006b), S. 15.

Anhand der jeweiligen Fachinformationen wird deutlich, dass es sich um nicht stets deckungsgleiche Indikationen handelt. Alle Wirkstoffe zielen primär auf die Indikation Hypertonie, neun dienen zudem der Behandlung von Herzinsuffizienz. Captopril, Lisinopril, Ramipril sowie Trandolapril können außerdem bei akutem Myokardinfarkt eingesetzt werden. In der Folge ergeben sich unterschiedliche Applikationsfaktoren, wie die Tabelle 6.10 aufzeigt. Die Wirkäquivalenzen aus Tabelle 6.9 (DDD, FI, VG) wurden in der Berechnung der Festbeträge als Äquivalenzfaktoren in der Gleichung 6 berücksichtigt.

Gleichung 6: Wirkäquivalenzfaktorfunktion

$$\text{wäf} = \frac{\text{Reale Wirkstoffmenge (des jeweiligen Arzneimittels)}}{\text{Äquivalenzfaktor (des Wirkstoffes)}}$$

Wie die Gleichung 6 zeigt, wird der jeweils ermittelte, wirkstoffbezogene Äquivalenzfaktor als Divisor der packungsspezifischen mg-Dosierung eingesetzt, um zu der entsprechenden Wirkäquivalenz zu gelangen, die Eingang in die Berechnungsgleichung der pr findet. Über diesen Preisanpasser erfolgt die Berechnung der Festbeträge sämtlicher eingeschlossener Handelsformen. Da der AOK-Arzneimittelindex nicht verfügbar war, wurde für alle Berechnungen auf ein Surrogat in Form des IMS-Pharmascope® zurückgegriffen. Dieser stellt eine Vollerhebung auf nationaler Ebene dar, in der Umsatz und Absatz nach abgerechneten Rezepten ermittelt wird. Die vom SpiBu ermittelte Vergleichsgröße als Vorstufe zur wvg stellt den Ausgangspunkt der Analyse dar, weil sie die Basis der Wirkvergleichbarkeit im derzeitigen Berechnungsverfahren bildet. Eine niedrige VG ist dabei aus Sicht der Hersteller vorteilhaft, da sie zu einem hohen Festbetrag führt. Dies erklärt sich aus dem Eingang in den Nenner der Berechnungsformel für den Preisanpassungsfaktor (pr).[425]

[425] Vgl. Schumacher, H.K., Greiner, W. (2008), S. 60.

Vergleichsgrößenverfahren

In den aufgezeigten Alternativen geht die Verordnungshäufigkeit weiterhin in die Berechnung der Standardpackung ein. Von den 1.379 Arzneimitteln unterschiedlicher Kombinationen gab es insgesamt 97 wvg/Packungsgrößenkombinationen; von wvg 0,1 und 20 Tabletten bis wvg 3,0 und 100 Tabletten. Die häufigsten Kombinationsmöglichkeiten zeigt die zweite Spalte der Tabelle 6.11. Das Konzept der Standardpackung sowie eine Mindestverfügbarkeit an Packungen zum Festbetrag wurden in den Berechnungen belassen, da zu diesem Teilsegment der Berechnung eine praktikable Alternative fehlt. Standardpackung ist diejenige Packung, die zahlenmäßig am häufigsten in der Gruppe vorkommt.[426] Bei Zahlengleichheit erfolgt eine Selektion der Packung, die ein größeres Umsatzvolumen auf sich vereinigt. Bei der Wahl des Festbetrages der Standardpackung wurde darauf geachtet, dass stets 20 Prozent aller Packungen und 20 Prozent aller Verordnungen zum Festbetrag verfügbar bleiben, wie dies auch vom Gesetz gefordert und in den Entscheidungsgrundlagen über die Maßzahl M konkretisiert wird.[427]

Tabelle 6.11: Ergebnisse der Festbetragsberechnungen mit VG, DDD und FI

wvg/pk	Anzahl*[1]	FB VG	wäf/pk DDD	FB DDD	wäf/pk FI*[2]	FB FI
0,8/50	*30*	*13,8*	*0,8/50*	*12,56*	*0,8/50*	*11,60*
0,8/30	*31*	*11,79*	*0,8/30*	*10,65*	*0,8/30*	*9,89*
1,6/50	32	15,41	1,5/50	13,78	1,6/50	13,18
1,7/30	32	13,29	2,0/30	12,2	1,867/30	11,55
0,2/30	*34*	*9,45*	*0,2/30*	*8,69*	*0,2/30*	*7,66*
0,9/50	34	14,07	1,0/50	12,98	0,933/50	11,93
0,8/100	*35*	*17,11*	*0,8/100*	*15,69*	*0,8/100*	*14,41*
0,9/100	35	17,43	1,0/100	16,21	0,933/100	14,82
1,6/100	35	19,1	1,5/100	17,21	1,6/100	16,37
0,7/50	37	13,51	*0,75/50*	*12,44*	*0,75/50*	*11,46*
1,7/50	38	15,56	2,0/50	14,37	1,867/50	13,55
1,7/100	38	19,29	2,0/100	17,96	1,867/100	16,84
0,7/100	43	16,75	0,75/100	15,54	0,75/100	14,24
0,2/50	*56*	*11,07*	*0,2/50*	*10,24*	*0,2/50*	*8,99*
0,2/100	*64*	*13,72*	*0,2/100*	*12,79*	*0,2/100*	*11,17*

[426] Auch in anderen gänzlich unterschiedlich konzipierten Analysen wird die Standardpackung als Angelpunkt eingesetzt, siehe hierzu u.a. Reekie, W.D. (1998), S. 109.

[427] Vgl. § 35 Abs. 5 SGB V.

0,4/30	*67*	*10,56*	*0,4/30*	*9,62*	0,5/30	9,07
0,4/50	*103*	*12,36*	*0,4/50*	*11,34*	0,5/50	10,64
0,4/100	*115*	***15,32*** *(SP)*	*0,4/100*	*14,17*	0,5/100	13,22

Quelle: Eigene Berechnungen; FB: Festbetrag, SP: Standardpackung.*1 die Anzahl gilt nur für die Berechnung nach dem VG-Ansatz;*2 Applikationsjustierung für Captopril und Ramipril um 2 und 1,5.

DDD als Äquivalenzfaktor

Die Berechnung der DDD als Ersatz für die VG lieferte bei Setzung einer ähnlichen Standardpackung (wäf: 0,5, pk: 100) unter Beachtung der Maßzahl M bei AVWG-Bedingungen ein leicht reduziertes Level der jeweiligen Festbeträge. Die Regressionsgleichung bei Anwendung des Vergleichsgrößenverfahrens lautete: $p = 0{,}278370680 * wvg^{0{,}159083} * pk^{0{,}309341}$. Bei Einsetzen der DDD als Äquivalenzfaktor in Gleichung 6 ergab sich: $p = 0{,}\ 252011075 * w^{0{,}147406} * pk^{0{,}321477}$. Die Ähnlichkeit der Gleichungen zeigt, dass die zugrunde liegenden Gruppendaten mit Ausnahme der jeweils eingesetzten Äquivalenzfaktoren absolut identisch sind. In der Berechnung wurde dabei die Konstellation einer Stufe 2 Gruppe mit unterschiedlicher Applikationsfrequenz gewählt. Eine Anpassungsmöglichkeit nach § 2 der Entscheidungsgrundlagen ist dabei nur für die VG möglich, da die DDD bereits einen höheren Durchschnittswert darstellte.[428] Die insgesamt jeweils niedrigeren Festbeträge werden ergänzt durch unterschiedliche Wirkstärkenäquivalenzfaktoren der Wirkstoffe, wie die Tabelle 6.11 zeigt. In Abhängigkeit vom Verfahren werden Wirkstoffe unterschiedlich wirksam betrachtet, was die individuelle preisliche Einstufung verändert. Eine hohe Vergleichsgröße oder ein hoher Äquivalenzfaktor führt zu einem niedrigen Festbetrag. Captopril ist nach der vorgenommenen Anpassung der VG wirkschwächer als bei Anwendung der DDD. Enalapril hingegen erhält höhere Festbeträge unter Anwendung der wvg.

Untergrenze der Fachinformation als Äquivalenzfaktor

Ein weiteres alternatives Berechnungsverfahren stellen die Untergrenzen der Fachinformation als Äquivalenzfaktor dar. Diese werden ebenso in die Gleichung 6 eingesetzt. Dabei wurde als Äquivalenzfaktor für Captopril (2*25=) 50 und für Ramipril (1,5*2,5=) 3,75 adjustiert. Die zweifache Regression ergab einen Festbetrag für die Standardpackung mit der Wirkäquivalenz 2,0 und der

[428] Vgl. G-BA (2009).

Packungsgröße 100 in Höhe von 17,05 Euro. Das Festbetragsniveau liegt insgesamt niedriger und es gibt zudem wie bei den DDD nicht für alle Äquivalenzfaktoren Dependants zu den beiden vorangegangenen Berechnungen (siehe Tabelle 6.11). Zur besseren Darstellung wurde stets der zahlenmäßig nächst nähere Wert als Referenz herangezogen. Dass sich zum Teil andere Wirkäquivalenzfaktoren als bei VG und DDD (sowie eine andere Standardpackung) ergeben, zeigt die Sensitivität des Berechnungsverfahrens in Hinblick auf die Berechnungskomponente der Wirkvergleichbarkeit. Hier sollte angemerkt werden, dass sich die Anzahl (Spalte 2 der Tabelle 6.11) allein auf das Verfahren der VG bezieht und insbesondere im Fall der Fachinformation nicht mehr gilt, was an der nicht aufgeführten Standardpackung abgelesen werden kann. Trotz der ähnlichen Regressionsgleichung $p = 0{,}208588397 * w^{0{,}183742} * pk^{0{,}312699}$ ergeben sich andere Wirkäquivalenz-/Packungsgrößenkombinationen der Handelsformen.

6.3.3 Vorschläge zur verbesserten Berechnung

Generell sollte eine Beurteilung der Wirkäquivalenz auf Basis möglichst breiter Evidenz erfolgen. Entscheidungsunterstützer aus dem Umfeld des IQWiG präferieren hierzu klar RCTs. Ob diese allerdings als einzige Studienform Anerkennung finden sollte, bleibt fraglich. Bei klarer Präferenz für EBM[429]-Basierung in Ablösung von Expertenmeinungen wird dem RCT die höchste Verlässlichkeit zugemessen.[430] Ein anzustrebendes, zukünftiges Verfahren sollte vergleichende Studien beinhalten. Wenn eine patientenrelevante Wirkstoffbesonderheit nachweisbar ist, kann eine gänzliche Herausnahme aus der Festbetragsgruppe sinnvoll oder gegebenenfalls auch ein preislicher Bonus zielführend sein. Über eine solche Option könnten Nebenindikationen einfließen, die generalisierende Verfahren wie die DDD und ebenso die wvg nicht adäquat abzubilden vermögen.

In den vorangehend skizzierten Berechnungen ist dargelegt worden, wie derzeit Nebenindikationen berücksichtigt werden. Wenn für „überlegene" Substanzen ein Bonus in das Honorierungssystem implementiert würde, könnte dies einen Anreiz

[429] EBM: Evidence Based Medicine.
[430] Vgl. Koch, K.,Sawicki, P.T. (2009), S. 12f.

setzen, insbesondere auch zu einem späteren Zeitpunkt solche Studien durchzuführen. Eine einbezogene retrospektive Studie, die die Mortalität unterschiedlicher ACE-Hemmer evaluiert hat, ermittelte ein erhöhtes Mortalitätsrisiko für Captopril und Enalapril. Hierbei wurde allerdings eine sehr (evtl. zu) niedrige Dosierung festgestellt, die bei Enalapril bei 63 Prozent der Patienten und bei Captopril bei 85 Prozent der Patienten unter der empfohlenen Zieldosierung lag.[431] Diese Versorgungsdaten verdeutlichen, wie entscheidend die Dosierung für das Erreichen von Risikoreduktionsmaßen ist.

Alternativ kann über den Weg der therapeutischen Verbesserung in einer Subgruppe eine bessere Erlössituation in freier Preissetzung, trotz des Erstattungsanspruchsverlusts im restlichen therapeutischen Bereich, realisiert werden. Dies setzt eine Mindestgröße des Nischenmarktes voraus, um die Verluste aus den anderen Therapiegebieten auszugleichen. Im Fall von Atorvastatin wurde die Wirtschaftlichkeit allein für einen Teilbereich der schwereren Fälle bei gleichzeitiger Herausnahme aus der Erstattung der anderen Dosierungen über eine Rabattvertragskonstellation erreicht.[432]

Sowohl die DDD als auch die wvg sind rechnerische Hilfskonstrukte, die über Surrogatparameter den zugrunde liegenden Wirkunterschied der einbezogenen Wirkstoffe abzubilden versuchen. Dabei ähneln sich die Ergebnisse auf den ersten Blick sehr, im direkten Vergleich der einzelnen Wirkstoffe ergeben sich aber deutliche Unterschiede. Für die Verwendung der DDD spricht, dass sie als normierte, pauschalisierte Bezugsgrößen bereits in anderem Kontext im deutschen Gesundheitswesen genutzt werden (Richtgrößen im ambulanten Bereich). Eine pauschale Verwendung von DDD wird in aktuellen Veröffentlichungen allerdings kritisiert.[433] Dies vor allem, da die Hauptindikation, die auch für das aktuelle Festbetragssetzungsverfahren maßgeblich ist, die Gruppenzugehörigkeit und Basis der Wirkvergleichbarkeit determiniert. Bei einzelnen Wirkstoffen gibt es aber auch Nebenindikationen, die ggf. nicht ausreichend abgebildet sind. Eine vollkommen unkritische Verwendung sowohl der DDD als auch der FI-Untergrenze erscheint somit nicht angeraten. Beide

---

431 Vgl. Pilote L. et al. (2008), S. 1308.
432 Vgl. Deutsche-BKK, (2008).
433 Vgl. Wasem, J., Bramlage, P. (2008), S. 39f.

könnten aber um eine weitere Komponente adjustiert werden, die bestmöglich die Einnahmezyklen oder auch die z.T. abweichenden Therapiegebiete besser abdeckt. Eine solche Adjustierung wird bei der wvg vorgenommen, wenn relevante Nebenindikationen und/oder Einnahmeintervallunterschiede vorliegen. Diese Verfahren zur hilfsweisen Abschätzung der Wirkäquivalenz sollten aber nicht den Blick davor verstellen, dass Studien gegen definierte Endpunkte mit vergleichbarer Studienkohorte der Vorzug gegeben werden sollte, da sie eine direkte Abbildung der Wirkvergleichbarkeit unter klinischen Bedingungen (bzw. soweit möglich im Versorgungskontext) ermöglichen. Eine aktuelle Analyse der Abweichungen der tatsächlich verschriebenen (PDD)[434] von den rechnerisch richtigen DDD ermittelte in der Gruppe der ACE-Hemmer deutliche Abweichungen. Die tatsächlichen Arzneimittelkosten waren z.T. bis zu dreimal so hoch, über sämtliche Wirkstoffe der Gruppe immer noch doppelt so hoch.[435] Bei den ebenso betrachteten selektiven Betablockern lagen die PDD in der Mehrzahl unter den DDD-basierten Kostenangaben. Eine so hohe Abweichung, wie in der Gruppe der ACE-Hemmer, konnte nicht festgestellt werden. Eine Ursache für Überschreitungen der Normkosten sind Mehrverordnungen, die bis zu der doppelten Tagesdosis berichtet werden konnten.[436]

Eine insgesamt erreichte und vom Gesetzgeber erwünschte Preissenkung zur Hebung von Wirtschaftlichkeitsreserven in Festbetragsgruppen der Stufe 2 muss den therapeutischen Unterschieden von Wirkstoffen weiterhin ausreichend Rechnung tragen. Die ebenso eingeforderte (ausreichende) therapeutische Alternativenauswahl könnte durch eine zu strikte Auslegung von Absenkungspotenzialen durch die 30 Prozent-Regelung gefährdet werden, wenn Hersteller die Preise ihrer Wirkstoffe nicht mehr anpassen und Erlöse stattdessen primär im Bereich der Selbstzahler erzielen. Denn ab einer gewissen Schwelle wird die Preissenkung aufgrund der Warenkorbreferenzen in Europa, bei denen deutsche Listenpreise eine erhebliche Signalfunktion einnehmen, unattraktiv. Für die gesetzlich krankenversicherten Patienten wäre in der Folge die Auswahl an unterschiedlichen Wirkstoffen limitiert.

[434] PDD: Prescribed Daily Dosis.
[435] Vgl. Grimmsmann, T., Himmel, W. (2009), S. 3.
[436] Vgl. Grimmsmann, T., Himmel, W. (2009), S. 4.

Der Verband Pro Generika hat aktuell insbesondere die Vergleichsgrößenberechnung auf den Stufen 2 und 3 kritisiert. Weitere Kritik fand sich an der Bildung von Stufe 1 Gruppen für Biosimilars, deren Unterschiedlichkeit bei Gruppenbildung nicht ausreichend Rechnung getragen wurde. Der Wechsel der Berechnungsmethode im Jahr 2004 war nach Einschätzung des Verbandes für eine Präzisierung der Abbildung der Versorgungswirklichkeit eher abträglich. Der berechnete fiktive Durchschnittswert als Rechengröße habe mit Anwendungsgebiet und Dosierungsanfordernis nichts mehr gemein. Das wvg-Rechenmodell benachteilige Wirkstoffe, welche in Abhängigkeit vom Anwendungsgebiet unterschiedlich dosiert werden müssten. Einer höheren Dosierung würde eine höhere Vergleichsgröße zugeordnet, die in der Folge zu einem niedrigeren Festbetrag führen würde. Der erst nachträglich eingeführte Applikationsfaktor sei zudem keine Abhilfe für das Problem, da auch in jenem Fall eine fiktive Einnahmefrequenz ansetze.[437] Pharmazeutische Hersteller könnten durch das Verfahren abgehalten werden, Zulassungen für weitere Indikationen mit höherer Dosierung zu beantragen. Das Verfahren beeinträchtigt zusätzlich vor allem Wirkstoffe, die in mehreren Anwendungsgebieten mit unterschiedlich hohen Dosierungen zum Einsatz kommen und solche, die in einem Anwendungsgebiet eine höhere Applikationsfrequenz aufweisen als in anderen Anwendungsgebieten. Als Lösungsvorschlag plädiert der Verband für eine Rückkehr zu den DDDs als Vergleichsgrößenverfahren. Die Vor- und Nachteile einer solchen Lösung sind vorangehend gewürdigt worden.[438]

6.3.4 Late Entry Besonderheiten

Die Arzneimittelgruppe der ACE-Hemmer ist von hoher Konkurrenz geprägt, wie die vorangegangenen Ausführungen zeigen konnten. Dies ist der Vielzahl der präsenten Wirkstoffe geschuldet, welche abgesehen von Captopril und Fosinopril über eine sehr hohe Übereinstimmung der pharmakokinetischen Eigenschaften (siehe Tabelle 6.12) verfügen.[439] Bestärkt wird diese Beobachtung durch eine Meta-Analyse der Cochrane Collaboration aus dem Jahr 2008: „There are no clinically meaningful BP [Anm.: Blood Pressure] lowering differences between

437 Vgl. Pro Generika (2010).
438 Vgl. Pro Generika (2010).
439 Vgl. Harder, S., Rietbrock, N. (2001), S. 209.

different ACE inhibitors."[440] „The data do not suggest that any one ACE inhibitor is better or worse at lowering blood pressure when used at doses of one-half the manufacturer's maximal recommended dose and above."[441] Diese Übereinstimmung induziert eine prinzipielle Austauschbarkeit und könnte somit, gesetzt dem Fall, dass es dem Hersteller nicht gelingt sein Produkt erfolgreich zu differenzieren, zu einem maßgeblich über den Preis ausgetragenem Wettbewerb führen.[442] Da Festbetragssysteme aber per definitionem die Preisentscheidungen eines Herstellers einengen, könnte der Order of Entry (OoE, oder Markteintrittsreihenfolge) eine besondere Bedeutung zu kommen. Die Wirkung dieser Positionierung soll nachfolgend unter den Rahmenbedingungen einer Festbetragsregelung näher beleuchtet werden. Zur Recherche der Absatz- und Umsatzdaten wird erneut auf den Datensatz des IMS Pharmascope, welcher bereits in Kapitel 5 verwendet wurde, zurückgegriffen. Die Preisrecherche erfolgte anhand der Lauer-Taxe.

Patentauslauf, aber insbesondere Markteinführung – bezogen auf Deutschland – gestalten sich weniger homogen als aufgrund des Patenterwerbs[443] vermutet werden sollte, wobei die Gesamtpatentlaufzeit um die vom Vorhandensein eines ergänzenden EU-Schutzzertifikates abhängigen 20 bis 25 Jahre variiert.[444] Der Markteintritt des Pioniers ereignete sich 1981. Innerhalb der ersten drei Jahre kam lediglich Enalapril hinzu. Die Marktexklusivität von Captopril ist somit nur unwesentlich kürzer ausgefallen als die durchschnittliche Marktexklusivität in den 80er Jahren.[445] In den folgenden neun Jahren traten in einer Zeitspanne von nur vier Jahren acht weitere Präparate (Benazepril, Cilazapril, Fosinopril, Lisinopril, Perindopril, Quinapril, Ramipril und Trandolapril) in den Markt ein, sodass zwölf Jahre nach der Begründung des Indikationsgebietes durch Captopril bereits neun Arzneimittel verfügbar waren. Als letzte Wirkstoffe traten Moexipril und Spirapril im Jahr 1997 sowie Imidapril im Jahr 1999 in den Markt ein. Diese haben einen Abstand von 16 bzw. 18 Jahren auf den Markteintritt des Pioniers. Die Positionierung erfolgte demnach in einer Phase, in welcher durch den Patentauslauf von Captopril im Jahr 1995 bereits ein generischer Wettbewerb

---

440 Vgl. Heran, B.S. et al. (2008), S. 2.
441 Vgl. Heran, B.S. et al. (2008), S. 48.
442 Vgl. Pfähler, W., Wiese, H. (2008), S. 72.
443 Vgl. Abbildung 6.9.
444 Vgl. Deutsch, E., Spickhoff, A. (2008), S. 811f.
445 Vgl. DiMasi, J.A., Paquette, C. (2004), S. 2.

bestand. Nachdem sich der Markt für ACE-Hemmer also zeitweise aus bis zu 13 Wirkstoffen zusammensetzte, besteht er heute, nach einer zum 01.02.2009 erfolgten Marktrücknahme von Imidapril, aus zwölf Wirkstoffen.

Abbildung 6.9: Anzahl der Patentanmeldungen und Markteinführungen für die Wirkstoffgruppe der ACE-Hemmer

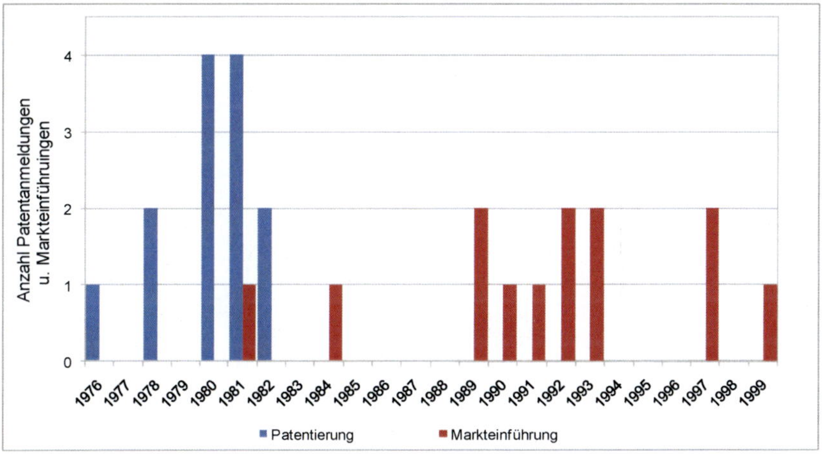

Quelle: Eigene Darstellung.

Die ökonomische Nutzungszeit dieser Wirkstoffgruppe, welche zur Amortisation der Aufwendungen für Forschung und Entwicklung dient, definiert als

$$Datum_{Patenauslauf} - Datum_{Markteintritt}$$

liegt mit durchschnittlich 12 Jahren deutlich über den in der damaligen Literatur veranschlagten 6 bzw. 7,6 Jahren.[446] Bei Präparaten, die bereits als Original nur eine geringe Verbreitung gefunden haben, kann die reale ökonomische Nutzungsdauer durch ein Ausbleiben des generischen Wettbewerbs länger ausfallen. Das Auftreten von generischem Wettbewerb lässt sich außerdem durch aufgebotene Verteidigungsmaßnahmen des Patentinhabers hinauszögern. Eine Beschreibung derartiger Verteidigungsmaßnahmen findet sich am Beispiel von Perindopril bei Curley.[447] Der Hersteller Servier hatte in jenem Fall nach dem Auslaufen des Stoffpatents die Patentlaufzeit durch zweitrangige Patente in Form

446 Vgl. Suchy, H. (1992), S. 8, Spickschen, T. (1989), S. 24.
447 Vgl. Curley, D. (2007).

von Herstellungspatenten verlängert. Diese betrafen verschiedene kristaline Formen der Substanz sowie die Herstellungsvariante.

Tabelle 6.12: Pharmakokinetische Eigenschaften zugelassener ACE-Hemmer

Wirkstoff	Eliminationsweg	HWZ	Tagesdosis
Benazepril	renal	18h	1 x 10-20mg
Captopril	renal	1-2h	2-3 x 25-50mg
Cilazapril	renal	40h	1 x 1,25-2,5mg
Enalapril	renal	35h	1 x 10-20mg
Fosinopril	renal/hepatisch	12h	1 x 5-20mg
Imidapril	k.A.	k.A.	k.A.
Lisinopril	renal	30h	1 x 5-20mg
Moexipril	renal	14h	1 x 7,5-15
Perindopril	renal	30h	1 x 4-8mg
Quinapril	renal	26h	1 x 10-20mg
Ramipril	renal	15h	1 x 2,5-10mg
Spirapril	k.A.	k.A.	k.A.
Trandolapril	k.A.	k.A.	k.A.

Quelle: Vgl. Harder, S., Rietbrock, N. (2001), S. 210.

Die Auswertung der in Tabelle 6.4 zusammengefassten Daten (und deren Visualisierung in Abbildung 6.9) verdeutlicht, dass es in der Gruppe der ACE-Hemmer, obwohl die Patentdaten dies nicht vermuten ließen, zu einer erheblichen Diskrepanz innerhalb der Markteintrittsdaten gekommen ist. Diese Entwicklung könnte zu einer Herausbildung von spezifischen Besonderheiten in Abhängigkeit vom Zeitpunkt des Markteintritts geführt haben. Nachfolgend sollen insbesondere die Wirkung des Festbetrages in diesem Zusammenhang sowie seine Wirkung auf das Pricing von Spätfolgern im Mittelpunkt der Betrachtung stehen.

Markteintrittsreihenfolge

Zunächst gilt es eine theoretische Basis aus spezifisch betriebswirtschaftlicher Sicht zu schaffen, um eine bessere Einordnung der zu beobachtenden Ergebnisse zu ermöglichen. So lassen sich nach Crawford drei Basisstrategien bezüglich eines Markteintritts unterscheiden:

- First-to-Market-Strategie
- Second-to-Market-Strategie
- Later-to-Market-Strategie[448]

Im Markt für ACE-Hemmer stellt Captopril zweifellos den Pionier dar. Es handelt sich um das Medikament, welches den Standard für dieses Therapiegebiet

[448] Vgl. Becker, J. (1998), S. 379.

definiert hat und somit First-to-Market war. Ein Second-to-Market-Produkt – bzw. Frühfolger – ist dadurch definiert, dass das zugrundeliegende Technologiekonzept parallel zum Pionier entwickelt wurde und das Produkt somit stark am „First-Product“ orientiert ist. Der Frühfolger genießt in seiner Preissetzung bereits nicht mehr dieselben Freiheiten wie der Pionier und muss zur Marktanteilserlangung gegebenenfalls Preiszugeständnisse machen.[449] Diese allgemeine Definition deckt sich mit der neueren Definition von Analogpräparaten.[450] Insbesondere die parallelen Entwicklungsanstrengungen konnten eingangs bereits anhand der Patentanmeldungen dargestellt werden.[451] Trotzdem wirft vor allem die starke Verzögerung in der Einführung von Imidapril, Moexipril und Spirapril die Frage auf, wie weit die zeitliche Grenze für eine Second-to-Market-Strategie zu setzten ist. Eine Spätfolger-Strategie charakterisiert sich hauptsächlich über die Imitation des Innovators, niedrige F&E-Aufwendungen sowie das Ausnutzen von Mengendegressionseffekten. Eine Later-to-Market-Strategie wird dabei primär aufgrund fehlender Produktentwicklungskapazitäten oder dem Zurückschrecken vor Markterschließungskosten gewählt.[452] Diese Definition erfüllen im Pharmamarkt klassischerweise Generikahersteller[453], welche wie oben illustriert bei der Markteinführung von Imidapril, Moexipril und Spirapril bereits auf dem Markt für ACE-Hemmer vertreten waren.

Diese theoretische Betrachtung verdeutlicht das definitorische Spannungsfeld, welches der Bewertung von verspätet gelaunchten (Late Entry), aber durch den vorliegenden Patentschutz, per definitionem innovativen Arzneimittel zugrunde liegt. Mehrere Arbeiten nehmen sich diesem Problem mit einem expliziten Bezug zur pharmazeutischen Industrie an.[454] Bauer et al. schätzen den Zeitraum, innerhalb dessen ein Produkt noch als Frühfolger gilt, mit drei bis vier Jahren und begründen dies mit den tendenziell langen Entwicklungszeiten in der Pharmaindustrie.[455] Nach dieser Definition würde es sich also nur bei Enalapril um einen Frühfolger handeln, alle weiteren Wirkstoffe wären unabhängig davon, ob es

[449] Vgl. Becker, J. (1998), S. 380.
[450] Vgl. Blöchl-Daum, B. (2006), S. 495.
[451] Vgl. Tabelle 6.4 und Abbildung 6.9.
[452] Vgl. Becker, J. (1998), S. 381.
[453] Vgl. Hofmann, H., Schöffski, O. (2008), S. 397.
[454] Vgl. Fischer, M. et al. (2005), Bauer, HH. et al. (2001).
[455] Vgl. Bauer, H.H. et al. (2001), S. 633.

sich um ein Originalpräperat oder ein Generikum handelt, Spätfolger mit den spezifischen oben beschriebenen Nachteilen. Fischer et al. ermitteln den Status der Folger mit Hilfe eines ökonometrischen Modells und unter der Annahme, dass der Frühfolger vor dem Takeoff[456] des Marktes und der Spätfolger nach dem Takeoff des Marktes in den Selbigen eintritt.[457] Das Ergebnis ist mit dem vorangegangenen konsistent, wonach nur Enalapril als Frühfolger identifiziert wird.[458]

Bauer et al. errechnen ausgehend von Umsatz- und geschätzten Kostendaten, welche maßgeblich aus den F&E-Kosten sowie den Marketingkosten bestehen, die Rentabilität verschiedener Originalpräparate in Abhängigkeit von der OoE auf dem globalen Markt. Diese Schätzung basiert dabei auf einer hypothetischen Annahme darüber, was dem Hersteller als ein fester Prozentsatz vom Umsatz als Gewinn verbleibt und dass alle Hersteller die gleichen – oben kurz geschilderten – Kosten haben. Die Autoren kommen zu dem Ergebnis, dass nur für den Innovater Captopril, den Frühfolger Enalapril sowie für den – aus globaler Sicht – ersten Spätfolger Lisinopril positive Deckungsbeiträge erreicht werden. Alle anderen Wirkstoffe besäßen laut dieser Modellierung ein negatives Kosten-Gewinn-Verhältnis.[459]

Im Gegensatz zur oben geschilderten Modellierung präsentieren Fischer et al. einen mehrperiodischen Modellansatz. Dieser beruht auf dem Konzept des Produktlebenszyklusses, mit dem der Einfluss der OoE auf den erzielten Absatz des jeweiligen Präparats geschätzt werden soll. Hierbei wird von einer gegenüber dem Preis unelastischen Nachfrage ausgegangen[460], womit die oben geschilderten theoretischen Implikationen – wonach „Folger-Produkte" vor allem aufgrund von Preisnachlässen mit dem Innovator um Marktanteile konkurrieren – negiert werden. Für Fischer et al. entwickelt die OoE ihre Wirkung primär aus dem Umstand, dass weder für den Arzt noch für den Patienten ein Anreiz zum Wechsel einer einmal erfolgreich begonnenen Pharmakotherapie bestehe.[461] Als stärkste Einflussfaktoren auf den Absatz werden demnach die Qualität des Produkts und

456 Für die Definition und Modellierung eines Takeoff vgl.: Golder, P.N., Tellis G.J. (1997), S. 256ff.
457 Vgl. Fischer, M. et al. (2005), S. 547.
458 Vgl. Fischer, M. et al. (2005), S. 561.
459 Vgl. Bauer, H.H. et al. (2001), S. 634-643.
460 Vgl. Fischer, M. et al. (2005, S. 564.
461 Vgl. Fischer, M. et al. (2005), S. 553.

die OoE identifiziert. In einem nächsten Schritt erfolgt die Quantifizierung des Einflusses der OoE. Fischer et al. schätzen, dass der Frühfolger gegenüber dem Innovator einen Absatzvorteil von 130 Prozent besitzt, wohingegen der Spätfolger Absatzeinbußen in Höhe von ca. 60 Prozent hinnehmen muss.[462] Da Marktdaten aus vier europäischen Ländern (Deutschland, Frankreich, Großbritanien, Italien) zur Anwendung kamen, ist eine Übertragbarkeit dieser Ergebnisse auf den deutschen Kontext nicht ohne Einschränkung möglich.

Die Analyse des zugrunde liegenden Datensatzes bringt für Deutschland demnach ein ähnliches, aber nicht äquivalentes Bild hervor. Die Aufteilung und Veränderung der Anteile im Markt für 100 Stück Packungen aller Wirkstärken im gewählten Beobachtungszeitraum (1999-2007), welche in Abbildung 6.10 abgetragen ist, verdeutlicht, dass sich die Marktanteile in diesem Zeitraum zugunsten des Früh- und der Spätfolger verschieben. Der Marktanteil des Innovators Captoril fällt von knapp 60 Prozent im Jahr 1999 auf unter 20 Prozent im Jahr 2007. Die so verlorenen Marktanteile des Innovators teilen sich zu gleichermaßen auf den Frühfolger Enalapril und die elf Spätfolger auf. Diese deskriptive Analyse würde demnach die Ergebnisse von Fischer et al. zumindest hinsichtlich der Überlegenheit des Frühfolgers bestätigen.

Abbildung 6.10: Marktanteilsentwicklung nach Order of Entry

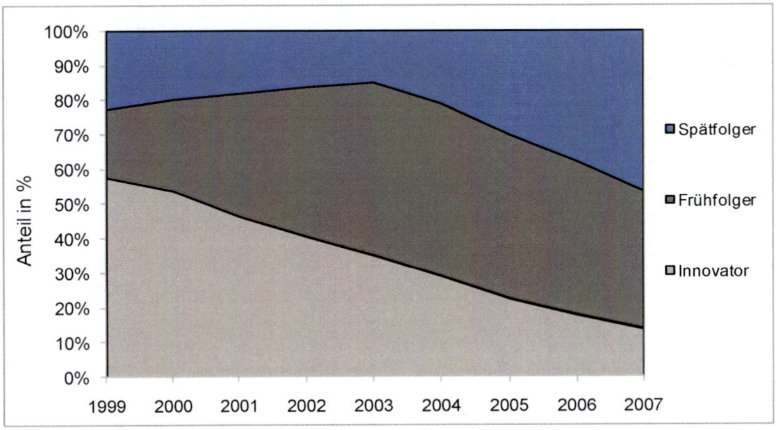

Quelle: Eigene Darstellung

462 Vgl. Fischer, M. et al. (2005), S. 565.

Abbildung 6.11, in der die Wirkstoffe in 5-Jahres-Kohorten nach dem Markteintrittsjahr gruppiert werden, verdeutlicht, dass der Marktanteil mit späterem Produkteintritt zusehends geringer wird. Die drei ab 1995 gelaunchten Produkte können im Betrachtungszeitraum augenscheinlich nur marginale Marktanteile erlangen. In Abbildung 6.11 lässt sich des Weiteren der Effekt von generischem Wettbewerb beobachten. So ist ein starker Anteilszuwachs in der Gruppe der von 1985-1990 in den Markt eingetretenen Produkte zu verzeichnen.

Abbildung 6.11: Marktanteilsentwicklung in Abhängigkeit von Markteintrittsjahr (5-Jahres-Gruppen)

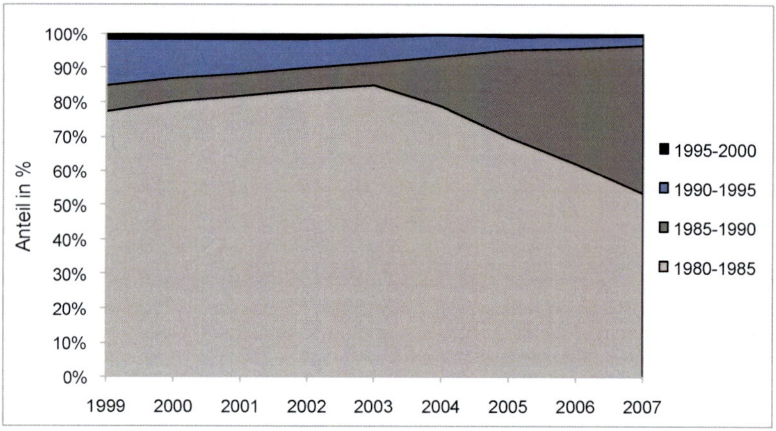

Quelle: Eigene Darstellung

Dieser zwischen den Jahren 2003 bis 2004 beginnende Zuwachs ist auf den Patentauslauf von Ramipril im Dezember 2003 zurückzuführen und verdeutlicht den weiter unten illustrierten, sichtbaren Einfluss von generischem Wettbewerb innerhalb der Wirkstoffgruppe. Gleichzeitig konterkariert diese Entwicklung die Beobachtungen von Fischer et al., da die gewählte auf den individuellen Produktlebenszyklus ausgerichtete Perspektive Marktanteilsverschiebungen durch den Eintritt generischer Präparate nicht mit antizipiert und somit den Pharmamarkt nur sehr selektiv abbildet. Abbildung 6.12 illustriert die Marktverteilung anhand der aktuell verfügbaren Daten aus dem Jahr 2008 und verdeutlicht, dass mit Ramipril ein Spätfolger das Produkt mit dem höchsten Marktanteil stellt.

Abbildung 6.12: Verordnete DDDs in Mio. im Jahr 2007

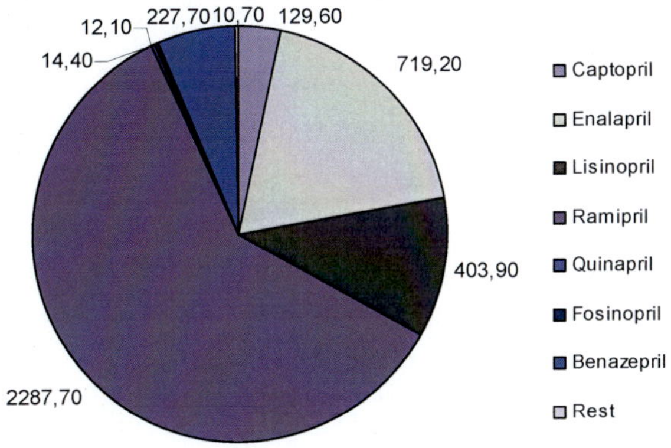

Quelle: Vgl. Anlauf, M. (2008).

Abschließend sind in Abbildung 6.13 die Preisniveaus der verschiedenen ACE-Hemmer abgetragen. Das Preisniveau ergibt sich aus der Division der Umsatz- durch die Absatzwerte und bildet so den durchschnittlichen Herstellerabgabepreis ab. Da keine Verordnungsgewichtung erfolgt, ist diese Art der Darstellung nicht geeignet, um präzise Einzelaussagen zu treffen. Es wird allerdings ersichtlich, dass die Preisniveaus der verschiedenen Präparate stark konvergieren. Es ist zudem beobachtbar, dass das Preisniveau der beiden zuerst in den Markt eingetretenen Produkte bereits durch generischen Wettbewerb gedrückt wird und sich ca. 50 Prozent unter den restlichen Medikamenten befindet.

Abbildung 6.13: Umsatz/Stück nach 5-Jahres-Gruppen

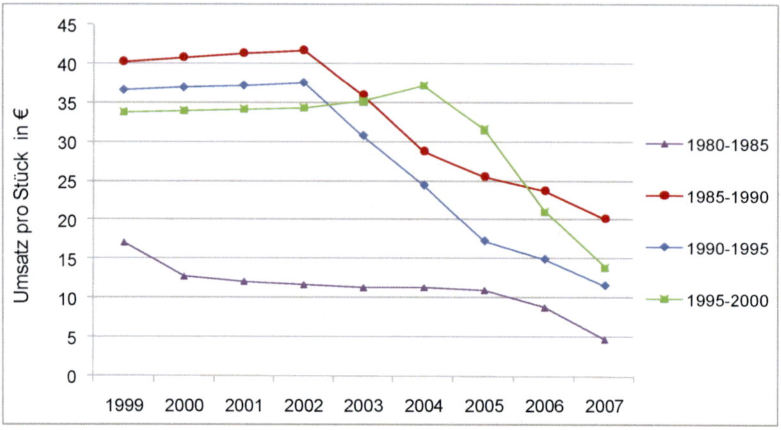

Die Jahreszahlen beziehen sich auf den Zeitpunkt der Market Authorization des jeweilgen ACE-Hemmers, hier erfolgte eine Gruppeneinteilnug in 5-Jahreszeiträume

Quelle: Eigene Darstellung.

Ramipril

Nach dieser generellen Beschreibung auf der Makroebene soll nun zunächst die Preis- bzw. Festbetragsentwicklung von Ramipril genauer untersucht werden. Die Abbildung 6.14 stellt diese Entwicklung anhand der Ramipril 100er Packungen mit einem Wirkstoffgehalt von 5 mg dar. Abgetragen wurden der Absatz, getrennt nach Original- und generischen Präperaten, die Umsatzentwicklung des gesamten Teilmarktes, der Festbetrag, der Preis des Originals sowie der geschätzte Durchschnittspreis der generischen Zubereitungen. Der geschätzte Preis ergibt sich dabei aus dem durchschnittlichen Herstellerabgabepreis, zu welchem noch der Aufschlag für die Apotheke und den Großhandel und die Mehrwertsteuer (bis 2006: 16%, ab 2007: 19%) addiert werden.[463] Um die Abbildungsgenauigkeit zu erhöhen, wurde der Durchschnittspreis mit den Absatzzahlen des jeweiligen Präparates gewichtet.

[463] Vgl. Bauer, E. (2008), S. 344.

Abbildung 6.14: Marktentwicklung Ramipril (Pck 100; wi: 5 mg)

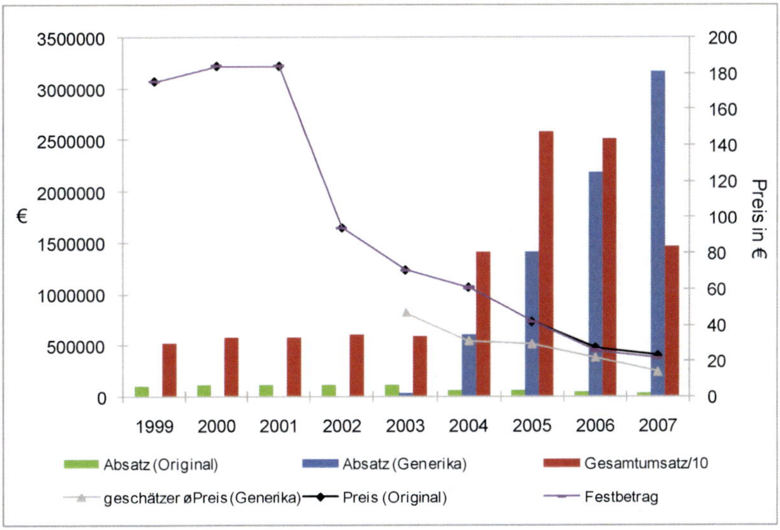

Quelle: Eigene Darstellung.

Es wird sichtbar, dass mit dem Eintreten des generischen Wettbewerbs zunächst eine Situation eintritt, die der Modellierung von Zweifel und Crivelli in der Variante des „low-price equilibriums“ entspricht, welche bereits in Kapitel 2.5.2 beleuchtet wurde.[464] Ab 2006 ist allerdings zu beobachten, dass der Preis des Originalpräparats über dem Festbetrag angesetzt wird. Diese Pricing-Strategie entspricht der Strategie Kuchers und Simons, welche prinzipiell eine Segmentierung der Nachfrage in ein Nicht-Zuzahler- und ein Zuzahler-Segment unterstellen. Außerdem prognostizieren sie ein zweites Gewinnoptimum jenseits des Festbetrages, also im Segment der Zuzahler.[465] Aufgrund des aus der Abbildung 6.14 erkennbaren weiteren Absatzrückganges in den Jahren 2006 und 2007 scheint sich zumindest letzteres nicht einzustellen und dies, obwohl sich die Zuzahlung im Bereich von 1 (2006) bis 1,54 Euro (2007) bewegt. Dabei handelte es sich um die Zuzahlungshöhe, bis zu welcher sich nach Kucher/Simon die Nachfrage auch in einem nicht segmentierten Markt noch unelastisch verhalte.[466] Diese Beobachtung könnte dem Umstand geschuldet sein, dass vom 01.01.2006 bis zum 01.01.2007 14 generische Präparate (Pckg.: 100, wi: 5 mg) eine

464 Vgl. Kapitel 2.5.2, sowie Zweifel, P., Crivelli, L. (1996), S. 272.
465 Vgl. Kucher, E., Simon, H. (1989), S. 132.
466 Vgl. Kucher, E., Simon, H. (1989), S. 131.

Zuzahlungsbefreiung erlangt haben. Der vom Patienten wahrgenommene Preisaufschlag für das Originalpräparat relativ zum Generikum betrug also nicht mehr nur 1 Euro respektive 1,54 Euro, sondern versechsfachte sich auf 6 Euro bzw. verfünffachte sich auf 6,54 Euro. Unabhängig von der Relevanz welcher dem Patienteneinfluss auf die „Konsumentscheidung" bzgl. eines Medikaments beigemessen wird, lässt sich festhalten, dass die Entscheidung zur Abkopplung des Preises vom Festbetrag im Falle von Ramipril offenbar strategisch schlecht gewählt wurde. Ob diese Entscheidung kausal mit dem deutlichen Einbrechen des Umsatzes des Originalpräparates verknüpft ist, oder ob dieser nur die Fortschreibung eines generellen Trends darstellt, kann anhand vorliegender deskriptiver Statistik nicht bewertet werden.

Festzuhalten ist, dass der Marktanteilszuwachs für Ramipril – wie oben bereits angesprochen – einzig auf den generischen Wettbewerb zurückzuführen ist. Dieses Wachstum scheint, wie an den sinkenden Umsatzzahlen in Abbildung 6.14 ersichtlich, durch preisgünstige Generika stattzufinden. Somit steht dieser Erfolg eines Spätfolgers nicht im diametralen Gegensatz zu den oben dargestellten Theorien, sondern verdeutlicht, dass der Einfluss generischen Wettbewerbs auf die Absatzsitutation im Zusammenhang mit der OoE durch die aktuellen Theorien nicht zufriedenstellend abgebildet wird.

Ultra-Late-Entries: Imidapril, Moexipril und Spirapril

Wie bereits beschrieben differenziert sich die Gruppe der Spätfolger noch einmal in zwei Cluster. Diese sind besonders plastisch in Abbildung 6.9 zusehen. Die Präparate Imidapril, Moexipril und Spirapril treten also in einen Markt ein, auf welchem bereits ein generischer Wettbewerb herrscht, dessen quantitatives Wachstum allerdings ungebrochen scheint.[467] Obwohl diese Dynamik, wie die Abbildung 6.15 zeigt, auch im Beobachtungszeitraum anhält und sich das Marktvolumen nahezu verdoppelt, gelingt es diesen Präparaten nicht, wie bereits in Kapitel 6.3.1 gezeigt werden konnte, einen signifikanten Marktanteil zu erlangen. Trotzdem bietet sich die Analyse dieser Gruppe an, da zum einen anhand der verfügbaren Daten die Absatz-, Umsatz-, Preis- und Festbetragsdynamik der ersten Jahre nach Einführung nachgezeichnet werden

[467] Vgl. für die Darstellung der Marktdynamik bis 1999: Häussler, B. et al. (2002), S. 121.

kann. Zum anderen wurden unterschiedliche Strategien bzw. strategische Gestaltungsmöglichkeiten gewählt (respektive standen zur Verfügung), um den oben geschilderten Spätfolger-Nachteilen zu begegnen. Die Analyse beschränkt sich nachfolgend auf Imidapril und Moexipril, da im Falle von Spirapril ein Datenfehler eine korrekte Auswertung verhinderte.

Abbildung 6.15: Absatz von ACE-Hemmer in Anzahl der Packungen (Pck: alle, wi: alle)

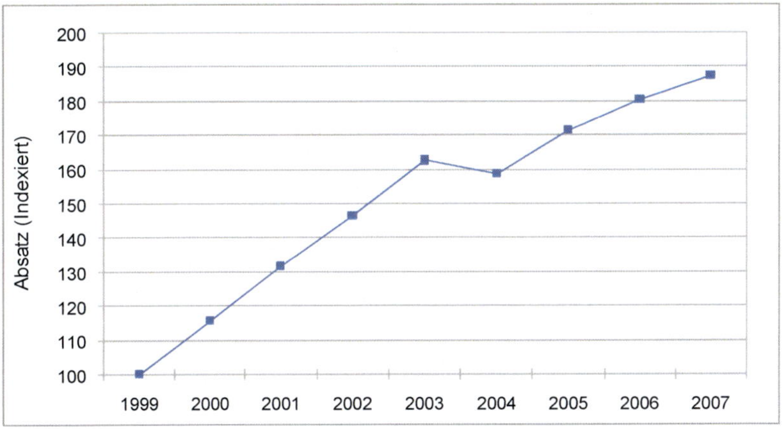

Quelle: Eigene Darstellung.

Die erste strategische Gestaltungsmöglichkeit eröffnete der Gesetzgeber durch das siebte Gesetz zur Änderung des fünften Sozialgesetzbuches vom 28. Oktober 1996, dessen alleiniger Inhalt eine Änderung bezüglich der Festbeträge war:

„(1a) Für Arzneimittel mit patentgeschützten Wirkstoffen, die nach dem 31. Dezember 1995 zugelassen worden sind, werden Festbeträge der Gruppen nach Absatz 1 Satz 2 Nr. 2 und 3 nicht gebildet.“[468]

Diese erst 2004 mit dem GMG korrigierte Ausnahme von den Festbeträgen eröffnete den Arzneimittelherstellern neue preisliche Gestaltungsspielräume[469], welche bei alleiniger Betrachtung der Markteintrittsjahre auf alle drei sehr spät gelaunchten Wirkstoffe zutreffen könnten. Wie Tabelle 6.13 zeigt, ist allerdings einzig Imidapril im fraglichen Zeitraum zugelassen. Sowohl Moexipril als auch

468 Vgl. 7. SGB V-ÄndG, Artikel 1, Nr.1; BGBl. I S. 1254.
469 Vgl. Rosenbrock, R., Gerlinger, T. (2006), S. 197.

Spirapril haben ihre Zulassung vor dem Stichtag erlangt. Warum der Launch dieser beiden Medikamente mit einer so großen Verzögerung auf die Zulassung erfolgte, ist weder aus den vorliegenden Daten, noch aus der Theorie plausibel erklärbar.

Tabelle 6.13: Zulassungsdaten ausgewählter Spätfolger

Wirkstoff	Anmelder	Tag der Zulassung	Markteintritt
Imidapril	Celltech Pharma	30.09.1998	1999
Moexipril	Schwarz Pharma	04.09.1995	1997
Spirapril	Sandoz AG	11.01.1995	1997

Quelle: Alle Zulassungsdaten: BfArM Arzneimittelinformationssystem (AMIS).

Aus Tabelle 6.13 wird auch ersichtlich, dass es sich bei den Anmeldern (zur Zulassung) in allen Fällen um Lizenznehmer, welche überwiegend als Generikahersteller auftreten, und nicht um den genuinen Patentanmelder handelt. Aufgrund der unbekannten Lizenzvereinbarung entziehen sich somit diese Präparate einer pauschalen Rentabilitätsbewertung, ebenso wie der von Bauer et al. Dies bezieht sich sowohl auf die Perspektive des Vermarkters als auch auf die des erfindenden Unternehmens.

Abbildung 6.16: Marktentwicklung Imidapril (Pck: 100, wi: 10 mg)

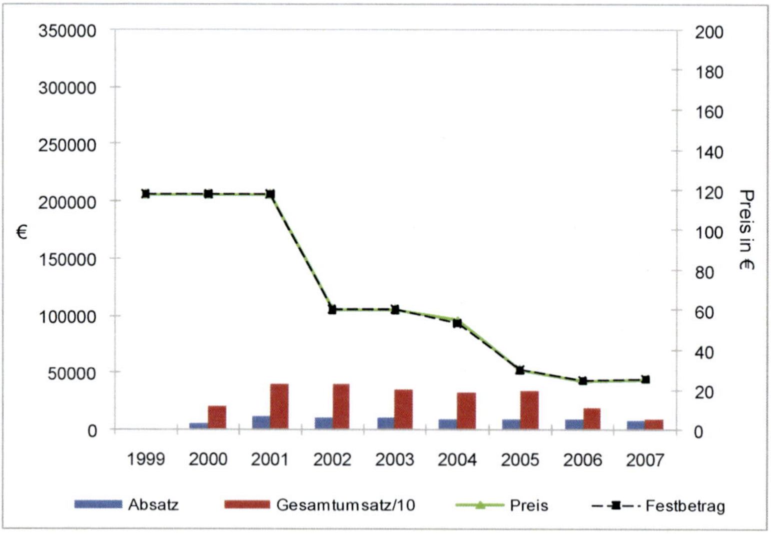

Quelle: Eigene Darstellung.

Nachfolgend wird zunächst Imidapril betrachtet, welches als einziges Medikament unter die Regelung gemäß siebten SGB V-ÄndG fällt und für das somit theoretisch ein Preis über dem für wvg-äquivalente Stoffe geltenden Festbetrag gewählt hätte werden können. Dieser Möglichkeit steht allerdings die Beobachtung von Pirk entgegen, welcher konstatiert, dass sich Neueinführungen prinzipiell am geltenden Festbetrag orientieren.[470] Abbildung 6.16 zeigt auf, dass diese Beobachtung auch in dem Falle eines nicht geltenden Festbetrages valide ist. So ist Imidapril auch in der Zeit von 1999 bis 2004, in welcher der Festbetrag nicht galt, mit Ausnahme von 2004, wo der Preis um 1,85 Euro über dem Festbetrag notiert, genau auf dem Niveau des zugehörigen Festbetrages eingepreist. Aus der Abbildung ist ein stark sinkender Preis und Umsatz im Beobachtungszeitraum ersichtlich. Wahrscheinlich wurden aus diesem Grund die Imidaprilzubereitungen zum 01.02.2009 aus dem Handel genommen.[471]

Die Markteinführung von Moexipril durch die damalige Schwarz-Pharma Tochter Alpharma ISIS erfolgte wie bereits geschildert nicht unter den besonderen Bedingungen des siebten SGB V-ÄndG. Um nicht auf einen preisgetriebenen Wettbewerb zurückgreifen zu müssen, wurde eine spezielle Form des Qualitätswettbewerbs gewählt. So wurde Moexipril weltweit als Nischenprodukt für Frauen nach der Menopause positioniert.[472] Der hier suggerierte therapeutische Vorteil wurde mehrheitlich kritisch aufgenommen und die Validität der präsentierten Evidenz in Frage gezogen.[473] Die Strategie, eine Nischenpopulation als Zielgruppe zu nutzen, entspricht hierbei einer von Cohen identifizierten Möglichkeit, für Spätfolger die Marktdominanz der zuvor eingetretenen Produkte in einem Segment zu brechen. Die Strategie wurde dabei aus der Analyse der Wettbewerbssituation in zehn Wirkstoffgruppen innerhalb der USA abgeleitet. Wichtig sei vor allem, dass der anzunehmende Vorteil bereits a priori herausgestellt werde. Als Limitation merkt Cohen an, dass es für diese Strategie bisher kein Beispiel einer ökonomisch erfolgreichen Umsetzung gegeben habe.[474]

Auch für die Vermarktung von Moexipril in Deutschland scheint die Strategie nicht erfolgreich angewandt worden zu sein. So sinken der Marktanteil und der Umsatz

[470] Vgl. Pirk, O. (2008), S. 161.
[471] Angabe aus der Lauer Taxe.
[472] Vgl. exemplarische Werbung in der Ärtzezeitung vom 06.02.1997, sowie im BMJ Heart 1 (76).
[473] Vgl. Arzneitelegramm (1997), S. 28; Häussler, B. (2002), S 95.
[474] Vgl. Cohen, F.J. (2006), S. 292.

Abbildung 6.17: Marktentwicklung Moexipril (Pck: 100; wi: 15 mg)

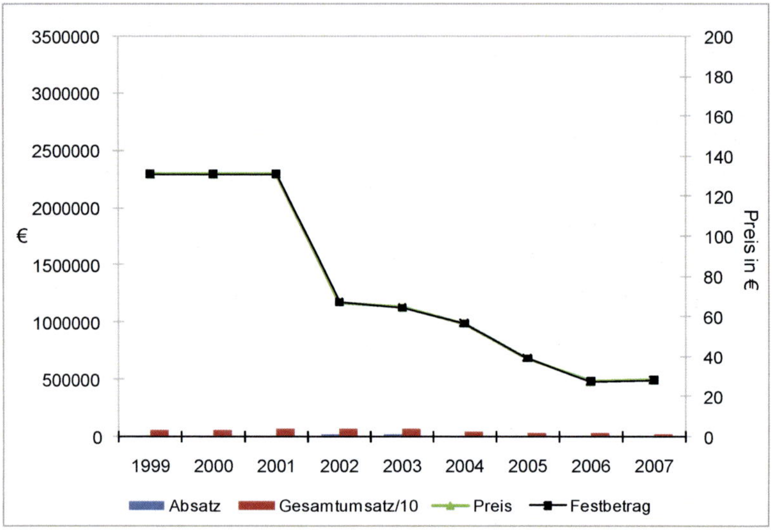

Quelle: Eigene Darstellung.

von Moexipril über den Beobachtungszeitraum stetig. Da keine Angaben zur (Kosten-)Intensität der Marktbearbeitung vorhanden sind, kann keine Aussage dazu gemacht werden, ob der – aus Sicht des Unternehmens – relevante Zusatznutzen für die gewählte Zielgruppe nicht vehement genug kommuniziert wurde. Wahrscheinlicher ist allerdings, dass, wie oben beschrieben, die zugrunde liegende Evidenz nicht ausreichend war. So ist keine der publizierten Studien[475] als Head-to-Head-Studie zur Standardtherapie, oder zu einem anderen ACE-Hemmer ausgestaltet. Zudem erfolgte neben der ohnehin verzögerten Markteinführung keine Publikation solcher Studien vor dem Launch, gemäß den Implikationen von Cohen. Es ist demnach leider nicht möglich, eine Aussage darüber zu treffen, ob ein gesundheitsökonomisch relevanter Nutzen für eine Subpopulation dazu beitragen könnte einen höheren Preis – inklusive möglicher Zuzahlung – gegenüber den Patienten und Verschreibern durchzusetzten bzw. OoE-Nachteile bei den Absätzen auszugleichen. Vielmehr dient auch hier der Festbetrag als Preisobergrenze, was auch bei Moexipril mit sinkendem Festbetrag zu einem bei stagnierendem Absatz einhergehenden sinkenden Umsatz führt.

[475] Vgl. Agabiti-Rosei, E. et al. (1999), Koch, B. et al. (1999).

6.4 Zwischenfazit

Mit dem Loss of Exclusivity (LoE) einer pharmazeutischen Innovation entsteht eine generische Wettbewerbssystematik sofern das Marktsegment vom potenziellen Umsatzvolumen attraktiv erscheint. Der pharmazeutische Wirkstoff erhält direkte Konkurrenz und eine Preisanpassung findet statt. Um diesen Effekt noch zu verstärken und insbesondere die hochpreisig verbleibenden Altoriginale zu stärkeren Preissenkungen zu animieren, wurden Festbeträge eingeführt. Wie die vorangegangene Analyse der Order of Entry zeigt, spielt in bedeutenden Klassen zudem das Zusammenspiel der verschiedenen Wirkstoffe untereinander noch eine eigene zusätzliche Rolle. Aufgrund der Vierteilung der Nachfrage liegt im Arzneimittelbereich keine klassische Marktsituation vor. Administrative Eingriffe beeinflussen das Marktergebnis und führen zu (weiteren) Ineffizienzen. Mit der Einführung von Festbeträgen sollte einer Ineffizienz des Marktes begegnet werden, indem Anreize zur preisgünstigen Verschreibung und für eine veränderte Inanspruchnahme vergleichbarer Arzneimittel gesetzt wurden. Die Setzung von Festbeträgen führte bei aufzahlungspflichtigen Arzneimitteln zu starken Umsatzrückgängen aufgrund der Kommunikationsnotwendigkeit der Ärzte. Die Patienten scheinen bei Vorhandensein von Alternativen keine über die Regelzuzahlung hinausgehende Zahlungsbereitschaft zu haben. Bereits direkt bei der Einführung von Festbeträgen hatten Hersteller versucht, die über die Festbeträge erlassene Zuzahlung durch eine exakt gleich hohe Setzung der AVP über Festbetrag zu substituieren. Die Versicherten wären also nicht schlechter gestellt gewesen. Dennoch wurde in zuzahlungsbefreite Festbetragsarzneimittel gesteuert.[476]

7 Diskussion

7.1 Diskussion der empirischen Ergebnisse

Die vorangegangene Analyse hat zum einen den Effekt einer starken Preisanpassung in den Stufe 1 Gruppen zeigen können, zum anderen sind auch aktuell nur wenige Packungen aufzahlungspflichtig, was einen Steuerungserfolg

[476] Vgl. Bever-Breidenbach, N. (1991), S. 214f.

der Festbeträge bestätigt. Die ***Hypothese 2.3 (Preissekungen primär bei Erstfestsetzungen)*** kann somit nicht angenommen werden, da gerade die jährlichen Anpassungen zu erheblichen Einsparungen führen. Hinzu zeigt die Entwicklung des deutschen Generikasegments im Vergleich zu anderen Ländern ein deutlich höheres Preisniveau. Dies widerspricht der These, dass der Markt allein ausreichend Wettbewerbsprozesse entwickelt, die eine Setzung von Festbeträgen obsolet machen würden. Die ***Hypothese 2.4 (Patentauslaufswettbewerb kann Stufe 1 Festbeträge ersetzen)*** wird somit ebenfalls nicht angenommen. Die Art der Marktabbildung über eine Regression und somit das Kernelement der Festbetragsregelung in Deutschland erscheint adäquat und zielkonform.[477] Die eigenen Berechnungen zeigen, dass die Marktabbildung nachvollziehbar und reproduzierbar ist. Die ***Hypothese 1.6 (Verlässlichkeit der Berechnungsmethode)*** kann somit abgelehnt werden. Das Berechnungsbeispiel hat für den verordnungsarmen Beispielwirkstoff C eine ungünstige Vergleichsgröße mit der Folge eines niedrigen Festbetrags errechnet. Hieraus ließe sich folgern, dass die Verordnungshäufigkeit eine wesentliche Rolle spielt. Da die Verordnungshäufigkeit allerdings innerhalb der Wirkstoffe in die Berechnung einbezogen wird, ist eine klare Aussage nicht zu treffen. Es verbleibt an dieser Stelle Forschungsbedarf. Die ***Hypothese 2.1 (systematische Benachteiligung von Wirkstoffen geringer Verordnungshäugfigkeit)*** wird daher abgelehnt. Eindeutig abgelehnt wird die ***Hypothese 1.1 (Transparenz des Verfahrens)***, da sowohl der SpiBU als auch das DIMDI allein der gesetzlichen Minimalanforderung der Herstellung von Transparenz des Verfahrens nachkommen. Sowohl in der Art der allein für Experten verständlichen Präsentation als auch in dem mangelhaften Umfang in Bezug auf Parameter und Details der Berechnung bestehen erhebliche Defizite. Eine längerfristige nachträgliche Analyse ist zudem nicht möglich, da allein die Veränderungen der letzten Jahre auf der Internetpräsenz online sind. Ein Abruf der Entscheidungsgrundlagen war zudem mehrmals längere Zeit nicht möglich, so dass die zwischenzeitig erfolgten Anpassungen nicht nachvollziehbar waren. Tragende Gründe wiederum werden nicht auf den Seiten des DIMDI oder des SpiBu veröffentlicht, sondern beim G-BA. Es ist also eine Vielzahl von unterschiedlichen Seiten zu monitoren, wenn eine interessierte Teilnahme an

[477] Vgl. Bever-Breidenbach, N. (1991), S. 192.

diesem Regulierungsprozedere beabsichtigt ist. Das Beispiel Atorvastatin stellt den jüngsten, größeren Fall einer Nicht-Absenkung des Preises auf Festbetragsniveau bei einer Gruppenbildung dar. Aufgrund der Clusterung mit anderen Statinen in einer Festbetragsgruppe, und aus Sicht des Herstellers klaren Outcomevorteilen, verblieb der Preis oberhalb des Erstattungslimits. Dies hat in der Folge zu einer erheblichen Aufzahlung für die deutschen Patienten geführt, in anderen Ländern hat der Hersteller den Preis niedriger angesetzt bzw. wurde er in Verhandlungen günstiger vereinbart, wie die Abbildung 7. 1 zeigt.

Abbildung 7.1: Preise von Atorvastatin 10 mg in vier Ländern

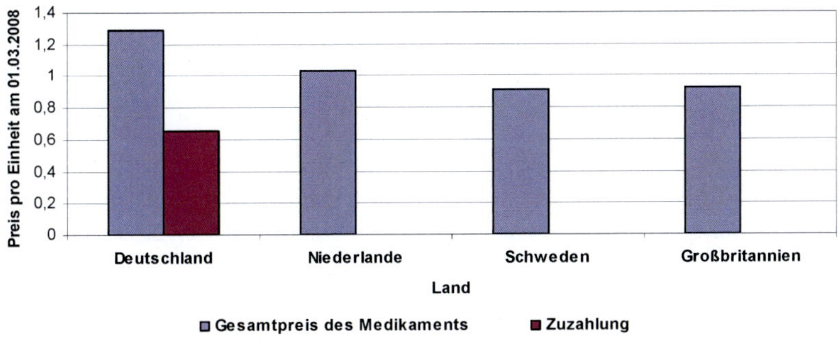

Quelle: Vgl. Drummond, M. et al. (2010).

Diese Länder setzen auf eine Priorisierung von günstigen, generischen Simvastatinen als first line und eine ggf. erfolgende Umstellung auf teurere Alternativen bei auftretenden Unverträglichkeiten. Für die deutschen Stufe 2 Gruppen der Protonenpumpenhemmer und Statine wurden für den Zeitraum von 2003 bis 2007 erhebliche Kostensenkungen ermittelt, die in der Lage waren die Mengenerhöhungen auszugleichen.[478] Simvastatin hat einen Verordnungsanteil von 85 Prozent in der Gruppe der Statine erreicht. Atorvastatin fiel von 55 Prozent auf zwei Prozent Verordnungsanteil ab, was die mangelnde Aufzahlungsbereitschaft belegt. Die Autoren attestieren den Gruppen einen hohen Einsparerfolg, der trotz stark angestiegenem Arzneimittelverbrauch durch Preissenkungen erreicht werden konnte. Zur Einführung der Festbeträge 1989

478 Vgl. Goodman, B., Schwabe, U., Selke, G., Wettermark, B. (2009), S. 345f.

wurde für die Stufen 2 und 3 zunächst die rmTD als Normierung von Tagesbehandlungskosten eingesetzt. Sie orientierte sich an Empfehlungen zu therapiegerechten Packungsgrößen. Unterschiede in der Bioverfügbarkeit oder Qualität konnten nicht berücksichtigt werden. Neben der Kritik über die Höhe der mittleren Tagesdosen begünstigte das Verfahren die therapeutisch nicht erwünschten Großpackungen.[479] Die Ursache hierfür liegt in der Preisheterogenität und der Preisdegression der Arzneimittelpackungen. Die Berechnung der rmTD erfolgt allein für zugelassene Indikationen, die Wirkstoffe können wiederum darüber hinaus therapeutisch genutzt werden. Allen Spezifika von Arzneimitteln wird somit auch im aktuellen Verfahren der wvg nicht Rechnung getragen, die ***Hypothese 1.7 (zu ungenaue Gruppenbildung)*** somit nicht abgelehnt. Für den Wirkstoff Lorazepam fanden sich zur Gruppenbildung in der Preisvergleichsliste des Bundesausschusses und anderen Informationsdiensten unterschiedliche Definitionen und Dosierungsangaben. Neben 2 mg wurden u.a. 2,5 mg als Äquivalenzfaktor benannt.[480] Es gab folglich gute Gründe, auf ein anderes Verfahren zur Herstellung der Wirkvergleichbarkeit bei Stufe 2 und 3 Gruppen zurückzugreifen. In Kapitel 6 wurde daher anhand einer Beispielgruppe die Modulation der Vergleichsgröße exemplarisch vorgenommen, um Rückschlüsse auf Chancen potenzieller Alternativen zu gewinnen.

Ermittelt wurde hierbei, dass andere Ansätze unter Verwendung einer Mehrzahl der aktuell verwendeten Berechnungsparameter ähnliche Ergebnisse für den Anpassungsfaktor liefern. Hier sollten zukünftig weitere Forschungsanstrengungen ansetzen und abweichende Verfahren zur Herstellung der Wirkvergleichbarkeit entwickeln. Die wvg liefert ein konsistentes Ergebnis, auch wenn sie aufgrund der notwendigen Vereinfachung auf wenige Inputparameter eine Vielzahl von Wirkstoffbesonderheiten nicht abzubilden vermag. Hierzu wären Ergänzungen im Verfahren in Form von Aufschlägen für patientenrelevante Produktspezifika möglich. Die ***Hypothese 1.8 (bessere Ergebnisse anderer Verfahren als wvg)*** kann folglich nicht abgelehnt werden. Es besteht weiterer Forschungsbedarf an diesem wichtigen Inputparameter des Verfahrens. Die Analyse der OoE hat für die Late Entrys ein starkes preisliches Anpassungsverhalten an die anderen Gruppenmitglieder ergeben. Ob dies allein der nicht-ausreichenden

[479] Vgl. Bever-Breidenbach, N. (1991), S. 127f.
[480] Vgl. Bever-Breidenbach, N. (1991), S. 199f.

Studienevidenz im Fall von Moexipril oder der generellen geringen Abzeptanz am Markt für Imidapril geschuldet ist, kann retrospektiv nicht beurteilt werden. Einem preisangleichenden Effekt kann aufgrund der eigenen Berechnungen in der Beispielgruppe und der OoE-Analyse somit zugestimmt und die ***Hypothese 2.2 (preisangleichender Effekt in Festbetragsgruppen)*** nicht abgelehnt werden.

Für Medikamente, die überhaupt nicht verschrieben werden, erfolgt in der Berechnung der wvg die Zuordnung eines Gewichtungswerts von 1, damit sie dennoch einbezogen werden können. Die veröffentlichten Gruppenbildungen lassen den Schluss zu, dass sich der Regulierer Entscheidungsspielräume in Bezug auf die Berechnung erhalten möchte. Ein Beispiel stellen die nicht veröffentlichen Rundungen der Parameter a, b und c dar. Hier ließe sich leicht durch die zusätzliche Veröffentlichung einiger weiterer Details des jeweils angewandten Verfahrens seitens des Spitzenverbandes Abhilfe zu mehr Transparenz schaffen. Erfolgt nun die Einbeziehung eines Medikamentes wie CT (7,5/20) aus Kapitel 5.4 in eine Festbetragsgruppe, verbleiben dem Hersteller lediglich die folgenden zwei Optionen. Entweder er belässt den Preis oberhalb des Festbetrages und vertraut auf die (Zu-) Zahlungsbereitschaft der Patienten oder der Preis wird entsprechend mit einer einhergehenden Margenverringerung abgesenkt.[481] Gründe für eine Preisherabsetzung liegen in der Problematik, dass im Fall der Nichtabsenkung der Hersteller dem Patienten einen relevanten Zusatznutzen kommunizieren muss. Das Heilmittelwerbegesetz schränkt dies in einem erheblichen Ausmaß ein. Als Vermittler vorhandener Zusatznutzen kommt dann im Wesentlichen nur noch der verordnende Arzt oder der Apotheker in Betracht. Der Arzt sieht sich mit Verordnungsrichtgrößen konfrontiert und einem mittlerweile individuellen Regress bei Überschreitung, so dass er wenig Interesse an einem aufklärenden Gespräch zu Zusatznutzen eines über dem Festbetrag liegenden Medikamentes haben wird. Der Anreiz einer etwas besseren Vergütung für den Apotheker, wenn er ein im Vergleich teureres Medikament verkauft, ist somit ebenso klein im Sinne des Herstellers zu handeln. Sind nun die Patienten in ihrer Nachfrage elastisch, dann wird aus Sicht der pharmazeutischen Industrie die sinnvolle Strategie die Absenkung des Preises auf höchstens den Festbetrag sein, welches eine bewusst intendierte Reaktion darstellt. Empirisch lässt sich

[481] Vgl. Stargardt, T. et al. (2005), S. 473.

nachweisen, dass 2005 lediglich 4,3 Prozent der Packungen auf dem Festbetragsmarkt oberhalb der Erstattungsgrenze lagen.[482] Dieser Wert hat sich auf ca. 8 Prozent der Packungen im Jahr 2009 erhöht.[483]

Die Festbeträge wirken, wie empirisch gezeigt werden konnte und wie andere Autoren überwiegend bestätigen, kostendämpfend. Sie benötigen allerdings Begleitregulierungen und stehen ihrerseits in Konflikt mit anderen Maßnahmen. Hierbei steht weniger das Berechnungsverfahren der Regression, sondern vielmehr die Gruppenzusammenführung im Fokus der Kritik. Einer möglichen Preisangleichungstendenz von unten konnte durch die 30 Prozent Regelung begegnet werden, die ihrerseits wiederum zu Fehlsteuerung in Verbindung mit den Rabatten nach § 130 a Abs. 8 SGB V führen kann. Die deutsche Regulierungstradition von 1977 bis heute steht unter dem Eindruck vieler ad hoc Eingriffe, die zu wenig aufeinander abgestimmt worden sind und deren Interaktionen nicht exakt erkannt und noch weniger ermittelt werden konnten, da zu geringe Zeiträume bis zur Nachregulierung vergingen. Anpassungsreaktionen von „Betroffenen" sind stets zu erwarten und erschweren eine solche Strategie. Die ***Hypothesen 1.3 (andere Massnahmen interagieren) und 1.4 (erhöhte Zielgenauigkeit eines konsistenten Ansatzes)*** sind nicht abzulehnen, da das derzeitige Verfahren der Festbetragsregulierung in vielfältigen Interaktionen unterschiedlicher Regulierungsebenen nicht effektiv funktionieren kann. Veränderungen der Regulierung sollten daher Vor- und Nachteile aus einer gesamtwirtschaftlichen Sicht gemäß dem Zieldreieck aus Kapitel 2 abwägen.

Zuzahlungen – gerade bei Vorhandensein einer zuzahlungsbefreiten Alternative – die das System der Festbeträge stets bietet, sorgen für eine Senkung des Moral Hazard und für eine andere Wertigkeit der Therapiealternative. Über spezielle Subgruppenregelungen für Insulinanaloga und besonders schwere Krankheitsfälle, für die Ausnahmen geöffnet werden können, lassen sich solche negativen Effekte für vulnerable Gruppen abfedern. Eine Diskriminierung einzelner Patientengruppen ließ sich nicht ermitteln, die ***Hypothese 1.2 (Stufe 2 und 3 benachteiligen Patientensubgruppen)*** wird somit nicht angenommen. Die zu starke Fokussierung auf Sprunginnovationen ist ebenso unadäquat, da

[482] Vgl. Stargardt, T. et al. (2005), S. 473.
[483] Vgl. Spitzenverband Bund (2009).

Entwicklungen in der Vergangenheit gezeigt haben, dass auch Schrittinnovationen zu gänzlich neuen Therapieansätzen (Beispiel der Sartane) führen können.

Im Bereich der Festbeträge sollten Head to Head Studien Basis der Wirkeinordnung sein und das System der verordnungsgewichteten Wirkstärkenvergleichsgröße ablösen. Letztere Herangehensweise übergeht eine tiefere Differenzierung der unterschiedlichen Wirkstoffe und verleiht der Verordnungshäufigkeit einen Einfluss auf den Preis. Festbeträge für Stufe 3 Gruppen benötigen häufig die Ausdifferenzierung über eine Anpassung der Einnahmezyklen und Therapiedauer, so dass der verzerrende Effekt der wvg ggf. noch verstäkt wird. Die ***Hypothese 1.5 (Mehr Gruppenbildungen auf der Stufe 2 und 3 wären sinnvoll)*** wird somit nicht angenommen.

Gegen Festbeträge liegen dennoch eine Vielzahl von Argumenten vor. Innovationen werden verlangsamt in das System eingebracht, da die Gruppenbildung zu heterogen erfolgt.[484] Aufgrund der notwendigen Zuzahlungen verzichten vor allem vulnerable Patienten auf die Arzneimittel, die nicht zum Festbetrag zur Verfügung stehen.[485] Die Ärzte müssen dennoch mehr Zeit für Umstellungen und Beratungen aufbringen.[486] Letztlich entstehen vermehrt Kosten in anderen Sektoren.[487] Des Weiteren wurden erwartete Einsparungen nicht realisiert.[488] Aufgrund der Festbetragsgruppenzusammensetzung im Bereich der Generika sind deren Preise höher, als sie in einem wettbewerblichen Marktumfeld wären.[489] Viele Kritikpunkte beruhen auf der Tatsache, dass Festbeträge allein die Preiskomponente und die Strukturkomponente regulieren.[490] Eine schematische Ausarbeitung der Kritik und Vorschläge zur Verbesserung der Regulierungssystematik findet sich – zur Veranschaulichung der Vielzahl von konzeptionellen Vorschlägen – in Tabelle 7.1.

484 Vgl. Vogelbruch, B. (1992), S. 185.
485 Vgl. Bever-Breidenbach, N. (1991), S. 297f.
486 Vgl. Ioannides-Demos, L.L., Ibrahim, J.E., McNeil, J.J. (2002), S. 587-590), S. 588.
487 Vgl. Stargardt, T., Schreyögg, J., Busse, R. (2005), S. 475.
488 Vgl. Giuliani, G., Selke, G., Garattini, L. (1998), S. 84.
489 Vgl. Stark, A. (2005), S. 11.
490 Vgl. Ioannides-Demos, L.L., Ibrahim, J.E., McNeil, J.J. (2002), S. 587-590.

Tabelle 7.1: Kritikpunkte und Vorschläge zur Veränderung des Regulierungsrahmens

Autoren	Kritik am Regulierungssystem	Auswirkungen	Lösungsansätze
Mehnert[491]	Wirkungsanalyse des Zielerreichungsgrades unterschiedlicher Maßnahmen in Deutschland. Dabei stellen die Begrenzung des Ausgabenwachstums, industriepolitische Absichten und sozialpolitische Postulate gesellschaftspolitische Ziele dar.	*Mehrwertsteuererhöhungen* werden abgelehnt, da sie eine reine Lastenverschiebung von der Sozialversicherung zu den Steuerzahlern darstellen. *Rabatte* greifen nicht an den zugrunde liegenden Problemen des Moral Hazard oder der Marktintransparenz an.	Neben dem Preisniveau sind die Nachfragemengen und Arzneimittelstruktur wesentliche Marktdeterminanten.[492]
Schulenburg[493]	Selbstbeteiligungen erfordern eine normale Preiselastizität der Patienten und ein Verhalten des verschreibenden Arztes als perfekter Agent. Dies gilt für auf eine spezielle Therapie eingestellte Patienten nur bedingt. Hier profitiert allein die Kasse von der Kostenverlagerung.	Stärkung der Mitverantwortung des Versicherten. Zuzahlungen reduzieren die intergenerative Umverteilung und fördern folglich positive Verteilungswirkungen.	Für eine zielführende Abzugsfranchise sollte die Vollversicherung beendet werden sowie monetäre Steuerungsmassnahmen ausreichend groß bemessen sein, um effektive Steuerungswirkungen zu entfalten.
Zweifel/ Crivelli[494]	Hersteller besitzen eine Markteinschätzung ihrer Präparate hinsichtlich der Ärztepräferenz in Bezug auf Innovationen sowie Generika und setzen Preise entsprechend diskretionär.	Preise in Reaktion auf Festbeträge werden entsprechend auf Generikaniveau (zum Festbetrag) oder über dem Festbetrag (Innovationen) gesetzt. Die Zuzahlungsregelungen der Jahre 1993 und 1994 haben die Preissensitivität der Patienten für die Innovationen allerdings gesenkt, weshalb Preise über Festbetrag unwahrscheinlicher geworden sind.	Guidelines, die nicht allein auf den Kostenaspekt fokussieren, könnten hier eine Hilfestellung in der Verhaltensänderung sein. Sie zielen auf eine Verbesserung der Versorgung und nicht auf eine Rationalisierung. Als Problem bleibt, dass sie in den Fällen einer vorangegangenen Unterversorgung die Qualität, aber auch die Kosten erhöhen.[495]
Hansen[496]	Das Beispiel des Arzneimittelbudgets, welches 1994 eingeführt, 1997 abgelöst, 1999 wieder eingeführt und 2002 abgeschafft wurde, zeigt das unsystematische Vorgehen kurzfristigen Aktionismus.	Über das Instrument der individuellen Rabatte wird der Preis von Krankenkassen und Herstellern bestimmt, die Menge und den Wirkstoff würde der Arzt definieren. Die aut idem Substitution wurde erst mit diesen Rabattverträgen seit 2007 ausgabeneffektiv.	Aufgrund mangelhafter Dokumentation machen die beiden Instrumente Festbeträge und Rabatte die Arzneimittelvereinbarungen unkalkulierbar und somit obsolet, obwohl die Verhandlungen theoretisch noch Regulierungsbestandteil sind. Bessere Abstimmung der Instrumente nötig.
Mossialos et al.[497]	Belohnung von Vorenthalten von Medikation ist ein ethisches Problem von harten Budgets.	Die Patienten erwarten als Abschluss eines Arztgespräches ein Rezept. Maßnahmen, die die Mengenkomponente adressieren, sind somit schwerer durchzusetzen, als preisliche Angriffspunkte.	

491 Vgl. Mehnert, A. (1997), S. 238.
492 Vgl. Mehnert, A. (1997), S. 203.
493 Vgl. Schulenburg, J.-M. Graf v.d. (1987), S. 22, S. 186.
494 Vgl. Zweifel, P., Crivelli, L. (1996), S. 265.
495 Vgl. Zweifel, P., Crivelli, L. (1996), S. 271.
496 Vgl. Hansen, L. (2009), S. 259.
497 Vgl. Mossialos, E. et al. (2004), S. 17-22.

Autoren	Kritik am Regulierungssystem	Auswirkungen	Lösungsansätze
Mehnert[498]	Mangelnde Markttransparenz, Erfüllung von Patientenwünschen durch den Verschreiber	Das Verschreibungsverhalten wird nicht allein von Wirtschaftlichkeitsüberlegungen beeinflusst, sondern ebenso durch Erfahrungen, die eigene Meinung und klinische Vorzüge determiniert.	Der Agent spielt eine Schlüsselrolle in der Nachfrageregulierung von Arzneimittelmärkten. Dies sollte bedacht werden.
Mossialos et al. [499]	Intransparenz bei Preisverhandlungen.	Mengenerhöhungen können erfolgreiche Maßnahmen der Preiskontrolle konterkarieren.	Solche Preismaßnahmen sollten folglich stets durch weitere Anreize „begleitet“ werden.
Reekie[500]	Die Schaffung eines kompetitiven Wettbewerbsumfeldes soll zu besseren Lösungen führen als eine Vielzahl unabgestimmter diskretionärer Eingriffe mit einhergehenden Kosten.	Die Entwicklung von Parallelimporten wird zudem auf die zu strikte Regulierung in vielen westeuropäischen Staaten zurückgeführt. Quelle: Länderübergreifende Analyse von Arzneimittelgruppen mit einer hohen Nachfragekreuzelastizität der Länder Südafrika, Dänemark, Großbritannien, USA, die Niederlande und Deutschland.	Regulierung wirkt wohlfahrtssenkend im Bereich der Arzneimittel. Preisniveau hat sich überwiegend gesenkt, was als Erfolg der relativ unrestriktiven Preisregulierung bewertet wird. Einschränkend sollte allerdings in Betracht gezogen werden, dass es in diesen Ländern durchaus Preiskontrollmechanismen gibt, die den „reinen“ Wettbewerb überlagern.
Greß/Niebuhr/Wasem[501]	Eingriffe in den Markt für Arzneimittel haben häufig nicht zu den intendierten Folgen geführt. Die Hersteller erhalten in Deutschland unterproportional weniger vom Verkaufspreis einer Arznei. Das schweizerische Preisniveau liegt in allen Teilmärkten über dem deutschen. Bei Betrachtung der Handelsspannen fällt auf, dass Deutschland vor der Änderung durch das GMG im oberen Drittel der Margen liegt.	HAP von innovativen Produkten durchaus im Mittelfeld der Länder, Generika sind teurer als in anderen Ländern, besitzen aber auch einen höheren Marktanteil, hohe Handelspannenzuschläge und die volle Mehrwertsteuerbelastung erhöhen den Endpreis.[502]	Bezogen auf den AVP entfallen nur in Irland mit 15%, den Niederlanden mit 14,5% und Luxemburg mit 13,2% mehr Anteile auf den Vertrieb als in Deutschland (13%). Alle anderen Länder haben hier geringere Spannen.[503] Eine Eingrenzung der Handelsspannen wäre offenbar sinnvoll.
Autoren	**Kritik an der Festbetragskomponente**	**Auswirkungen**	**Lösungsansätze**
Ess et al. [504]	Mangelnde Gruppenteilnehmer bei Festbetragsbildungen innovativer Arzneien.	Regulierungsinstrument kann dort nicht greifen.	
Puig-Junoy[505]	Kosten der Regulierung zehren durch Transaktionskosten und Marktverwerfungen den Nutzen auf. Neben Mengeneffekten konterkarieren zudem Verschiebungen zu teureren Produkten die Preisregulierungen.	Ziel der Wettbewerbsstärkung im Vordergrund. Möglichkeit eine Deregulierung zu beginnen, die letztlich zu kompetitiveren Preisen führen soll. Nach Patentauslauf können Preisregulierungsmaßnahmen wie die Festbeträge zu einer Stagnation auf höherem	Marktfehlern anstelle von Preisregulierung zum einen über eine Verbesserung der Informationslage zur Effektivität von Therapien, zum anderen einer sinnvollen Kostenbeteiligung der Nachfrager begegnen. Alternativ wäre auch ein System der

498 Vgl. Mehnert, A. (1997), S. 266.
499 Vgl. Mossialos, E. et al. (2004), S. 11ff.
500 Vgl. Reekie, W.D. (1998), S. 112.
501 Vgl. Greß, S., Niebuhr, D., Wasem, J. (2005), S. 32ff.
502 Vgl. Greß, S., Niebuhr, D., Wasem, J. (2005), S. 28.
503 Vgl. Greß, S., Niebuhr, D., Wasem, J. (2005), S. 34.
504 Vgl. Ess, S.M., Schneeweiss, S., Szucs, T. (2003), S. 102.
505 Vgl. Puig-Junoy, J. (2005), S. 39.

	Hierbei stellen gerade die neuen Arzneimittel eine Herausforderung dar, die einen eher geringen Zuwachs an Wohlfahrtsgewinn mit einem deutlich höheren Preis verbinden.[506]	Level führen anstelle einer stattdessen möglichen Senkung auf die Grenzkosten.[507]	Profitmaximierung anhand einer vorab definierten Wachstumsrate eines Preisindexes (PCR) als Preisregulierung denkbar.[508]
Drummond[509]	Herstellung der Relation von Preis zu Wirksamkeit schwierig; Folgekosten entstehen.	Umstellungen führen zu Krankenhauseinweisungen und Folgekosten.	Mittel der ersten Wahl ist die günstigste Alternative, aber bei Unverträglichkeit besteht Option zum Wechseln vom Altbewährten zum Speziellen.
Sheridan/ Attridge[510]	Zu starke Verkürzung des Produktlebenszyklusses für die Amortisation von F&E Aufwendungen (restriktivere Auflagen /Zulassungsverfahren, stärkere generische Konkurrenz nach Patentauslauf).	Geringe Attraktivität der Entwicklung weiterer Wirkstoffe in der Gruppe der ACE-Hemmer. Folge: allein Captopril am Markt vorhanden. Die festbetragsinduzierte Preissenkung käme einer faktischen Verkürzung der Patentlaufzeit gleich.	Wird nun bereits nach dem Patentauslauf des ersten Produktes eine Festbetragsgruppe gebildet, entfallen Anreize, den Wirkstoff weiterzuentwickeln bzw. er wird nicht auf dem lokalen Markt eingeführt.[511]
Aronsson et al.[512]	Festbetragsgruppen sind nicht gleichsam erfolgreich am Beispiel von Schweden.	Festbeträge sind Ursache von Preissenkungen in einigen Gruppen, in anderen ist die Konstellation des generischen Wettbewerbs massgeblich.	Andere Instrumente wären die bessere Wahl.
López-Casasnovas /Jönsson[513]	Interne Festbetragssysteme haben die Tendenz, sowohl von oben als auch von unten eine Preisannäherung herbeizuführen.	Des Weiteren steigt in der Folge der Einführung einer Festbetragsregelung der Marktanteil der nicht im System eingeschlossenen Wirkstoffe als Kompensationsreaktion der Hersteller.	Andere Instrumente wären die bessere Wahl.
Pavcnik[514]	Effekte der Einführung von Festbeträgen in Deutschland auf das Preissetzungsverhalten der Hersteller in der Gefahr einer Patientenaufzahlung.	Im Bereich der oralen Antidiabetika sanken die Preise der generischen Präparate um 11% nach Einführung von Festbeträgen, die Preise der Originale um 26%. Insgesamt sind aufgrund von zahlreichen Markteintritten und Veränderungen der Festbetragsgruppe die Effekte nicht eindeutig abgrenzbar.[515]	Bei Magengeschwürmedikamenten konnte festgehalten werden, dass ein stärkerer generischer Wettbewerb zu einer höheren Reaktion auf Festbeträge führt.
Mehnert[516]	Festbeträge, die zu undifferenziert eingesetzt werden, können die Innovationsanstrengungen senken.	Wird beispielhaft ein innovatives neues Medikament preislich einem älteren mit geringerem Nutzen gleichgesetzt und belässt der Hersteller einen Preis	Der Nachfrageverzerrung über sinnvolle Gruppenbildung entgegenwirken.

506 Vgl. Puig-Junoy, J. (2005), S. 50.
507 Vgl. Puig-Junoy, J. (2005), S. 53.
508 Vgl. Puig-Junoy, J. (2005), S. 47f.
509 Vgl. McArthur, W.J. (2001), S. 155.
510 Vgl. Sheriden, D., Attridge, J. (2006), S. 51.
511 Vgl. Sheriden, D., Attridge, J. (2006), S. 52.
512 Vgl. Aronsson, T. et al. (2001), S. 433f.
513 Vgl. López-Casasnovas, G., Puig-Junoy, J. (2001), S. 28.
514 Vgl. Pavcnik, N. (2002), S. 477.
515 Vgl. Pavcnik, N. (2002), S. 482.
516 Vgl. Mehnert, A. (1997), S. 260 f.

		über Festbetrag, folgt eine Zuzahlung und die Patienten entscheiden sich für das günstigere Präparat.	
Autoren	**Kritik an der Festbetragskomponente**	**Auswirkungen**	**Lösungsansätze**
Roberts[517]	Festbeträge stellen eine Regulierungsmaßnahme dar, die als Ersatzvornahme einer umfassenden Regulierung zu einer veränderten Anreizsituation führt.	Die Hersteller sollten mehr Studien finanzieren, die in echten Anwendungsbeobachtungen die besten Anwendungsgebiete identifizieren und zu mehr Kosteneffektivität in Disease Management Programmen beitragen.	Einen Ansatz, wirklich sektorenübergreifende Lösungen zu finden, stellen Kopfpauschalen dar, die für die gesamte Versorgung kalkuliert werden müssen. Es sollte zudem wie in GB und Schweden das medizinisch Notwendige vom Life Style getrennt werden.
Kanavos[518]	Umsetzungsprobleme bei Festbeträgen	Festbeträge sind schwierig kommunizierbar und wenn sie umfassend ausgestaltet sind ggf. auch schädlich für gesellschaftliche Ziele wie gleichem Zugang oder Erhalt der Innovationsförderung.	Managed Care Strukturen, die die Anreize besser vereinen können, wären eine Alternative.
López-Casasnovas /Jönsson[519]	Warenkorbeinflüsse auf interne Festbetragssysteme	Interne Referenzpreise sind effektiv, wenn der Ausgabeneffekt wenig auf exzessiven Verschreibungsmengen beruht, sondern vor Einführung stark auf hohen Arzneimittelpreisen fußt.	Auf europäischer Ebene konnten selten längerfristige Einsparungen realisiert werden. Ein Kurzfristeffekt stellt zudem die abknickende Nachfragekurve dar, die einen Preis unterhalb des Festbetrages ohne weitere Maßnahmen unattraktiv werden lässt[520]
Puig-Junoy[521]	Im Segment der Statine wurden Preise unterhalb des Festbetragslevels nicht weiter gesenkt; Das Instrument konnte dort nicht intendiert wirken.	Ausgabeninelastizität auf die Preisreaktionen nach Festbetragseinführung wird fehlenden Anreizen für Verschreiber und Patienten zugeschrieben.[522]	Die Notwendigkeit von Begleitmaßnahmen wird aufzeigt.
Drummond[523]	Konsequente Hinzuziehung von gesundheitsökonomischen Studien für die Festbetragssysteme, die über rein generische Gruppen hinausgehen.	Strukturierte Herangehensweise sinnvoll, wie sie über ein institutionalisiertes HTA-Prozedere zu etablieren wäre.[524]	Aufgrund knapper Ressourcen sind im Gesundheitswesen Entscheidungen darüber zu treffen, welche Produkte in welchem Umfang und welcher Qualität welchen Rezipienten zur Verfügung gestellt werden.[525]

Quelle: Eigene Darstellung

517 Vgl. Roberts, M.J. (2001), S. 175ff.
518 Vgl. Kanavos, P. (2003), S. 21f.
519 Vgl. López-Casasnovas, G., Puig-Junoy, J. (2001), S. 33.
520 Vgl. López-Casasnovas, G., Puig-Junoy, J. (2005), S. 119.
521 Vgl. Puig-Junoy, J. (2007), S. 26.
522 Vgl. Puig-Junoy, J. (2007), S. 27.
523 Vgl. Drummond, M. et al. (1997), S. 207.
524 Vgl. Bitzer, E.M. et al. (1998); Drummond, M.F. et. al (2008); Busse, R. et al. (2002); Perleth, M./Jakubowski, E./Busse, R. (2000).
525 Vgl. Greiner, W. (2007), S. 447.

7.2 Umfassende Reformvorschläge im Arzneimittelsegment

Neben den vorangehend dargestellten Veränderungsvorschlägen erfolgten in den letzten 5 Jahren mehrere größere Vorschläge zur Veränderung des Regulierungsrahmens im Bereich der Arzneimittelhonorierung. Die nachfolgenden Ausführungen beinhalten eine Vorstellung von drei größeren Alternativkonzepten, woraufhin eine Diskussion des Regulierungsrahmens, in dem sich Festbeträge zur Zielerreichung einfügen, erfolgt.

Kassenindividuelle Arzneimittellisten

Ein vieldiskutierter Vorschlag zur Umgestaltung des deutschen Arzneimittelmarktes stellt das System der kassenindividuellen Positivlisten von Cassel und Wille dar, welches sich in dem Gutachten für das BMG aus dem Jahr 2006 findet. Die Autoren prüfen dabei anhand folgender Leitbilder:

- Finanzierbarkeit (effizienter Mitteleinsatz)
- Eigenverantwortung (Verantwortung für eigene Gesundheit und Selbstmedikation)
- Solidarität (Anspruch nach Bedarf, Eigenbeteiligung sollte nicht überfordern)
- Erreichbarkeit (vulnerable Gruppen besser versorgen)
- Qualität (Kosteneinsparungen über Substitutionseffekte)
- Transparenz (komplexe Systeme verunsichern und senken Akzeptanz)
- Planbarkeit (Investitionsentscheidungen werden durch dauernde Nachregulierung erschwert)
- Wettbewerbsfähigkeit (Wohlfahrtsverluste, Reliabilität für nationale Hersteller)[526]

Um diese Leitbilder zu erreichen, erfolgt eine schrittweise Herangehensweise über die bestehenden Regulierungsansätze.

Das Gutachten identifiziert als die wirksamsten preis- und mengenregulierenden Ansätze zur Wirtschaftlichkeitssteigerung zum einen die Festbeträge und zum anderen die Richtgrößen. Festbeträge erreichen die angestrebte Kostenreduktion über die Senkung der Preise. Richtgrößen führen zu einer Mengenreduktion über die Kontrolle des verschriebenen Volumens. Nach Cassel und Wille sind die Festbeträge auf der Mesoebene verortet, andere Autoren sehen sie eher auf der Makroebene, da sie für alle und nicht nur für bestimmte Krankenkassen, wie dies beispielsweise bei Rabatten der Fall ist, gelten. Ungeachtet dieser Einschätzung werden sie als entbehrlich erachtet. Dass die derzeitigen Regulierungen einen

[526] Vgl. Cassel, D., Wille, E. (2006), S. 386-387.

nicht ausreichenden fiskalischen Effekt bewirken konnten, führen die Autoren auf eine gegenseitige Kompensation von Regulierungen zurück.[527] Im Gutachten werden zudem industrieökonomische Effekte thematisiert. Der ehemals starke Pharmastandort Deutschland sei durch Aufkäufe von Unternehmen auf den fünften Platz der forschenden Standorte (USA, Japan, Frankreich, Großbritannien) zurückgefallen. Andere Länder vermögen zudem höhere Ausgabenanteile für Arzneimittel entsprechend der Präferenzen der Versicherten aufzuwenden, wie die Abbildung 7.2 zeigt.

Abbildung 7.2: AM-Ausgabenanteil an gesamten Gesundheitsausgaben 2003

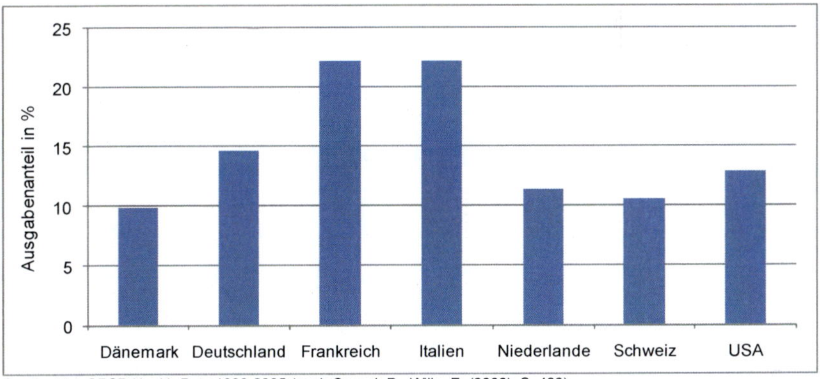

Quelle: Vgl. OECD Health-Data 1999-2005 (nach Cassel, D., Wille, E. (2006), S. 403).

Der zentrale Lösungsvorschlag zur Effizienzsteigerung der Arzneimittelhonorierung wird von den Autoren in zentralen Preisverhandlungen gesehen, wie sie in Frankreich positive Effekte (Verlässlichkeit und Planbarkeit seitens der Hersteller, Forschungsleistung, niedriges Preisniveau) herbeizuführen vermögen. Es werden statt einheitlicher Regelungen auf der Makroebene eher dezentrale Vertragsverhandlungen gefordert.[528]

Die Autoren verlangen als Umgestaltungsmaßnahmen:

- Negativliste (sog. ANL, aktuell bereits Systembestandteil)

[527] Vgl. Cassel, D., Wille, E. (2006), S. 396.
[528] Vgl. Cassel, D., Wille, E. (2006), S. 410ff.

- Bewertungsausschuss [nicht G-BA, sondern neuer „Industrieausschuss“ (ABA)[529] soll Arzneimittel-Bewertung übernehmen (Besetzung: drei Vertreter der Hersteller (Forschung, Industrie, Ärzte))] als Gegenpol zu den Krankenkassen
- keine 4. Hürde, alle Arzneimittel sind weiterhin mit Zulassung voll erstattungsfähig
- stattdessen kassenindividuelle Positivlisten (ähnlich den tiered formularies aus den USA)
- Arzneimittelvergleichsgruppen (AVG) ähnlich den derzeitigen Festbetragsgruppen, indikationsbezogene Substitutionslisten

In einem solchen Regulierungsrahmen wären neue Arzneimittel von der Gruppeneinordnung in Festbeträge befreit. Vergleichsgruppen würden ausschließlich für die so genannten Me-Toos gebildet. Generika wären in die Positivlisten zu integrieren, um auf diesem Weg ein niedrigeres Preisniveau zu erreichen.[530]

Ein Preiswettbewerb soll zukünftig über KIPs (Kassenindividuelle Positivlisten) erreicht werden. In diesem neuen, zentralen Instrument werden Medikamente aufgenommen, welche die jeweilige Kasse erstattet. Den frei gesetzten Preis von neuen Medikamenten haben allerdings alle Kassen ohne Rabatte zu übernehmen. Allein im generischen Segment gäbe es Rabattspielraum. Um Wettbewerb im Vertrieb zu stimulieren, soll zudem eine einheitliche prozentuale Festspanne im Bereich der Apotheken (AFS) implementiert werden. Diese AFS würde durchschnittliche Vertriebskosten und den Unternehmerlohn decken.[531]

Kassenerstattungspreis (KEP) = HAP + AFS + MWSt.

Die tatsächliche Spanne der einzelnen Apotheke kann dann zukünftig allerdings vom AFS abweichen mit dem Resultat einer apothekenindividuellen Handelsspanne (AIH), womit der Wettbewerb auf der Vertriebsebene eröffnet würde. Der HAP bliebe dennoch fixiert. Auf die Versicherten entfiele nach dem Vorschlag eine prozentuale Zuzahlung auf jedes Medikament in Höhe von einheitlich 10 Prozent ohne Mindest- und Höchstbetrag, wie im derzeitigen System der Zuzahlungen. Durch die richtige Wahl der Apotheke kann nunmehr der Versicherte günstigere Arzneimittel erwerben, da es unterschiedliche Preise je nach Marktmacht der Apotheke geben wird. Der Wettbewerb verlagert sich klar

529 ABA: Arzneimittel-Bewertungsausschuss.
530 Vgl. Cassel, D., Wille, E. (2006), S. 414f.
531 Vgl. Cassel, D., Wille, E. (2006), S. 434.

auf die Versicherten und mittelbar auf die Apotheker, wohingegen durch die unreglementierte Setzung des HAP für die Hersteller neue Preissetzungsspielräume entstehen. Dies wird ergänzt um den einseitig besetzten neuen Bewertungsausschuss, der diese Konstellation noch verstärkt. Die bereits mehrfach thematisierte Quersubventionierung des preislich regulierten Portfolios durch die Produkte in freier Preissetzung würde forciert. Da dieser Ansatz eine erhebliche Schwächung der zentralen Steuerung, vor allem durch Abschaffung der Festbeträge, zur Folge hätte, ist mit starker Gegenwehr von Seiten des Spitzenverbandes und des G-BA zu rechnen.

In dem aktuellen Gutachten der Autoren aus dem Jahr 2008 präzisieren sie ihre Forderungen nach einer Vereinfachung der Arzneimittelregulierung. Die Elemente Negativliste plus kassenindividuelle Positivliste werden beibehalten, wie auch die Arzneimittelvergleichsgruppen. Die diskutierte Setzung individueller Apothekenspannen findet sich nicht mehr im neuen Gutachten. Offenbar ist den Autoren bewusst geworden, dass die Einzelhandelsstruktur der Apotheken in Deutschland zu kleinteilig organisiert ist, um tatsächlich an dieser Stelle Wettbewerbsprozesse zu initialisieren. Die kassenindividuellen Arzneimittellisten (KIAs) ermöglichen wie die Rabatte einen Selektivvertragswettbewerb der Kassen und eine Eingrenzung der Versicherten in ihrem Leistungsanspruch. Dieser wird präzisiert über die Arzneimittelvergleichsgruppen, die zentral für alle Kassen gebildet werden sollten. Im Gegensatz zu Festbeträgen sind die AVGs nicht wirkstoffbezogen und beeinflussen auch nicht den Preis, sondern stellen eine Liste an Wahlmöglichkeiten für die Kassen dar.[532] Über die ANL wird der Bereich der Selbstzahlermöglichkeiten erhöht und der preislich regulierte Bereich verkleinert. Wenn ein Basisleistungskatalog seitens des Gesetzgebers für die GKV eine Zieldimension darstellt, kann über die Ausschlussmöglichkeiten des § 34 und § 92 Abs. 1 SGB V hinaus der Bereich vergrößert oder verkleinert werden. Für die Bildung der AVG greifen die Autoren auf die 3-Stufen Regelung der Festbeträge zurück, die offenbar ein gutes Zuordnungskriterium abbildet. Das Beispiel der Arzneimittelgruppe der Bisphosphonate verdeutlicht, welchen Besonderheiten Rechnung getragen werden müsste und dass bei der AVG-Bildung bei Osteoporosemitteln mindestens eine Zusammenstellung von zwei Gruppen mit je

532 Vgl. Cassel, D., Wille, E. (2008), S. 120.

drei Präparaten erforderlich ist.[533] Ob allerdings mit nur drei Vertretern je Gruppe ausreichend Verhandlungsmacht seitens der Kassen aufgebaut werden kann, erscheint mehr als fraglich. Das Gutachten vergleicht diese AVG mit der am 01.07.2007 gebildeten Festbetragsgruppe „Bisphosphonate und Kombinationen von Bisphosphonaten mit Additiva" der Stufe 3, in der vier Wirkstoffe einbezogen worden sind. Als Schlussfolgerungen werden u.a. festgehalten, dass die AVG-Präparate in mehreren AVG gelistet sein können, eine weitgehende Indikationshomogenität herstellbar ist sowie Substanzen mit einem Nutzendefizit von der Verordnung ausgeschlossen werden können. Letzterem Punkt gegenüber sind Festbetragsgruppen im Allgemeinen indifferent und sie zielen mit einem einheitlichen Festbetrag auf eine Preisregulierung. Ein weiteres wichtiges Detail stellt die Verpflichtung zur Aufnahme neuer Präparate in die AVL dar. Der ABA würde je nach Innovationsstatus über die Aufnahme in die AVL entscheiden müssen, um echten Innovationen die Möglichkeit der Forschungsamortisation zu belassen (vgl. Kap. 2). Insgesamt würde dem Vorschlag zufolge diesem Gremium eine erhebliche Machtfülle zukommen und der G-BA wäre weitestgehend seiner Aufgaben im Arzneimittelbereich enthoben. Die gerade erst eingeführte Kosten-Nutzen-Bewertung würde den Krankenkassen übertragen, für die Studieneinreichung an den ABA wären die Hersteller selbstverantwortlich.[534] In einem wie aktuell zu beobachtenden Szenario der Kassenfusionen und Marktkonzentration könnte zu einem späteren Zeitpunkt ein zweiseitiges Oligopol als Marktpartner für die KIAs wettbewerbshemmend wirken und der eigentlich intendierte Wettbewerb um ein Listing nicht mehr entscheidender Parameter sein. Die AVGs sollen aus den bestehenden Festbetragsgruppen heraus entwickelt werden, um einen sanften Übergang zu ermöglichen. Auch bislang nicht festbetragsgeregelte Arzneimittel würden in eine AVG überführt und diejenigen bestimmt, die gänzlich freigestellt blieben.[535] Im Hinblick auf die Zieldimension Verschlankung des Instrumentarienkastens stellt das Konzept eine Möglichkeit der Umsetzung dar. Diverse Instrument würden abgeschafft. Einem Mehr an Transparenz stünden allerdings zusätzliche Beeinflussungsmöglichkeiten über den ABA seitens der Hersteller gegenüber, die das System lähmen könnten, wie die Phase der Übergabe der Verantwortung für die Festbeträge von 2001 bis 2004

[533] Vgl. Cassel, D., Wille, E. (2008), S. 129f.
[534] Vgl. Cassel, D., Wille, E. (2008), S. 140.
[535] Vgl. Cassel, D., Wille, E. (2008), S. 177.

gezeigt hat. Insgesamt bietet das vorgeschlagene Konzept einige nutzbare Instrumente, wie das Instrument der Preisverhandlungen für den innovativen Bereich, den eine Festbetragsregelung auch in Ausdifferenzierung in Stufe 2 und 3 nicht abzudecken vermag. Gerade diese Elemente finden sich auch im Gesetz zur Neurodnung des Arzneimittelmarktes in der gesetzlichen Krankenversicherung (AMNOG), welches einen einheitlichen Rahmen auch für die nicht-festbetragsgeregelten Arzneimittel entwickelt hat.

Zielpreiskorridore

Einen weiteren Vorschlag zur Ablösung von Fest- und Rabattverträgen stellt das Zielpreismodell dar. Im Jahr 2007 von Seiten des Deutschen Apotheker-Verbandes (DAV) empfohlen, sollen Zielpreise Verbesserungen für Krankenkassen und Patienten bewirken. Aus der Erfahrung der Lieferprobleme der ersten wirkstoffbezogenen Rabattverträge wurde ein Korridormodell nahe gelegt, welches folgende Charakteristika vereint. Der Zielpreis ist dabei als ein garantierter Durchschnittspreis für einen Wirkstoff in Abhängigkeit von Packungsgröße und Konzentration zu verstehen. Dem Deutschen Apotheker-Verband zufolge soll die Ermittlung des Zielpreises durch das DAPI (Verein Deutsches Arzneiprüfungsinstitut) erfolgen. Hierbei wird intendiert, den Zielpreis so zu bestimmen, dass mindestens 25 Prozent der austauschbaren Produkte – berechnet nach dem Marktvolumen auf Basis aktueller Verordnungsdaten – unter dem Zielpreis gehandelt werden, um eine breite Verfügbarkeit der günstigen Präparate sicherzustellen und Versorgungs- und Lieferprobleme zu vermeiden. Zudem soll eine Orientierung der Preisbildung an realistischen Preisen gewährleistet werden.[536] Während im Rahmen der Rabattverträge Preisverhandlungen für einzelne Wirkstoffe oder das gesamte Produktsortiment (Portfolioverträge) zwischen den Krankenversicherungsträgern und den Pharmazeuten geführt werden, liegt beim Zielpreiskonzept – ähnlich wie bei den Festbeträgen – die Intention darin, eine Erstattungsobergrenze für eine Arzneimittelgruppe zu definieren, wobei sich diese Grenze generell unter dem aktuellen Festbetrag befindet. Als ein Beispiel wurden bereits 2006 sechs patentfreie Leitsubstanzen ausgewählt, die einer hohen Generikakonkurrenz ausgesetzt waren. Tabelle 7.2 stellt die Wirkstoffgruppen mit den zugehörigen Leitsubstanzen sowie deren Umsatz und Einsparpotenzial für das Jahr 2006 dar.

[536] Vgl. Müller-Bohn,T. (2009).

Tabelle 7.2: Wirkstoffgruppen und Leitsubstanzen der Rahmenvereinbarungen

Wirkstoffgruppe	Leitsubstanz	Umsatz (Mio. Euro)	Einsparpotenzial (Mio. Euro)
Statine	Simvastatin	329,0	26,3
Kardioselektive Betablocker	Bisoprolol	131,0	4,9
Alpha-Rezeptorenblocker	Tamsulosin	93,4	18,3
Selektive Serotonin-Rückaufnahme Inhibitoren	Citalopram	91,3	16,2
Bisphosphonate	Alendronat	118,3	13,0
Triptan	Sumatriptan	14,6	4,4

Rahmenvereinbarung zwischen der KBV und den Spitzenverbänden der Krankenkassen mit Umsatz und Einsparpotenzial 2006; KBV: Kassenärztliche Bundesvereinigung

Quelle: Vgl. Franzmann, A. et al. (2007).

In diesem Modell wären die Ärzte verpflichtet, die Verordnungsquote der Leitsubstanzen in der jeweiligen Wirkstoffgruppe systematisch zu erhöhen, um Einsparungen zu erzielen. Ziel ist die Reduktion der durchschnittlichen Kosten pro definierter Tagesdosis. Dem Apotheker obliegt im Gegensatz zu der Regelung bei bestehenden Rabattvereinbarungen die Aut-idem-Auswahl im kompletten Präparatespektrum der Leitsubstanz. Er genießt größere Wahlfreiheiten. Im Einzelfall kann vom Arzneimittel im Zielpreiskorridor – z.B. aus Compliancegründen – abgewichen und ein Medikament oberhalb des Zielpreises abgegeben werden.[537] Die Setzung von Zielpreisen für längere Zeiträume erleichtert die Bevorratung der Apotheker und erhöht die Wahrscheinlichkeit der einheitlichen Versorgung der Patienten ohne häufige Umstellungen wie bei Rabattverträgen.[538] Für die Krankenkassen liefert das Modell eine mögliche Einspargarantie.[539] In Kombination mit Festbeträgen könnte eine Abwärtsspirale beginnen, da Vereinbarungen im unteren Drittel zu einer Absenkung der Festbetragsgrenze und letztlich zu einer Aufzahlungsnotwendigkeit für die Patienten führen könnten, ähnlich der nachfolgend beschriebenen 30 Prozent Regelung.

Arzneimittelpreisstruktur

Augurzky et al. ermitteln Einsparpotenziale in den drei Sektoren ambulante Behandlungen, Krankenhausbehandlungen und Arzneimittel in Höhe von maximal

537 Vgl. Franzmann, A. et al. (2007).
538 Vgl. Franzmann, A. et al. (2007).
539 Vgl. N.N. (2008a).

9,75 Mrd. Euro, was einer Senkung des einheitlichen Beitrages um einen Prozentpunkt entspräche. Hierzu schlagen Sie folgende Maßnahmen vor (siehe Tabelle 7.3):

Tabelle 7.3: Reformansätze nach Sektoren

Maßnahmen	Effekte	Betroffene Sektoren
Abschaffung des einheitlichen und gemeinsamen Kontrahierens	Effizienzgewinne durch selektives Kontrahieren und bilaterale Verhandlungen	Krankenhäuser und Niedergelassene
Monistische Finanzierung	Betriebswirtschaftlich sinnvollere Investitionsplanung	Krankenhäuser
Direktverträge mit Leistungserbringern ohne die KV	Aufbrechung der Monopolstrukturen und Preissenkungen bei vertraglich gesicherter Qualität	Niedergelassene
Aufhebung der sektoralen Trennung von stationärem und ambulantem Sektor	Synergieeffekte erschließen durch abgestimmtes Verhalten und Abbau von Doppelversorgung	Krankenhäuser und Niedergelassene
Erhöhung der Freiheitsgrade im Arzneimittelmarkt	Wettbewerb über Freigabe von Preisen und Handelszuschlägen fördern	Arzneimittelhersteller
Anreize für bedarfsgerechtere Inanspruchnahme setzen	Selbstbehalte, Zuzahlungen und Wahltarife abstimmen	Versicherte

Quelle: In Anlehnung an: Augursky, B et al. (2009), S. 9, S. 48ff.

Augurzky plädiert im Bereich der Arzneimittel neben einer Angleichung des Verschreibungsgeschehens zwischen den Bundesländern für eine Absenkung der hohen Margen im Bereich des Großhandels und der Apotheken. Insbesondere letztere haben durch die Umstellung auf Festzuschläge sehr profitiert, da die Mehrheit an abgegebenen Packungen im Segment von 10 bis 20 Euro Endpreis liegt. Unterschiedliche Generikaquoten und historische Ansprüche von Versicherten stellen neben der differierenden Altersstruktur und Morbiditätsunterschieden Determinanten unterschiedlicher Pro-Kopf Ausgaben dar.[540] Schwabe fordert eine Aufhebung der AMPreisV für Generika, um monopolartige Strukturen zu beenden und über Preiswettbewerb zu stärkeren Preissenkungen zu gelangen. Den Apothekern gewährte Rabatte sollten überdies an die Patienten bzw. die Krankenversicherung weitergegeben werden. Anstelle der 5 bis maximal 10 Euro Regelzuzahlung tritt eine Umstellung auf eine rein

540 Vgl. Augurzky, B. et al. (2009), S. 45f.

prozentuale Patientenbeteiligung, die starke Anreize für die Verschreibung kleinerer, preisgünstiger Packungen hätte.[541] Weiteres Potenzial biete eine Intensivierung des Wettbewerbs im deutschen Generikasegment. Dort resultieren insbesondere aufgrund der Marktstellung der großen Hersteller höhere Preise als im europäischen Ausland, was das interne deutsche Festbetragssystem als marktabbildend nicht auszugleichen vermag.[542] Eine neue Möglichkeit bieten zudem Direktverträge von Krankenkassen und Herstellern in Form von Cost- oder Risk Share Vereinbarungen, um proaktiv administrierte Höchsterstattungsbeträge zu vermeiden. Neben diesen größeren Reformkonzepten existiert eine Vielzahl einzelner Veränderungs- und Reformkonzepte, denen sich der folgende Abschnitt widmet.

7.3 Synthese zur Regulierung durch Festbeträge

Ausgangspunkt der Implementierung von Festbeträgen war die Annahme, dass der Wettbewerb zwischen den Produzenten zu einer preislichen Anpassung der jeweiligen Präparate auf das Niveau der Festbeträge führt, ohne direkt eine Preisobergrenze zu definieren. Die Einführung einer Erstattungshöchstgrenze und der drohende Marktanteilsverlust bei Nichtabsenkung auf das Festbetragsniveau sollte eine Absenkung des gesamten Preisgefüges zur Folge haben. Je nach Standpunkt differieren die Ansichten über den Erfüllungsgrad dieser Hypothese. Die Krankenkassen sprechen von einem zu realisierenden Entlastungsvolumen für die GKV der Jahre 2005 bis 2007 in Höhe von 1 Mrd. Euro.[543] Der Verband forschender Arzneimittelhersteller (VfA) hingegen empfiehlt eine Abschaffung des Systems, da der funktionierende Preiswettbewerb eine solche Maßnahme nicht rechtfertige.[544] In Teil 3 des IGES-Gutachtens aus dem Jahr 2006 verweisen die Autoren auf ein alternatives Regulierungsverfahren, welches sich auf kassenindividuelle Positivlisten stützt. Wettbewerbselemente werden dabei auf die Vertriebsebene verlagert.[545] Der Spitzenverband Bund gibt aktuell für die akkumulierten Einsparungen durch Festbeträge insgesamt einen Wert von 36,4 Mrd. Euro an, allein im Jahr 2009 konnten 4,3 Mrd. Euro realisiert werden.[546] Der

541 Vgl. Schwabe, U. (2006), S. 77f.
542 Vgl. Schwabe, U. (2006), S. 78f.
543 Vgl. BKK-BV (2006).
544 Vgl. VfA (2006).
545 Vgl. Cassel, E., Wille, E. (2006), S. 407ff.
546 Vgl. N.N. (2009b).

G-BA hat im März 2009 zudem der Bildung von Gruppen aus Biosimilars auf der Stufe 1 zugestimmt, trotz Heterogenität der Moleküle. Entscheidender Bezugspunkt waren die Unterlagen zur Zulassung, die eine rechtliche Identität vermuten lassen. Bereits die EMEA hatte bei bezugnehmender Zulassung Molekülvarianten als denselben Wirkstoff angesehen.[547] Die derzeitige Administration scheint somit ein Festhalten am Instrument der Festbeträge zu forcieren. Eine verstärkte Nutzung ergibt sich zudem aus dem AMNOG, da die Bildung von Festbeträgen die Alternative für die Erstattungseinordnung neben den Verhandlungspreisen darstellt.[548] Nachdem sowohl vom Bundesverfassungsgericht[549] als auch vom Europäischen Gerichtshof[550] die Verfassungsmäßigkeit bzw. Konformität bestätigt worden ist, kann das Verfahren in der Trägerschaft der Selbstverwaltung als etabliert angesehen werden. Erste Gruppen der Stufe 1 wurden bereits 1989 gebildet, seit 1992 und 1993 auch Gruppen der Stufe 2 und 3. In den sich anschließenden Jahren folgten diverse Regelungsänderungen wie z.B. eine Überarbeitung der Vergleichsgrößenberechnung im Jahr 2004, deren Optionen im vorangegangenen Kapitel analytisch überprüft worden sind. Im Spannungsfeld zwischen Wirtschaftlichkeitsgebot und der Gewährleistung ausreichender Therapieoptionen stellt die vorliegende Berechnung über die Regression grundsätzlich einen sinnvollen Ansatz dar. Für den umstrittenen Bereich der Gruppenbildung gibt es unterschiedliche Einschätzungen über die Gruppenzusammenführung aus Herstellersicht stark differierender Wirkstoffe. Bei jungen, neuen Präparaten kann zum Beispiel (noch) keine entsprechende Endpunktstudie zur Herauslösung aus einer Gruppenbildung vorliegen, da die Zulassungsstudien oft allein gegen Placebo durchgeführt werden.

Befindet sich ein Medikament hingegen vor der Gruppenbildung unterhalb des festgesetzten Festbetrages, war vor dem AVWG die offenbar sinnvollste Strategie des betroffenen Herstellers, den Preis auf das Einheitsniveau anzuheben, wenn die Positionierung als günstigster Anbieter nicht im Vordergrund stand. Eine solche Preisangleichungstendenz stünde konträr zu dem Ziel der Wirtschaftlichkeitserhöhung durch Festbeträge. Gründe hierfür könnten in der

547 Vgl. G-BA (2009a).
548 Vgl. AMNOG (2010), Art. 1, Abs. 4, S. 6.
549 Vgl. 1 BvL 28/95 vom 17.12.2002.
550 Vgl. C-264/01 vom 16.03.2004.

mangelnden Preiselastizität in diesem Bereich zu suchen sein, da die Krankenkassen das Medikament zum Festbetrag voll erstatten. Der Arzt konnte somit in diesem Segment bislang frei wählen, ohne dass für ihn oder den Patienten direkte monetäre Nachteile entstanden.[551] Unterhalb des Festbetrages wirkten die bereits erwähnten verordnungsbezogenen Richtgrößen nicht ausreichend steuernd, da sich die Wirtschaftlichkeitsprüfungen in der Vergangenheit, insbesondere vor der Implementation des Individualregresses im Jahr 2002, als nicht sehr starke Disziplinierungsmaßnahme erwiesen haben. Aus diesem Komplex erwächst weiterer Forschungsbedarf. Richtwertüberschreitungen resultierten in der Vergangenheit zudem primär aus einer hohen Quote von verordneten Medikamenten in freier Preissetzung.[552]

Für nicht-festbetragsgeregelte Arzneimittel haben seit dem Jahr 2003 Apotheken den Krankenkassen einen Pflichtrabatt in Höhe von sechs Prozent des Herstellerabgabepreises (HAP) ohne MwSt. und seit dem 01.08.2010 von 16% einzuräumen.[553] Nach dem Absatz 7 des Paragraphen 130a SGB V können die Apotheken ihrerseits diesen Rabatt mit den Großhändlern und diese letztlich mit den Herstellern verrechnen. Für Generika sind zehn Prozent Rabatt vorgeschrieben.[554] Für festbetragsgeregelte Arzneimittel fallen die sechs/sechzehn Prozent Rabatt hingegen nicht an. Zu diesen gesetzlichen Rabatten ermöglicht der Absatz 8 des Paragraphen 130a SGB V „vereinbarte" Rabatte zwischen Herstellern und Krankenkassen. Ein solcher zusätzlicher Rabatt belastet im Gegensatz zu den verpflichtenden Regelungen einen einzelnen Hersteller und entlastet eine Krankenkasse und nicht alle Kassen und Hersteller. Die Apotheker sind zur Abgabe eines der drei preisgünstigsten Präparate verpflichtet, wenn eine Ersetzung durch den Arzt nicht ausgeschlossen wurde.[555] Sobald ein Vertrag nach § 130a Abs. 8 SGB V (Rabattvertrag) vorhanden ist, muss der Apotheker dieses Mittel abgeben und kein anderes. Zudem kann die Zuzahlung des Patienten bei Abgabe rabattierter Arzneimittel halbiert werden oder entfallen. Diese Regelungen entfalten erhebliche Steuerungswirkungen, die zur verstärkten Ausfüllung der Rabattverträge führen werden. Für Hersteller sind

551 Vgl. Vogelbruch, B. (1992), S. 133.
552 Vgl. Schönbach, K.-H. (2006), S. 41ff., Vgl. Schreyögg, J., Busse, R. (2005), S. 92.
553 Vgl. § 130a Abs. 1 SGB V.
554 Vgl. § 130a Abs. 3b SGB V.
555 Vgl. § 129 Abs. 1 Nr. 1 SGB V.

solche Rabattverträge zunehmend relevant, da eine umsatzsteuernde Wirkung zum ersten Mal sicherzustellen ist, aufgrund der Verpflichtung der Apotheken, die bestehenden Verträge nach § 130a Abs. 8 SGB V auch auszufüllen. Für die Kostenträger entfalten sie, wie auch die 30 Prozent-Regelung des AVWG, die nötige Wirkung auf die Preise im generischen Segment. Solche Rabatte betreffen primär den generischen Teilmarkt mit leicht substituierbaren Produkten, da patentgeschützte Arzneimittel seltener Preiskonkurrenz durch ersetzende Produkte haben. Sobald ein Arzneimittel ein Alleinstellungsmerkmal besitzt, entsteht für den Hersteller keine Notwendigkeit mit einer Krankenkasse einen Rabattvertrag auszuhandeln, es sei denn es handelt sich um ein Analogarzneimittel mit nur geringen Vorteilen. Der Fall der Insulinanaloga zeigt die Möglichkeit der Sicherung der Erstattungsfähigkeit für patentgeschützte Präparate über die Inidividualrabattvertragsregelung nach § 130a Abs. 8 SGB V. Diese nachträglich im Jahr 2007 implementierte Regulierungsmaßnahme könnte konfliktionär zur Wirkung der einheitlich gesetzten Festbeträge stehen. Auf solche Implikationen wird im Folgenden noch eingegangen.

Bei Heranziehung der durchschnittlichen Preisdifferenz zwischen Altoriginalen und Generika zeigt sich, dass seit der Einführung von Festbeträgen die Differenz von 42,9 Prozent in 1989 auf 28,4 Prozent im Jahr 2000 abgenommen hat. Die Ursache liegt in dem Anpassungsdruck auf die Altoriginale, welche die deutschen Festbeträge als wirksam ausweist.[556] Giuliani et al. berichten für die ersten Jahre der Festbetragseinführung in Deutschland mehrere Effekte. Zum einen nehmen die Arzneimittelausgaben weiter zu. Dies wird vor allem Mengenausweitungen zugeschrieben. Des Weiteren stehen den Ersparnissen durch die Festbeträge Ausgabensteigerungen im nicht-festbetragsgeregelten Segment gegenüber, die die Ersparnisse aufgezehrt haben.[557] Im Fall von „echten" Me-Too's ist der Einsatz von nivellierenden Festbeträgen gerechtfertigt. Aufgrund des schwer einzuschätzenden Innovationsgehaltes von Schrittinnovationen, wie Sheridan/Attridge anhand der Entwicklung im Bereich kardiovaskulärer Arzneimittel gezeigt haben, scheint eine prozentuale Selbstbeteiligung daher gegebenenfalls vorzuziehen zu sein, da sie das Preisverhältnis unverändert lässt. Umfassend und konsequent angewendet hätten Festbeträge die Möglichkeit,

556 Vgl. Jäcker, A. (2006), S. 29f.
557 Vgl. Giuliani, G. et al. (1998), S. 84.

Preistransparenz herzustellen und Preisdifferenzen von wirkungsähnlichen Arzneimitteln abzubauen. Gibt es hingegen Probleme bei der Substitution durch günstigere Generika, kann sich eine künstliche Preisgrenze ergeben. Stargardt weist in einer Analyse der Arzneimitteldaten sämtlicher Packungen über zehn Euro Abgabepreis der Techniker Krankenkasse nach, dass alle Festbetragsgruppen ungeachtet der Stufe zu Preissenkungen im Beobachtungszeitraum von Januar 2004 bis Juni 2006 führten.[558] Die Preismoratorien wiederum hatten teils sogar eine preiserhöhende Wirkung, da Vorzieh- und Nachholeffekte auftraten. Aufgrund des Einbezugs der eher teureren patentgeschützten Arzneimittel, fielen die Effekte von Festbeträgen für Stufe 2 oder 3 Gruppen stärker aus als für Stufe 1 Gruppen.[559]

In der Berechnungssystematik des Spitzenverbandes wird der AOK Arzneimittelindex herangezogen, aber auf Anfrage den Stellungnahmeberechtigten nicht ausgehändigt, was unverständlich erscheint, wenn keine Datenschutzargumente entgegenstehen.[560] Gerade die Transparenz gegenüber den beteiligten Stakeholdern ist allerdings eine wichtige Forderung, wenn Festbeträge in hoher Akzeptanz praktiziert werden sollen. Die norwegische Festbetragsregelung soll unter anderem an der mangelnden informativen Begleitung gescheitert sein.[561]

Die Betrachtung des Gesamtmarktes ist notwendig, da Festbeträge ausgehöhlt werden können. Über die Konstellation der Rabatte zur Abdeckung von Mehrkosten bei Überschreitung der Festbeträge können Hersteller zum einen aufgrund von Warenkorbreferenzen ein höheres Preisniveau in Deutschland belassen, aber dennoch die drohenden Zuzahlungen für die Patienten verhindern.[562] Mit dem Instrument der Rabatte nach § 130a Abs. 8 SGB V wird so seit dem GKV-WSG im Jahr 2007 die Festbetragsregelung aus dem Jahr 1989 unterlaufen. Eine Ausschreibung der Techniker Krankenkasse verdeutlicht diese Entwicklung. Für die TNF-alpha Inhibitoren als Präparate unter Wirkstoffpatent wurde ein Verhandlungsverfahren durchgeführt. Diese Variante könnte für noch

558 Vgl. Stargardt, T, (2009), S. 92.
559 Vgl. Stargardt, T, (2009), S. 96.
560 Vgl. G-BA (2008a), 13.03.2008, S. 20.
561 Vgl. Schneeweiss, S. (2007), S. 25.
562 Vgl. Cassel, D., Wille, E. (2008), S.104.

patentierte Arzneimittel interessant sein und Festbeträge der Stufe 2 und 3 somit ebenso obsolet machen.[563] Zum anderen behindern die nicht öffentlich gemachten Rabatte die untere Drittelregelung und die ein Fünftel Regelungen der Verfügbarkeit. Der Festbetrag solle demnach im unteren Preisdrittel angesiedelt werden. Diese Bemessungsgrundlage bezieht sich auf Bruttopreise, die sich durch die Rabatte nicht mehr fixieren lassen.[564] Wenn in einer Festbetragsgruppe mehrere Hersteller nicht absenken, wird ggf. die Verfügbarkeitsverpflichtung nicht erreicht.[565] Die Hersteller sichern sich durch Verträge mit Krankenkassen den Umsatz, ohne auf Festbetragsniveau absenken zu müssen.[566] Ab Verfügbarkeit einer zuzahlungsbefreiten Alternative werden die Patienten wenig Bereitschaft für die Wahl eines anderen Präparates haben und die Hersteller gezwungen sein, auf das Niveau der Zuzahlungsbefreiung abzusenken.[567]

Ein weiteres Problemfeld eröffnet sich im Bereich der Stufe 1 aufgrund des ungünstigen Zusammenspiels von Rabattverträgen, der Zuzahlungsbefreiungsgrenze und der jeweiligen Festbetragsgruppe. Die Abbildung 7.3 verdeutlicht diese Entwicklung. Der G-BA beschließt zunächst einen Festbetrag in Höhe von 10 Euro. Durch die Zuzahlungsbefreiung 30 Prozent unter Festbetrag senken die Hersteller entsprechend ab (blaue Pfeile). Aufgrund des gesunkenen Preisniveaus in der Festbetragsgruppe erfolgt mit der Anpassung eine Korrektur des Festbetrages (unteres Drittel) zum 01.07.2010 durch den G-BA (rote Pfeile). Diese Interaktion setzt sich mit jeder Anpassungsrunde fort. Die 30 Prozent Regelung hat das Potential, eine Preisabwärtsspirale in Gang zu setzen, insbesondere wenn die Konkurrenz einer Absenkung folgt und somit keine großen Marktanteilsgewinne realisierbar werden. Am Ende einer solchen Spielrunde wird es für Hersteller notwendig sein, um konkurrenzfähig anbieten und produzieren zu können, die Produktion der betroffenen Wirkstoffe zur Nutzung komparativer Vorteile ins Ausland zu verlegen.

563 Vgl. Gabriel, M. (2008), S. 456.
564 Vgl. Jäcker, A. (2004), S. 1309.
565 Vgl. Schumacher, H.K., Greiner, W. (2008), S. 56.
566 Vgl. Cassel, D., Wille, E. (2008), S. 111.
567 Vgl. Cassel, D., Wille, E. (2008), S. 112.

Abbildung 7.3: Hypothetische Preisabwärtsspirale aufgrund der Zuzahlungsbefreiung

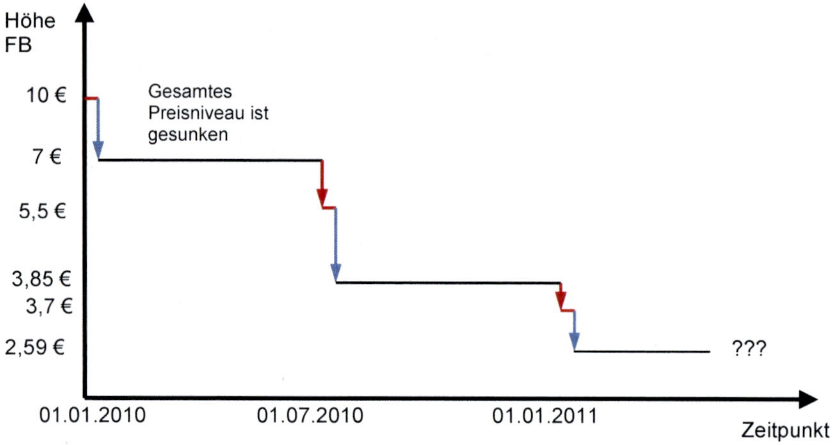

Quelle: Eigene Darstellung

Verstärkt preisreduzierend wirkt diese Verfahrensweise, wenn durch die regelmäßigen Anpassungen gemäß § 35 Abs. 5 S. 3 SGB V der Festbeträge seitens der Regulierungsbehörden weitere Absenkungen vorgenommen werden und daraufhin die Hersteller ihre Preise erneut um mindestens 30 Prozent reduzieren müssten, um im zuzahlungsbefreiten Bereich zu verbleiben. Grundsätzlich führten auch in der Vergangenheit die Anpassungen/Neuberechnungen zu Preisbewegungen nach unten, allerdings nicht in dem aktuell beobachtbaren Ausmaß.

Dieses Zusammenspiel hat sich auch durch die Absenkung der Anzahl zuzahlungsbefreiter Arzneimittel von 12.000 auf 8.500 im Sommer 2008 gezeigt, als eine Vielzahl von Festbeträgen reduziert worden waren.[568] Eine mögliche Folge stellt die Verminderung des generischen Wettbewerbs dar, da das frühe Absinken der Festbeträge den Markteintritt verhindert und allein in größeren Wirkstoffmärkten noch genügend Generika zur Verfügung stehen. Diese Entwicklung ist bereits an Beispielen wie dem Levodopa-Benserazid abzusehen, bei dem nur ein generischer Anbieter in den Markt eingetreten ist.[569] Aktuelle Zahlen des Jahres 2010 zeigen, dass von den 30.317 Arzneimitteln unter

568 Vgl. N.N. (2008).
569 Vgl. Kraus, P. (2006), S. 21f.

Festbetrag nur noch 5.524 von der Zuzahlung befreit sind.[570] Dies stellt eine Bestätigung für den bereits vorangehend beschriebenen Kellertreppeneffekt dar. Im Rahmen des AMNOG wurde als Massnahme gegen diesen sogenannten „Kellertreppeneffekt" eine Absenkung der Maßzahl M[571] von 160 auf 100 für die Gruppe der zuzahlungsbefreit verfügbaren Arzneimittel vorgenommen. Der Absatz 6 des § 35 wurde für den Fall der Zuzahlungsbefreiung entsprechend angepasst.[572]

Ähnlich stellt sich das Problem mit den Höchstbeträgen dar. Für nicht festbetragsgeregelte Arzneimittel kann der Spitzenverband gemäß § 31 Abs. 2a SGB V Höchstbeträge festlegen, wenn ein Nachweis der Kosteneffektivität des Arzneimittels nicht erfolgt ist oder eine zweckmäßige Alternative existiert. Das IQWiG zieht für die Berechnung der Kosten die Listenpreise der aktuellen Gesundheitstechnologien heran. Bei Einbezug von Analogpräparaten oder Festbetragsarzneimittel (Stufe 2 oder 3), verändern Rabatte die Berechnungsgrundlage. Auch ohne Zwang der Hersteller, auf die Höchstpreise abzusenken, zahlen die Patienten in jenem Fall wie bei der Festbetragsregelung die Differenz out of pocket. Rabattverträge, die wiederum diese Differenz abdecken, können Technologien ohne therapeutisch gleichwertige Behandlungsalternative für die Patienten finanzierbar halten. Das prinzipiell zu begrüßende, dezentrale Steuerungsinstrument der Rabattverträge steht in einem überregulierten Rahmen, der zu einem intransparenten Regulierungssystem führt. Hinzu kommt, dass wenn der G-BA zuerst einen Festbetrag setzt[573], dann in einem zweiten Schritt einen Höchsterstattungsbetrag auf Basis des in die Ermittlung der Effizienzgrade einbezogenen Festbetragswertes bestimmt, letztere Regulierung von ersterer direkt beeinflusst wird. Eine kumulative Anwendung von Steuerungsinstrumenten ist aus Gründen der Eindeutigkeit und Unabhängigkeit unglücklich. Aus diesem Grund sieht das AMNOG eine neue Konstellation zwischen (Höchst)Erstattungsbetragfindung und Festbetragsbildung vor, wie der folgende Abschnitt erläutert.

Durch die parallele Anwendung von aut idem, den Rabattverträgen, Selektivverträgen – im Besonderen den Hausarztverträgen nach § 73b SGB V –

570 Vgl. N.N. (2010), S. 22.
571 Vgl. Abschnitt 5.2.
572 Vgl. AMNOG (2010), Art 1, Abs. 4, S. 5.
573 Vgl. G-BA (2010).

sei eine sinnvolle Ermittlung von Arznei- und Heilmittelvereinbarungen nach der Kassenärztlichen Vereinigung Westfalen Lippe nicht mehr möglich.[574] Eine Berechnung der Kosten pro Fall entfiele, da sich die Zahl der im Quartal behandelten Patienten nicht mehr ermitteln lässt. Ohne eine Kennzeichnung auf dem Rezept lassen sich Überschreitungen nicht mehr den Gesamtverträgen oder Selektivverträgen zuordnen. In Reaktion auf diese Entwicklung werden im Zuge des AMNOG zum einen der Höchsterstattungsbetrag, das Zweitmeinungsverfahren und die Bonus-Malus-Regelung gestrichen.[575]

Anhand der oben genannten Beispiele zeigen sich die vielfältigen Interaktionen der aktuell implementierten Regulierungsansätze. Ein in sich konsistentes Regulierungsregime könnte zu erheblich besserem Outcome führen, da die Zahl unerwünschter Interaktionen reduziert werden würde. Das AMNOG adressiert die Frage der preislichen Beurteilung von Arzneimitteln, die neu auf den Markt gebracht werden sollen. Soll ein aus Herstellersicht innovatives Präparat platziert werden, ist zum Launch ein Value Dossier einzureichen, welches die Nutzenvorteile der Neuerung belegt. Auf dieser Basis bewertet der G-BA ggf. unter Beauftragung des IQWiG den therapeutischen Nutzen und vor allem den Zusatznutzen im Vergleich zur Standardtherapie. Der Hersteller führt in der Folge Verhandlungen mit dem Spitzenverband Bund über einen Abschlag auf den Herstellerabgabepreis für die gesamte GKV. Wenn über diesen keine Einigkeit erzielt wird, erfolgt zeitnah eine Schlichtung und das Potenzial der freien Preissetzung wird faktisch auf den Prozess der Prüfung durch den G-BA (maximal 2 Jahre) limitiert (siehe auch Abb. 7.4).

Neben der Beibehaltung der Festbeträge wird das Instrument der Rabattverträge über die neue Möglichkeit der Kostenerstattung, auch nicht vertragsgeregelte Arzneimittel zu erhalten, abgemildert. Eine Oligopolisierung des Marktes soll über die Entschärfung der Rabattregelung erreicht werden. Dies hatte bereits die Pharma Task Force der EU angemahnt zur Stärkung der binneneuropäischen Unternehmen.[576]

574 Vgl. Schlingensiepen, I. (2010).
575 Vgl. Begründung des AMNOG (2010), S. 27.
576 Vgl. Maier-Rigaud, R., Schmidt, C., Schnichels, D. (2009), S. 328.

Abbildung 7.4: Arzneimittelerstattung nach dem AMNOG

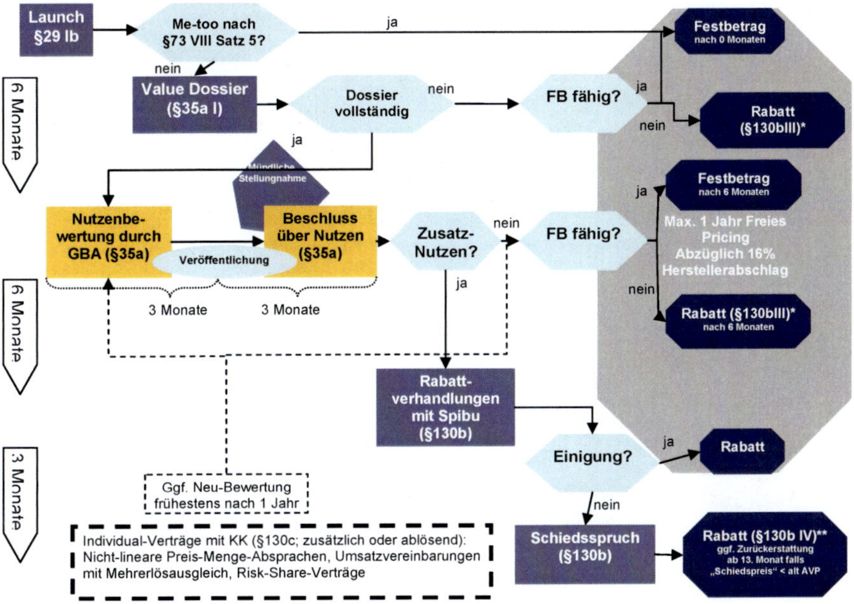

Quelle: Eigene Darstellung

Die in diesem Kapitel anfangs diskutierten größeren Reformvorschläge versuchen, einen neuen, umfassenderen Regulierungsrahmen aufzuspannen und somit einen Strategiewechsel von vielen kleinen Veränderungen entfernend einzuläuten. Dies ist grundsätzlich zu begrüßen. Zudem zeigen andere Länder, dass zum einen nicht erfolgreiche Maßnahmen auch wieder abgeschafft werden können (Norwegen), zum anderen dass eine Fokussierung auf wenige, diese aber konsequenter angewandte, Maßnahmen (Verhandlungslösungen in Frankreich) sinnvoll sein kann. Da Festbeträge ein Kernelement bleiben (im AMNOG die Alternative zur Einreichung eines Dossiers für generische Folger), sollten sämtliche Maßnahmen im Bereich des selektiven Kontrahierens einer genauen Überprüfung unterzogen werden, um die zunehmend auftretenden Interaktionen zu begrenzen. Aktuelle Rabattausschreibungen der Deutschen Angestellten Krankenkasse (DAK) zu den Wirkstoffen Ramipril und Enalapril zeigen das Nebeneinander zweier gänzlich unterschiedlicher Regulierungsstrategien (in diesem Fall der Festbeträge und Individualrabatte). Parallele Ansätze auf Mikro-

und Mesoebene, welche nicht in Einklang gebracht werden, kennzeichnen ein nicht konsistentes Regulierungsschema. Einhergehend mit der Forcierung der Rabattverträge erfolgte 2007 eine striktere Trennung des generikafähigen Marktes und des Marktes für patentgeschützte Arzneimittel. Als zentrales Steuerungsinstrument werden die Festbeträge für letzteren Markt an Bedeutung verlieren, da das neue Instrument der Verhandlungspreise kurz vor der Umsetzung steht. Aber auch für das generische Segment sind sie nur die Basis weiterer aufbauernder Regulierungen in Form von Individualrabatten. Für die Krankenkassen stellen die Stufe 1 Festbeträge aktuell eher Orientierungswerte für die Rabatthöhe dar. Der sich am Markt realisierende Preis weicht somit stärker vom Listenpreis ab.[577]

8 Fazit und Ausblick

Für das Segment Arzneimittel mit einem weiter steigenden prozentualen Ausgabenanteil an den GKV-Ausgaben fehlt ein konsistenter Regulierungsrahmen, der den gesellschaftspolitisch gewünschten Zielen der Verhinderung einer Rationierung und gleichzeitigem Zugang zu hochwertiger Therapie Rechnung zu tragen vermag. Die EU wirft den Arzneimittelherstellern vor, Generikaeintritte durch die Einreichung so genannter Patentcluster[578] (wie im Fall von Servier aus Abschnitt 6.3.4) erschwert und auf diese Weise in den Jahren 2000 bis 2007 drei Mrd. Euro Ersparnisse verhindert zu haben.[579] Ein einheitlicher Regulierungsrahmen wurde bereits unter dem Eindruck des GSG 1993 in Kombination mit dem GRG aus dem Jahr 1989 angemahnt. Seinerzeit wurde ein Zusammenhang zwischen einer erhöhten Überweisungsrate zu Fachärzten und in Krankenhäuser und den Arzneimittelbudgets festgestellt.[580] Solche beobachteten Kostenverschiebungen senken die Systemeffizienz und sollten daher bestmöglich vermieden werden.

Mit dem AMNOG wird die freie Preissetzung allein aufgrund des Neuartigkeitsgrades zukünftig eingeschränkt. Verhandlungen werden somit in den deutschen Regulierungsrahmen mit aufgenommen. Andere Regulierungsansätze

---

577 Vgl. Greß, S. et al. (2009), S. 238.

578 Patentcluster: Versuch der Ausweitung des Patents über zahlreiche Neuanmeldungen desselben Arzneimittels, vgl. Maier-Rigaud, R, Schmidt, C., Schnichels, D. (2009), S. 326.

579 Vgl. Hönighaus, R. (2008).

580 Vgl. v.d. Schulenburg, J.-M., Graf (1997), S. 51f.

bleiben dennoch weitgehend unangetastet. Die andauernde Nachregulierung hat eine Vielzahl von sich aufhebenden, verstärkenden oder parallel laufenden Instrumenten hervorgebracht. Durch die Rabattverträge wurde die Malusregelung des AVWG obsolet und in einer Einigung zwischen Krankenkassen und KV abgeschafft.

Die Festbeträge sind aufgrund der erheblichen Einsparungen aus Regulierungssicht zunächst eine Erfolgsgeschichte. Auf der Stufe 1 gibt es dennoch Kontroversen um den Einbezug von Biosimilars und auf der Stufe 2 und 3 um die Frage der Wirkvergleichbarkeit und der Gruppierung.[581] Die Berechnungssystematik ist dabei nachvollziehbar, wenn das Konstrukt der wvg als zieladäquat akzeptiert wird. Einsprüche beziehen sich zumeist ungeachtet der Stufe auf die Frage der Gruppenbildung. Allen GKV-Patienten sollte ein gleicher Zugang zu moderner Arzneimitteltherapie ermöglicht werden. Die Limitierung des Zugangs zu Analogpräparaten erfolgt mit dem AMNOG, um eine Reduzierung der falschen Anreize in Bezug auf eine zu starke Fokussierung auf Schrittinnovationen herbeizuführen.

Entscheidend für sämtliche Preisregulierungsanstrengungen ist das Verhältnis von Gesundheitsgewinn und Kosten. Eine isolierte Nutzenbetrachtung macht ebenso wenig Sinn wie eine reine Kostensenkungsstrategie, die in anderen Sektoren zu einer Überkompensation führen kann. Arzneimitteltherapien ersetzen mitunter stationäre Aufenthalte und können somit zu Kostenreduktionen im Gesamtsystem führen. Hierzu bedarf es allerdings einer sektorenübergreifenden Betrachtung des Systems, wie ihn Kostenträger vornehmen könnten. Eine Hürde in Deutschland stellt das Problem der nicht einheitlichen Regulierung der Sektoren durch staatliche oder staatsnahe Institutionen dar. Die Phase des Wechsels der Regulierungsverantwortung für den Bereich der Festbetragsarzneimittel vom BKK-Bundesverband (seit 2009: SpiBu) auf das Bundesgesundheitsministerium mit einer einhergehenden Phase der Stagnation von 1995 bis 2004 zeigt, dass eine kontinuierliche inhaltliche und institutionelle Steuerung vorteilhaft ist und einen kalkulierbaren Rahmen auch für die Arzneimittelhersteller bildet, wie das Beispiel des Late Entrys von Imidapril zeigen konnte.

[581] Vgl. Stark, A. (2005), S. 12.

Neben der Betroffenheit durch einzelne Gruppenbildungen wirken ständige Wechsel in Maßnahmen und Verfahrensdurchführung für Arzneimittelhersteller als eine Unsicherheitsquelle und führen zu Ablehnung und verstärktem Lobbying gegen das derzeitige System. Die 2007 eingeführten, aber nie realisierten, Höchstbeträge für nicht-festbetragsgeregelte Arzneimittel zeigen zudem, wie sich die Abweichung von akzeptierten und etablierten Bewertungsgrundsätzen auswirken kann. Verpflichtende gesundheitsökonomische Evaluationen auf Basis des QALY-Konzeptes und nach dem Goldstandard der gesundheitsökonomischen Methoden sollten Basis der Bewertung durch den G-BA werden. Akzeptanz lässt sich über Transparenz aber auch Stringenz erreichen, wie Beispiele aus Frankreich und Schweden zeigen. Ein vorher klar gesteckter Regulierungsrahmen mit wenigen sinnvoll aufeinander abgestimmten Instrumenten stärkt die Position des Regulierers und erhöht die Akzeptanz bei den regulierten pharmazeutischen Unternehmen. In Verhandlungen und durch verpflichtende Versorgungsforschungsstudien als vierte Hürde und Basis der Erstattung kann auch für innovative Arzneien ein faires Prozedere entwickelt werden. Wie Drummond fordert, sollte die weitere Generierung gesundheitsökonomischer Evaluationen gefördert werden. Das HTA-Prozedere orientiert sich an den Grundprinzipien der Evidence Based Medicine (EBM), bei der die komplett verfügbare Evidenz i.d.R. in Form von systematischen Reviews zur Effektivität und Effizienz der evaluierten Produkte in einer Gesamtanalyse zusammengeführt wird.[582] Festbeträge benötigen zunächst vorhandene Preisstrukturen und eine Abbildung der Wirkunterschiedlichkeit bei Stufe 2 und 3. Besteht über letzteren Aspekt wenig Dissenz, erscheint die Erstellung eines HTAs nicht zwingend notwendig. Da dies allerdings, wie vorangehend gezeigt, eher seltener der Fall ist, erlangen gesundheitsökonomische Evaluationen eine zunehmend größere internationale Bedeutung gerade für die Einordnung innovativer Arzneien in Stufe 2 oder 3 Gruppen. Sie ermitteln einen therapeutischen Wert, eine zusätzliche Preisfindungsregel sollte sie ergänzen.[583]

Interne Festbetragssysteme stehen im Konflikt mit Warenkorbreferenzen mit der Folge, dass Absenkungen im Referenzland mit einhergehenden

[582] Vgl. Greiner, W, (2007), S. 447.
[583] Vgl. Drummond, M. et al. (1997), S. 213.

Patientenaufzahlungen unterbleiben. Im referierenden Land hingegen kann ein niedrigeres Preisniveau aufgrund der strategischen Preissetzung ebenso nicht erreicht werden. Hier steht eine mangelnde Abstimmung zwischen den Staaten einer zielführenden Gesamtlösung im Weg. Das AMNOG sieht zudem den bislang nicht erfolgenden Einbezug von Referenzpreisen im Rahmen der Preisfindung vor, welches ein neues Instrument in den „Baukasten" der Preisregulierung integriert.

Den in Europa vorzufindenden Gesamtregulierungen gelingt die Verknüpfung von Zulassungsanforderungen und nachträglich eingeforderter Wirtschaftlichkeit vornehmlich über Preisregulierungen. Wie gezeigt werden konnte, dominieren diese Preisregulierungen klar gegenüber deutlich schwieriger umzusetzenden Mengenregulierungen. Dennoch könnte über eine einheitliche Herangehensweise höhere Zielerreichungsgrade realisiert werden. Hierzu bedarf es aber der auch von mehreren Autoren geforderten Bereitschaft, auf einzelne Maßnahmen zu verzichten, Verantwortung von mehreren auf möglichst eine Institution zu bündeln und den neuen Rahmen nach einer wissenschaftlichen Konsentierung konsequent über einen angekündigt langen Zeitraum weitgehend unverändert anzuwenden. Regulierungen, die auf längere Sicht zwar stets antizipiert werden können, rufen ggf. Ausweichreaktionen hervor. Letzterem Fall lässt sich innerhalb eines längeren Zeithorizontes entsprechend antizipativ begegnen. Durch einen abgestimmten Ansatz kann eine Entlastung des Regulierers durch eine geringere Notwendigkeit neuer ad hoc Maßnahmen erreicht werden, bei gleichzeitigem hohen Zielerreichungsgrad. Der Stellenwert gesundheitsökonomischer Evaluationen ist dabei noch viel zu niedrig. Trotz einer steigenden Akzeptanz und einer erhöhten Anzahl an Studien ist eine Situation der regelhaften, strukturierten Bewertung von Gesundheitstechnologien bislang nicht erreicht. Tiered Formularies mit unterschiedlich hohen Zuzahlungen je nach Arzneimittel könnten Wirtschaftlichkeitsanreize bei Patienten erschließen, aber auch Räume für die Abschöpfung der individuellen Zahlungsbereitschaft belassen. Im deutschen System, in dem bis vor 1993 nahezu sämtliche Leistungen zuzahlungsbefreit zur Verfügung standen, kann ein umfassender Leistungskatalog nur durch konsequente Hebung von Wirtschaftlichkeitsreserven über die Absenkung der Überversorgung und Steuerung in Richtung wirtschaftlicher Therapien gesichert werden. Bei unveränderter Einnahmenbasis sind bei zu erwartenden, geringen

Lohnsummenzuwächsen der nächsten Dekade Strukturveränderungen unabdingbar, um ein hohes Versorgungsniveau zu erhalten.

Festbeträge werden, wie das AMNOG vorsieht, als Bestandteil eines weniger Instrumente umfassenden Konzeptes preisregulierend implementiert bleiben, da sowohl eine gute Zielgenauigkeit als auch ein hoher Wirkungsgrad ermittelt werden konnte. Das Preisregulierungsinstrument DRG und seine Erfolgsgeschichte zeigen, dass Kostensenkungsinstrumente und Qualitätserhöhung kein Widerspruch sein müssen, sondern sich parallel erreichen lassen. Gerade in Therapiebereichen wie der Onkologie werden die Therapieangebote als nicht festbetragsfähig angesehen. Hier könnten Verhandlungspreise ein probates Mittel eines zukünftigen Regulierungsrahmens sein. Positiv hervorzuheben ist das Aufgreifen des Vorschlages von Puig-Junoy im AMNOG in Hinblick auf die Behandlung von Innovationen. Weiterer Forschungsbedarf besteht somit bei der Interaktionsanalyse der unterschiedlichen Regulierungen. Erste Ansätze von Pavcnik, Zweifel und Crivelli etc. haben den Grundstein hierzu gelegt; diese Arbeit und weitere aktuelle Forschungsansätze zeigen den Bedarf klar auf. Deutschland ist reif für eine umfassende Umgestaltung des Regulierungsrahmens für Arzneimittel. Die Zielrichtung des AMNOG deutet dabei nicht ausreichend in die Richtung einer Verschlankung des „Baukastens“. Die Forderung nach einem fundierten evidenzbasiertem Dossier für Neueinführungen ist vorbehaltlos zu begrüßen. Es bleibt zu hoffen, dass dem angedachten Verfahren mehr Transparenz verordnet werden wird, als dem System der Festbeträge. Das Spannungsfeld aus Kostenkontrolle, Sicherung eines gleichen Zugangs sowie der Steigerung von Effizienz bleibt auch für zukünftige Ansätze Herausforderung und Optimierungsziel zugleich.

Literaturverzeichnis

Agabiti-Rosei, E./Ambrosioni, E./Pirelli, A./Stimpel, M./Zanchetti, A. (1999): Efficacy and tolerability of Moexipril and nitrendipine in postmenopausal women with hypertension, in: European Journal of Clinical Pharmacology, Vol. 55, S. 185-189.

Alcocer, L./Cueto, L. (2008): Hypertension, a health economics perspective, in: Therapeutic Advances in Cardiovascular Disease, Vol. 2, No. 3, S. 147-155.

Alhoff, P./Flatten, G./Laaser,U. (Hrsg.), (1997): Krankheitsverhütung und Früherkennung, Handbuch der Prävention, 2. Auflage, Springer, Heidelberg.

AMNOG (2010): Gesetz zur Neuordnung des Arzneimittelmarktes in der gesetzlichen Krankenversicherung, Bundesdrucksache 17/2413.

Anlauf, M. (2008): ACE-Hemmer und Angiotensinrezeptorantagonisten, in: Schwabe, U./Paffrath, D. (Hrsg.): Arzneiverordnungs-Report 2008, Springer, Berlin.

Aronsson, T./Bergman, M.A./Rudholm, N. (2001): The Impact of Generic Drug Competition on Brand Name Market Shares – Evidence from Micro Data, in: Review of Industrial Organization, Vol.19, S. 425-435.

Arrow, K.J. (1963): Uncertainty and the Welfare Economics of Medical Care, in: The American Economic Review, Vol. 53, No. 5, S. 941-973.

Arzneimittelgesetz; Gesetz über den Verkehr mit Arzneimitteln (AMG), vom 24.08.1976, zuletzt geändert 28.09.2009, BGBl. I S. 3172.

Augurzky, B./Tauchmann, H./Werblow, A./Felder, S. (2009): Effizienzreserven im Gesundheitswesen, RWI Materialien, Heft 49.

AVWG (2006): Arzneimittelversorgungs-Wirtschaftlichkeitsgesetz, veröffentlicht im Bundesanzeiger 29.04.2006.

Bauer, E. (2008): Apotheken., in: Schöffski, O./Fricke, F.-U./Guminski, W. (Hrsg.), Pharmabetriebslehre, Springer, Berlin.

Bauer, H.H./Fischer, M./Pfahlert, V. (2001): Lohnt sich für Pharmaunternehmen der Markteintritt als Late Mover? – Ergebnisse einer Rentabilitätsanalyse, in: Zeitschrift für betriebswirtschaftliche Forschung, Aufl. 53, S. 632-648.

Beck, E. (2010): Der Arzneimittelmarkt in Zahlen – aktuelle Situation und Ausblick, GRPG – Wissenschaftliches Symposium, 15.01.2010, IMS Health.

Becker, A. (2010): Steuerungsinstrumente des GBA im Rahmen der Arzneimittelversorgung, in: Schriftenreihe Medizinrecht, Nr. 28, S. 218-225.

Becker, J. (1998): Marketing-Konzeption, Vahlen, München.

BBB/Berliner Budget Bulletin (2009): Arznei- und Richtgrößenvereinbarung 2009, Sonderausgabe März 2009, S. 1-16.

Bertrand, J. (1883): Review of Walras´Théorie Mathématique de la Richesse Sociale and of Cournot´s Recherches sur les Principes Mathématiques da la Théorie des Richesses, in: Journal de Savants, S. 499-508.

Beske, F./Baumgärtner, M. (2008): Zu Lasten der Gesetzlichen Krankenversicherung. Auswirkungen politischer Entscheidungen auf die Finanzsituation der Gesetzlichen Krankenversicherung, Schmidt & Klaunig, Kiel.

Besley, T. (1991): The Demand for Health Care and Health Insurance, in: McGuire, A./Fenn, P./Mayhew, K. (Hrsg.): Providing Health Care: the Economics of Alternative Systems of Finance and Delivery, Oxford University Press, New York, S. 46-64.

Bestehorn, K./Greiner, W. (2007): Effects of the introduction of fixed prices for statins on lipid levels in Germany, in: Journal of Public Health, Vol. 16, S. 215-219.

Bever-Breidenbach, N. (1991): Arzneimittel-Festbeträge – Umsetzungsinstrumente, Auswirkungen und Systemsteuerung vor der Festbetragsregelung, Universitäts-Dissertation, Bochum.

Bieback, K.J. (Hrsg.), (1992): Das Gesundheits-Reformgesetz: eine gescheiterte Reform der gesetzlichen Krankenversicherung?, Asgard-Verlag, Sankt Augustin.

Bitzer, E.M./Busse, R./Dörning, H./Duda, L./Köbberling, J./Kohlmann, T./Lühmann, D./Pasche, S./Perleth, M./Raspe, H./Reese, E./Richter, K./Röseler, S./Schwartz, F.W. (1998): Bestandsaufnahme, Bewertung und Vorbereitung der Implementation einer Datensammlung „Evaluation medizinischer Verfahren und Technologien" in der Bundesrepublik, Baden-Baden.

BKK-BV (1997): Arzneimittel-Festbeträge – ein Überblick: administrative Umsetzung, statistische Methodik, Infoleaflet der GKV-Geschäftsstelle Arzneimittel-Festbeträge.

BKK-BV (1997a): Arzneimittel-Festbeträge – Anpassung, Iterative Klassifizierung, Infoleaflet der GKV-Geschäftsstelle Arzneimittel-Festbeträge des Bundesverbandes der Betriebskrankenkassen.

BKK-BV (2004): Regressionsgleichungen gebildeter Gruppen. 2004, URL: http://www.bkk.de/bkk/powerslave,id,697,nodeid,.html, Stand: 22.09.2006.

BKK-BV (2006): Einsparvolumen durch Festbeträge., URL: http://www.bkk.de/bkk/pressemitteilungen/powerslave,id,163,nodeid,15.html, Stand: 22.09.2006.

BKK-BV (2006a): Vergleichsgrößen der Wirkstoffe in der Gruppe der ACE-Hemmer, URL: http://www.bkk-bv.de., Stand: 01.07.2006.

BKK-BV (2006b): Arzneimittel-Festbeträge – Ermittlung der Vergleichsgröße, Working Paper.

BKK-BV (2007): Festbetragsanpassung aufgrund der Mehrwertsteuererhöhung zum 01.01.2007, Folinsäure Gruppe 2, parenterale Darreichungsform, Lorazepam, orale Darreichungsform, Methotrexat, Gruppe 1, URL: http://www.bkk-bv.de.

BKK-BV (2008): Arzneimittel-Festbetrage 06/2008: URL: http://www.bkk.de/bkk/powerslave,id,1434,nodeid,.html, Stand: 11.06.2008.

Blöchl-Daum, B. (2006): „Me-too drugs" und das Konzept des Klasseneffekts, in: Wiener Medizinische Wochenzeitschrift. Heft 17-18, S. 494-497.

Böcken, J./Braun B./Amhof, R./Schnee, M. (Hrsg.), (2006): Gesundheitsmonitor 2006 – Gesundheitsversorgung und Gestaltungsoptionen aus der Perspektive von Bevölkerung und Ärzten, Verlag Bertelsmann Stiftung, Gütersloh.

Brekke, K.R./Grasdal, A.L./Holmas, T.H. (2009): Regulation and pricing of pharmaceuticals: Reference pricing or price cap regulation?, in: European Economic Review, Vol. 53, S. 170-185.

Breyer, F./Zweifel, P.S./Kifmann, M. (2005): Gesundheitsökonomik, 5. überarb. Auflage, Springer, Berlin.

Breyer, F. (2007): Mikroökonomik, eine Einführung, 3. Aufl., Springer, Heidelberg.

Bruckenberger, E./Klaue, S./Schwintowski, H.P. (2006): Krankenhausmärkte zwischen Regulierung und Wettbewerb, Springer, Berlin, Heidelberg, S. 152-161.

Bundesministerium für Gesundheit (2009): Kennzahlen der gesetzlichen Krankenversicherung 1998 bis 2007; 1. bis 4. Quartal 2008, URL: http://www.bmg.bund.de/cln_117/nn_1168248/SharedDocs/Downloads/DE/Statistiken/Gesetzliche-Krankenversicherung/Kennzahlen-und-Faustformeln/Kennzahlen-und-Faustformeln,templateId=raw,property=publicationFile.pdf/Kennzahlen-und-Faustformeln.pdf, Stand: 30.04.2009.

Busse, R./Orvain, J:/Velasco, M./Perleth, M./Drummond, M./Gürtner, F./Jorgensen, T./Jovell, A./Malone, J./Rütter, A./Wild, C. (2002): Best Practice in undertaking and reporting Health Technology Assessment, in: International Journal of Technology Assessment in Health Care, Vol. 18, No. 2, Cambridge University Press, S. 321-422.

Busse, R./Riesberg, A. (2005): Gesundheitssysteme im Wandel: Deutschland. Kopenhagen, WHO Regionalbüro für Europa im Auftrag des Europäischen Observatoriums für Gesundheitssysteme und Gesundheitspolitik.

Cassel, D./Wille, E. (2006): Steuerung der Arzneimittelausgaben und Stärkung des Forschungsstandortes für die pharmazeutische Industrie, Gutachten für das Bundesministerium für Gesundheit, 02.06.2006, in Kooperation mit dem IGES und WidO.

Cassel, D./Ebsen, I./Greß, S./Jacobs, K./Schulz, S./Wasem, J. (2006a): Vertragswettbewerb in der GKV – Möglichkeiten und Grenzen vor und nach der Gesundheitsreform der Großen Koalition, Gutachten im Auftrag des WidO, Berlin.

Cassel, D./Wille, E. (2008): Weiterentwicklung des Arzneimittelmarktes – Kernelemente eines Reformkonzeptes zur wettbewerblichen Steuerung der GKV-Arzneimittelversorgung, Teil 2 , in : Wille, E./Cassel, D./Ulrich, V. (2008): Weiterentwicklung des Gesundheitssystems und des Arzneimittelmarktes, Gutachten für den Verband forschender Arzneimittelhersteller e.V., 24.10.08, 183 Seiten.

Coca, V./Nink, K./Schröder, H. (2008): Ökonomische Aspekte des deutschen Arzneimittelmarktes 2007, in: Schwabe, U./Paffrath, D. (Hrsg.): Arzneiverordnungs-Report 2008, Springer, Berlin.

Coca, V./Nink, K./Schröder, H. (2009): Ökonomische Aspekte des deutschen Arzneimittelmarktes 2008, in: Schwabe, U./Paffrath, D. (Hrsg.): Arzneiverordnungs-Report 2009, Springer, Berlin.

Cohen, J. (2006): Transatlantic Convergence with Respect to the Fourth Hurdle?, in: Pharmacoeconomics, No. 24, Suppl. 2, S. 87-94.

Cohen F.J. (2006): Entry Order as a consideration for innovation strategies. Nature Reviews Drug Discovery, Vol. 5, S. 285-293.

Cone, M. (2001): ATC Classification and DDD Assignment, in: British Journal of Clinical Pharmacology, 10, S. 823-827.

Cook, J./Hunter, G./Vernon, J.A. (2009): The Future Costs, Risks and Rewards of Drug Development – The Economics of Pharmacogenomics, in: Pharmacoeconomics, No. 27, Vol. 5, S. 355-363.

Cremieux, P.Y./Ouellete, P./Petit, P. (2007): Do Drugs Reduce Utilisation of Other Healthcare Resources?, in: Pharmacoeconomics, Vol. 25, No. 3, S. 209-221.

Culyer, A.J. (1991): The Normative Economics of Health Care Finance and Provision, in: McGuire, A./Fenn, P./Mayhew, K. (1991): Providing Health Care: the Economics of Alternative Systems of Finance and Delivery, Oxford University Press, New York, S. 65-98.

Curley, D. (2007): Apotex blows a hole in Perindoprils patent thicket, in: GenericsWev, URL: http://www.geenricsweb.com/index.php?object_id=587, Abruf: 22.02.2010.

Danzon, P.M. (2001): Reference Pricing: theory and evidence, in López-Casasnovas, G./Jönsson, B. (Hrsg.) (2001): Reference Pricing and Pharmaceutical Policy – Perspectives on Economics and Innovation, Springer, Barcelona, S. 81-126.

Danzon, P.M./Ketcham, J.D. (2004): Reference pricing of pharmaceuticals for Medicare: evidence from Germany, The Netherlands, and New Zealand, in: Front Health Policy Research, Vol. 7, S. 1-54.

Denda, R. (2010): Steuerung im Arzneimittelbereich – Dreißig Instrumente in dreißig Jahren, in: Pharmazeutische Zeitung, 155. Jg., Nr. 13, S. 1202-1204.

Deutsch, E./Spickhoff, A. (2008): Medizinrecht, Springer, Berlin.

Deutsche BKK (2008): Pressetext, URL: http://www2.deutschebkk.de/Wir__ber_uns/Presse/Archiv_2007/Deutsche_BKK_erstattet_Pfizer-Medikament_Sortis/index.html., Stand: 19.09.2008.

Di-Masi, J.A./Paquette, C. (2004): The Economics of Follow-on Drug Research and Development, in: Pharmacoeconomics, Suppl. 2, S. 1-14.

Dickson, M./Redwood, H. (1998): Pharmaceutical Reference Prices – How do they work in Practice, in: Pharmacoeconomics, Vol 14, No. 5, S. 471-479.

Drabinski, T./Eschweiler, J./Schmidt, U. (2008): Preisbildung von Arzneimitteln im internationalen Vergleich, Kieler Studien 340, Springer, Heidelberg.

Drummond, M./Jönsson, B./Rutten, F. (1997): The role of economic evaluation in the pricing and reimbursement of medicines, in: Health Policy, Vol. 40, S. 199-215.

Drummond, M./Schwartz, J.S./Jönsson, B./Luce, B.R./Neumann, P.J./Siebert, U./Sullivan, S.D. (2008): Key principles for the improved consduct of health technology assessments for resource allocation decisions, International Journal of Technology Assessment in Health Care, Vol. 24, No. 3, S. 244-258.

Drummond, M./Jonsson, B./Rutten, F. (2010): Reimbursement of Pharmaceuticals – Reference Pricing versus Health Technology Assessement, unveröffentlichtes Manuskript.

Entscheidungsgrundlagen des G-BA (2007): Entscheidungsgrundlagen des Unterausschusses Arzneimittel zur Festbetragsgruppenbildung vom 19.07.2007, Abruf am 19.09.2008.

Ess, S.M./Schneeweiss, S./Szucs, T. (2003): European Healthcare Policies for Controlling Drug Expenditure, in: Pharmacoeconomics, Vol. 21, No. 2, S. 89-103.

Fack-Asmuth, W./Robbers, J. (1993): Gesetz zur Sicherung und Strukturverbesserung der Gesetzlichen Krankenversicherung (Gesundheits-Strukturgesetz). Düsseldorf, deutsche Krankenhaus Verlagsgesellschaft mbH.

Fischer, M./Himme, A./Albers, S. (2005): Pionier, Früher Folger oder Später Folger: Welche Strategie verspricht den größten Erfolg?, in: Zeitschrift für Betriebswirtschaft, Heft 5, S. 539-573.

Franzmann, A./Klöckner, D./Schüssel, K./Schulz, M./Diener, F. (2007): Zielpreise für Leitsubstanzen, Verantwortungsteilung zwischen Arzt und Apotheker, in: Pharmazeutische Zeitung, 152. Jg., Heft 16.

Fricke, F.U. (2002): Steuerungsinstrumente in der Arzneimittelversorgung, in: Schöffski, O./Fricke, F.U./Guminski, W./Hartmann, W. (2002): Pharmabetriebslehre. Springer, Berlin, Heidelberg, New York, S. 83-100.

Fricke, F.U., Schöffski, O. (2008): Die pharmazeutische Industrie und der Arzneimittelmarkt, in: Schöffski O. et al. (2008): Pharmabetriebslehre, 2. vollst. überarb. und erw. Aufl., Springer, Berlin, S. 23-46.

Gabriel, M. (2008): Vom Festbetrag zum Rabatt: Gilt die Ausschreibungspflicht von Rabattverträgen auch im Bereich patentgeschützter Arzneimittel?, in: Neue Zeitschrift für Sozialrecht, Nr. 9, 17. Jg., S. 455-460.

Gemeinsamer Bundesausschuss (G-BA), (2006): Beschluss vom 17.10.06 zur Festbetragsgruppenänderung der Gruppe: Alpha-Rezeptorenblocker, Gruppen 1 und 2, Stufe 2, S. 1-20.

Gemeinsamer Bundesausschuss (G-BA), (2007): Beschluss vom 15.02.07 zur Festbetragsgruppenneubildung der Gruppe: Makrolide, neuere, Gruppe 1, Stufe 2, S. 1-81.

Gemeinsamer Bundesausschuss (G-BA), (2007a): Beschluss vom 19.04.07 zur Aktualisierung der Festbetragsgruppe Beta-Rezeptorenblocker, Gruppe 1, Stufe 2.

Gemeinsamer Bundesausschuss (G-BA), (2007b): Beschluss vom 19.07.07 zur Festbetragsgruppenneubildung der Gruppe: Methylphenidat, Gruppe 1, Stufe 1, S. 1-16.

Gemeinsamer Bundesausschuss (G-BA), (2007c): Beschluss vom 16.08.07 zur Festbetragsgruppenneubildung der Gruppe: Kombinationen von ACE-Hemmern mit Calciumkanalblockern, Gruppe 1, Stufe 3, S. 1-52.

Gemeinsamer Bundesausschuss (G-BA), (2007d): Beschluss vom 16.08.07 zu ACE-Hemmern mit weiteren Diuretika, Gruppe 1, Stufe 3.

Gemeinsamer Bundesausschuss (G-BA), (2007e): Beschluss vom 15.11.07 zur Festbetragsgruppenneubildung der Gruppe: Antianämika, andere, Gruppe 1, Stufe 2, S. 1-32.

Gemeinsamer Bundesausschuss (G-BA), (2008): Erläuterungen zum Beschluss über eine Änderung der Arzneimittel-Richtlinie in Anlage 10: Kurzwirksame Insulinanaloga zur Behandlung des Diabetes mellitus Typ 1, vom 21.02.2008.

Gemeinsamer Bundesausschuss (G-BA), (2008a): Beschluss vom 13.03.08 zur Aktualisierung von Vergleichsgrößen, S. 1-51.

Gemeinsamer Bundesausschuss (G-BA), (2009): Verfahrensgang zur Festbetragsgruppenbildung nach § 35 Abs. 1 und 1a SGB V, URL: http://www.g-ba.de/downloads/17-98-2482/2007-09-05-Verfahren_Festbetragsgruppenbildung.pdf, Stand: 09.10.2009.

Gemeinsamer Bundesausschuss (G-BA), (2009a): Grundsatzentscheidung des G-BA: Festbetragsgruppen auch für biotechnologische Arzneimittel, URL: http://www.g-ba.de/informationen/aktuell/pressemitteilungen/283/, Stand: 24.09.2010.

Gemeinsamer Bundesausschuss (G-BA), (2010): Arzneimittel-Richtlinie, Anlage IX, Einleitung eines Stellungnahmeverfahrens, URL: http://www.g-ba.de/downloads/39-261-925/2009-11-10-AMR-IX-AKtualisierung-SN.pdf, Stand: 24.02.2010.

GBE-Bund (2008a): URL: http://www.gbe-bund.de/oowa921-install/servlet/oowa/aw92/dboowasys921.xwdevkit/xwd_init?gbe.isgbetol/xs_start_neu/39948261/46396428, Stand: 22.06.2008.

GBE-Bund (2008b): URL: http://www.gbe-bund.de/gbe10/ergebnisse.prc_tab?fid=10530&suchstring=hypertonie&query_id=&sprache=D&fund_typ=TAB&methode=2&vt=1&verwandte=1&page_ret=0&seite=&p_lfd_nr=63&p_news=&p_sprachkz=D&p_uid=gast&p_aid=9948261&hlp_nr=3&p_janein=J , Stand: 22.06.2008.

Geursen, R.G. (2009): 20 Jahre Festbeträge, in Pharmazeutische Industrie (pharmind), Vol. 71, Nr. 8, S. 1284-1286.

Giuliana, G./Selke, G./Garattini, L. (1998): The German experience in reference pricing, in: Health Policy, Vol. 44, S. 73-85.

Glaeske, G. (1990): Festbeträge für Arzneimittel – Preiswettbewerb, wo aber bleibt die Qualität?, in: WSI Mitteilungen, Nr. 2, S. 97-109.

Glaeske, G. (2006): Mehr Rezepte, teurere Arzneimittel, höhere Ausgaben – Die Entwicklung der Arzneimittelversorgung in der ambulanten vertragsärztlichen Versorgung im Jahr 2005 und Aspekte für die Zukunft, in: Medizinrecht, Ausg. 12, S. 697-702.

Glaeske, G./Janhsen, K. (2007): GEK-Arzneimittel-Report 2007, Schriftenreihe zur Gesundheitsanalyse Bd. 55, Asgard-Verlag, Bremen-Schwäbisch-Gmünd.

Glaeske, G./Pieper, K./Windt, R (2009): Status quo und Zukunft der Apotheken in der Arzneimittelversorgung, in: Glaeske, G./Schicktanz, C./Jahnsen, K.: GEK-Arzneimittelreport 2009 – Auswertungsergebnisse der GEK-Arzneimitteldaten aus den Jahren 2007 bis 2008.

Glaeske, G./Schicktanz, C./Janhsen, K. (2009): GEK-Arzneimittelreport 2009, GEK Schriftenreihe zur Gesundheitsanalyse, Bd. 68, Aasgard-Verlag, St. Augustin.

Golder, P.N./Tellis, G.J. (1997): Will it Ever Fly? Modelling the Takeoff of really New Consumer Durables, in Marketing Science, Vol. 3, S. 256-270.

Gonzáles López-Valcárel, B. (2005): Insurance in public financing of pharmaceuticals, in: Puig-Junoy, J. (Hrsg.), (2005): The Public Financing of Pharmaceuticals – An Economic Approach, Edward Elgar Publishing ltd., Cheltenham, S. 124-144.

Goodman, B./Schwabe, U./Selke, G./Wettermark, B. (2009): Update of Recent Reforms in Germany to Enhance the Quality and Effienciency of Prescribing of Proton Pump Inhibitors and Lipid-Lowering Drugs, in: Pharmacoeconomics, Vol. 27, No. 5, S. 435-438.

Greiner, W. (2006): Methoden der gesundheitsökonomischen Evaluation, in: Hurrelmann, K./Laaser, U./Razum, O. (2006): Handbuch Gesundheitswissenschaften, 4. vollst. überarb. Aufl., Juventa, Weinheim und München, S. 347-374.

Greiner, W. (2007): Health Technology Assessment (HTA), in: Schöffski,O./Schulenburg, J.-M. Graf v.d. (Hrsg.), (2007): Gesundheitsökonomische Evaluation, 3. Aufl., Springer, Berlin, S. 447-469.

Greiner, W./Schulenburg, J.-M. Graf v.d./Vauth, C., (Hrsg.), (2008): Gesundheitsbetriebslehre – Management von Gesundheitsunternehmen, Hans Huber, Bern.

Greiner, W./Schumacher, H.K./Honsel, K./Sandmann, D. (2008): Preissystem, in: Greiner, W./Schulenburg, J.-M. Graf v.d./Vauth, C., (Hrsg.), (2008):Gesundheitsbetriebslehre – Management von Gesundheitsunternehmen, Hans Huber, Bern, S. 267-302.

Greß, S./Niebuhr, D./Wasem, J. (2005): Regulierung des Marktes für verschreibungspflichtige Arzneimittel im internationalen Vergleich, 1. Aufl., Nomos, Baden-Baden.

Greß, S./Kötting, C./May, U./Wasem, J. (2009): Rabattverträge in der gesetzlichen Krankenversicherung – Auswirkungen einer Oligopolisierung des generikafähigen Arzneimittelmarktes, in: Gesundheitsökonomie und Qualitätsmanagement, Nr. 14, S. 237-242.

Grimmsmann, T./Himmel, W. (2009): Inwieweit bilden definierte Tagesdosen (DDD) die tatsächlich verordneten Tagesdosen ab? Eine Analyse ambulanter Verordnungsdaten, in: Das Gesundheitswesen, Nr. 71, S. 1-7.

Guminski, W. (2008): Produktlebenszyklus und die Möglichkeiten seiner Gestaltung, in: Schöffski O./Fricke, F.U./Guminski, W. (2008): Pharmabetriebslehre, 2. vollst. überarb. und erw. Aufl., Springer, Berlin, S. 199-214.

Häussler, B./Gothe, H./Reschke, P./Höer, A./Hagenmeyer, E.G./Ryll, A./Hempel, E. (2002): Analog-Wirksttoffe im Arzneimittelmarkt: Therapeutischer Nutzen und Bedeutung für die Ausgaben der Krankenversicherungen, IGES-Verlan, Berlin.

Häussler, B./Höer, A./Hempel, E./Storz, P. (2006): Arzneimittel-Atlas 2006, Der Arzneimittelverbrauch in der GKV, Urban & Vogel, München.

Häussler, B./Höer, A./Hempel, E./Storz, P. (2007): Arzneimittel-Atlas 2007, Der Arzneimittelverbrauch in der GKV, Urban & Vogel, München.

De la Haje, R./Gebauer, A. (2008): Entwicklung eines Arzneimittels, in: Schöffski O./Fricke, F.U./Guminski, W. (2008): Pharmabetriebslehre, 2. vollst. überarb. und erw. Aufl., Springer, Berlin, S. 105-116.

Hajen, L./Paetow, H./Schumacher, H. (2008): Gesundheitsökonomik, 4. überarb. und erweiterte Auflage, Stuttgart.

Hakonsen, H./Horn, A.M./Toverud, E.-L. (2009): Price control as a strategy for pharmaceutical cost containment – What has been achieved in Norway in the period 1994-2004?, in: Health Policy, Vol. 90, S. 277-285.

Hamm, W./Jessen, J./Nord, D./Pehlke, H. (1984): Aspekte zur GKV-Strukturreform, Fischer, Stuttgart.

Hansen, L. (2009): Steuerung der Arzneimittelausgaben, in: Die Krankenversicherung, Heft 10, S. 259-261.

Hansen, L./Enderer, K. (2009): Leitfaden Arzneimittelregresse der KV Nordrhein, S. 1-59.

Haus, K.H. (1993): Die Einführung der Kostenerstattung im Gesetz zur Strukturreform im Gesundheitswesen, Verlag Chmielorz, Wiesbaden.

Harder, S./Rietbrock, N. (2001): Hypertonie, in: Rietbrock, N./Staib, A.H./Loew, D. (Hrsg.): Klinische Pharmakologie – Arzneimitteltherapie, Steinkopff-Verlag, Darmstadt.

Heran, B.S./Wong, M.M.Y./Wrigth, J.M. (2008): Blood pressure lowering efficacy of angiotensin converting enzyme (ACE) inhibitors for primary hypertension. Cochrane Database of Systematic Reviews, Issue 4.

Hernandez, A.F./Harrington, R.A. (2008): Comparative effectiveness of angiotensin-converting-enzyme inhibitors: Is an ACE always an ace?, in: Canadian Medical Association Journal, Vol. 178, No. 10, S. 1316-1319.

Hönighaus, R. (2008): Pharmapatente kosten Bürger Milliarden – EU droht Arzneimittelherstellern mit Kartellverfahren, in: ftd, 01.12.2008.

Hofmann, H./Schöffski, O. (2008): Generika und Biosimilars, in: Schöffski, O./Fricke, F.-U./Guminski, W. (Hrsg.): Pharmabetriebslehre, Springer, Berlin.

Hommel, T. (2010): Mehr Therapietreue durch Zuzahlung – das klappt nicht, in: Ärztezeitung, 18.02.2010.

Hotelling, H. (1929): Stability in Competition, in: Economic Journal, Vol. 39, S. 41-57.

Howard, L. (2006): Trandolapril. GenericsWeb. URL: http://www.genericsweb.com/index.php?object_id=333, Abruf: 19.02.2010.

Hurrelmann, K/Laaser, U./Razum, O. (Hrsg.), (2006): Handbuch Gesundheitswissenschaften, 4. vollst. überarb. Aufl., Juventa, Weinheim.

Hurrelmann, K. et al. (2006a): Entwicklung und Perspektiven der Gesundheitswissenschaften in Deutschland, in: Hurrelmann, K/Laaser, U./Razum, O. (Hrsg.), (2006): Handbuch Gesundheitswissenschaften, 4. vollst. überarb. Aufl., Juventa, Weinheim, S. 11-48.

Hurrelmann, K./Klotz, T./Haisch, J. (Hrsg.), (2007): Lehrbuch Prävention und Gesundheitsförderung, 2. Auflage, Huber Bern.

Ibern Regàs, P. (2005): Incentives for Innovation in the pharmaceutical market, in: Puig-Junoy, J. (2005): The Public Financing of Pharmaceuticals – An Economic Approach, Edward Elgar Publishing ltd., Cheltenham, S. 21-34.

Ioannides-Demos, L.L./Ibrahim, J.E./McNeil, J.J. (2002): Reference-Based Pricing Schemes: Effect on Pharmaceutical Expenditure, Resource Utilisation and Health Outcomes, in: Pharmacoeconomics, Vol. 20, No.9, S. 577-591.

IQWiG (2009): Langwirksame Insulinanaloga zur Behandlung des Diabetes Mellitus Typ 2, Abschlussbericht A05-03, 26.02.2009.

Jäcker, A. (2004): Deregulierung der Preisbildung für Arzneimittel, Chancen und Risiken aus ökonomischer Sicht, in pharmind, Jg. 66, Nr. 11, S. 1306-1309.

Jäcker, A. (2006): Der deutsche Generikamarkt – Eine Widerlegung gängiger Mythen, in: Generika, Ausg. 2, 3. Jg, S. 28-31.

Janhsen, K./Strube, H./Starker, A. (2008): Gesundheitsberichterstattung des Bundes, Heft 43, Hypertonie, Robert Koch-Institut, Berlin.

Jönsson, B./Ekelund, M. (2001): References Pricing and innovation in medicine, in: López-Casasnovas, G./Jönsson, B. (Hrsg.) (2001): Reference Pricing and Pharmaceutical Policy – Perspectives on Economics and Innovation, Springer, Barcelona, S. 63-79.

Johnston, M./Zeckhauser, R. (1991): The Australian pharmaceutical subsidy gambit: transmuting deadweight loss and oligopoly rents to consumer surplus. Working Paper No. 3783, National Bureau of Economic Research, Cambridge, MA.

Kammerer, M. (2009): Review: Annual German Drug Prescription, in: Turner, N. (Hrsg.), (2009): Pharma Pricing and Reimbursement, Vol. 14, No. 12, IMS Health.

Kanavos, P./Reinhardt, U. (2003): Reference Pricing For Drugs: Is It Compatible With U.S. Health Care?, in: Health Affairs, Vol. 22, No. 3, S. 16-30.

Kanavos, P./Font, J.C./McGuire, A. (2007): Product Differentiation, Competition and Regulation of New Drugs: The Case of Statins in Four European Countries, in: Managerial and Decision Economics, Vol. 28, S. 455-465.

Kirch, W./Badura, B. (Hrsg.), (2005): Prävention: ausgewählte Beiträge des Nationalen Präventionskongresses, Dresden, 01.und 02.Dezember 2005, Springer, Heidelberg.

Koch, K./Sawicki, P.T. (2009): Entscheidungsunterstützung durch wissenschaftliche Evidenz, in: Public Health Journal Forum, Heft 17, Nr. 3, S. 12-13.

Koch, B./Oparil, S./Stimpel, M. (1999): Co-Administration od an ACE-inhibitor (moexipril) and hormonal replcemetn therapy in menopausal women, in: Journal of Human Hypertension, Vol. 13, S. 1388-1401.

Kraus, P. (2006): Wettbewerb im Generikamarkt erhalten: Zu den Vorschlägen zur Änderung der Festbetragshöhe aufgrund des AVWG, in: Generika, Ausg. 2, Jg. 3, S. 20-24.

Kucher, E./Simon, H. (1989): Pharma-Preismanagement im Festbetragssystem, in: Simon, H./Hilleke-Daniel, K./Kucher, E. (Hrsg.): Wettbewerbsstrategien im Pharmamarkt, Schäffer-Verlag, Stuttgart.

Langer, B. (2005): Steuerungsmöglichkeiten des GKV-Arzneimittelmarktes – Selbstbeteiligung unter besonderer Berücksichtigung von Härtefallregelungen, Logos, Berlin.

Lemmer., B./Brune, K. (Hrsg.), (2005): Füllgraff/Palm: Pharmakotherapie – klinische Pharmakologie, 11. Aufl., Urban und Fischer, München/Jena.

Leppin, A. (2007): Konzepte und Strategien der Krankheitsprävention, in: Hurrelmann, K./Klotz, T./Haisch, J. (Hrsg.) Lehrbuch Prävention und Gesundheitsförderung, 2. Auflage, Huber Bern, S. 31-40.

Litsch, M./Reichelt, H. (1989): Entwicklung des Fertigarzneimittelmarktes seit 1981, in: Schwabe, U./Paffrath, D. (Hrsg.), Arzneiverordnungsreport 1989, Stuttgart, S. 444-448.

Litsch, M./Reichelt, H. (1989a): Ergänzende statistische Übersicht, in: Schwabe, U./Paffrath, D. (Hrsg.), Arzneiverordnungsreport 1989, Stuttgart, S. 449-464.

López-Casasnovas, G./Jönsson, B. (Hrsg.) (2001): Reference Pricing and Pharmaceutical Policy – Perspectives on Economics and Innovation, Springer, Barcelona.

López-Casasnovas, G./Puig-Junoy, J. (2001): Review of the literature on reference pricing, in: López-Casasnovas, G./Jönsson, B. (Hrsg.) (2001): Reference Pricing and Pharmaceutical Policy – Perspectives on Economics and Innovation, Springer, Barcelona, S. 1-41.

López-Casasnovas, G./Puig-Junoy, J. (2005): Reference Pricing as a pharmaceutical reimbursement mechanism, in: Jaume-Puig-Junoy (Hrsg.), (2005): The Public Financing of Pharmaceuticals, Edward Elgar Publishing ltd., Cheltenham, S. 103-123.

Lundkvist, J./Jönsson, B./Rehnberg, C. (2006): The costs and benefits of regulations for reimbursement of new drugs, in: Health Policy, Vol. 79, Issues 2-3, S. 337-344.

Maier-Rigaud, R./Schmidt, C./Schnichels, D. (2010): Die Untersuchung des Arzneimittelsektors – Schlussfolgerung und Handlungsvorschläge der Europäischen Kommission, in: Die Krankenversicherung, Nr. 12, S. 324-329.

Mathias, B./Lasek, R./Tiaden, J.D. (1997): Präventive Aspekte in der Arbeit der Arzneimittelkommission der deutschen Ärzteschaft, in: Alhoff, P./Flatten, G./Laaser,U. (Hrsg.), (1997), Krankheitsverhütung und Früherkennung, Handbuch der Prävention, 2. Auflage, Springer, Heidelberg, S. 434-440.

Maywald, U./Hach, I. (2005): Prävention mit Arzneimitteln – Möglichkeiten und Grenzen, in: Kirch, W./Badura, B. (Hrsg.): Prävention: ausgewählte Beiträge des Nationalen Präventionskongresses, Dresden, 01.und 02. Dezember 2005, Springer, Heidelberg, S. 521-529.

McArthur, W.J. (2001): Patient outcomes and public health consequences of reference pricing, in: López-Casasnovas, G./Jönsson, B. (Hrsg.) (2001): Reference Pricing and Pharmaceutical Policy – Perspectives on Economics and Innovation, Springer, Barcelona, S. 145-160.

McGuire, A./Fenn, P./Mayhew, K. (1991): Providing Health Care: the Economics of Alternative Systems of Finance and Delivery, Oxford University Press, New York.

McLaughlin, M.A./Lala, A. (2008): Do ACE Inhibitors All Provide the Same Outcomes Benefits in High-Risk Cardiovascular Patients?, in: Current hypertension reports, Vol. 10, No. 4, S. 286-292.

Mehnert, A. (1997): Regulierung auf europäischen Arzneimittelmärkten, Lang, Bern.

Mirrlees, J.A. (2006): Welfare, Incentives and Taxation, Oxford University Press, New York.

Mossialos, E./Mrazek, M./Walley, T. (2004): Regulating pharmaceuticals in Europe: striving for efficiency, equity and quality, Open University Press, Berkshire.

Müller-Bohn, T. (2009): Flexibilität durch Zielpreise. Alternative zu Rabattverträgen, Deutsche Apotheker Zeitung, 19.11.2009.

Mueller-Oerlinghausen, B./Ludwig, W.-D. (2008): Verbesserung der Arzneimitteltherapiesicherheit in Deutschland: Allianz von Staat und Ärzteschaft, in: Zeitschrift für Evidenz, Fortbildung und Qualität im Gesundheitswesen (ZEFQ), Nr. 102, S. 582-586.

Nagel, E. (2007): Das Gesundheitswesen in Deutschland: Struktur – Leistung – Weiterentwicklung, Deutscher Ärzte-Verlag, Köln.

Narayan, P.K. (2007): Do health expenditures 'catch up'?, Evidence from OECD Countries, in: Health Economics, Nr. 16, S. 993-1008.

Newhouse, J.P./Manning, W.G./Morris, C.N./Orr, L.L./Duan, N./Keeler, E.B./ Leibowitz, A./Marquis, K.H./Marquis, M.S./Phelps, C.E./Brook, R.H. (1981): Some interim results from a controlled trial of cost sharing in health insurance, in: The New England Journal of Medicine, Vol. 305, No. 25, S. 1501-1507.

Nitschmann, S. (2004): ACE-Hemmer bei stabiler koronarer Herzerkrankung, EUROPA-Studie, in: Der Internist, Nr. 45, S. 1196-1198.

N.N. (2008): Wieder mehr Arzneimittel von Zuzahlung befreit in: Ärztezeitung vom 01.12.2008 (ble).

N.N. (2008a): Zielpreise sind eine Option für die Zukunft, in: Ärztezeitung, ApothekerPlus, vom 05.02.2008.

N.N. (2009): 20 Jahre Arzneimittel-Festbeträge, in: Gesundheits- und Sozialpolitik Nr. 3-4, 63. Jg., Nomos Verlag, S. 6.

N.N. (2009a): Aufzahlung für GKV-Patienten?, in: Ärztezeitung vom 03.09.2009 (fst).

N.N. (2009b): Kassen sparen Milliarden durch Festbeträge ein, in Ärztezeitung, 22.06.2009 (ble).

N.N. (2010): Nur jede fünfte Arzneimittelpackung zuzahlungsbefreit, in Deutsche Apotheker Zeitung, 150. Jahrgang, Nr. 35, S. 22.

Noth, M. (1994): Regulierung bei asymmetrischer Informationsverteilung, Deutscher Universitäts Verlag, Wiesbaden.

Nuijten, M.J.C./Berto, P./Hutton, J./Fricke, F.-U./Villar, F.A. (2001): Trends in decision-making process for pharmaceuticals in Western European countries – A focus on emerging hurdles for obtaining reimbursement and a price, in: Health Economics in Prevention and Care, Vol. 2, S. 162-169.

o.A. (1997): Ergänzende statistische Übersicht, in: Schwabe, U./Paffrath, D. (Hrsg.): Arzneiverordnungs-Report, Gustav-Fischer Verlag, Stuttgart.

o.A. (2008): Original oder Generikum? Wirkstoffe mit Patenauslauf im Jahr 2008, in: PKV Publik, Heft 9, S. 105.

Oberender, P./Zerth, J. (2003): Die Positivliste aus ökonomischer Sicht: eine ordnungspolitische Analyse, Diskussionspapier Nr. 11-03, Wirtschaftswissenschaftliche Diskussionspapiere der Universität Bayreuth.

Orlowski, U./Wasem, J. (2007): Gesundheitsreform 2007. Änderungen und Auswirkungen auf einen Blick., C. F. Müller, Heidelberg.

Paschke, D. (2008): Mikroökonomik, anschaulich dargestellt, 3. überarb. & erw. Auflage, PD-Verlag, Heidenau.

Pavcnik, N. (2002): Do pharmaceutical prices respond to potential patient out-of-pocket expenses?, in: RAND Journal of Economics, Vol. 33, No. 3, S. 469-487.

Perleth, M./Jakubowski, E./Busse, R. (2000): "Best Practice im Gesundheitswesen – oder warum wir evidenzbasierte Medizin, Leitlinien und Health Technology brauchen, in: Zeitschrift für ärztliche Fortbildung und Qualität im Gesundheitswesen, Urban und Fischer, Jena.

Pfähler, W./Wiese, H. (2006): Unternehmensstrategien im Wettbewerb, Springer, Berlin.

Pharmnet-bund (2008): Arzneimittelinformationssystem, URL: http://www.pharmnet-bund.de/dynamic/de/index.html., Stand: 04.08.2008.

Pichler, E. (2001): Is reference pricing based on economic criteria?, in: López-Casasnovas, G./Jönsson, B. (Hrsg.) (2001): Reference Pricing and Pharmaceutical Policy – Perspectives on Economics and Innovation, Springer, Barcelona, S. 42-62.

Pilote L./Abrahamowicz, M./Eisenberg, M./Humphries, K./Behlouli, H./Tu, J.V. (2008): Effect of different angiotension-converting-enzyme inhibitors on mortality among elderly patients with congestive heart failure, in: The Canadian Medical Association Journal, Vol. 178, No. 10, S. 1303-1312.

Pindyck, S./Rubinfeld, D.L. (2005): Mikroökonomie, 6. Auflage, Pearson München.

Pinto Prades, J.L./Badía LLach, X. (2005): Economic evaluation and pharmaceutical policy, in: Puig-Junoy, J. (2005): The Public Financing of Pharmaceuticals – An Economic Approach, Edward Elgar Publishing ltd., Cheltenham, S. 145-166

Pirk, O. (2008): Preisbildung und Erstattung, in: Schöffski, O./Fricke, F.-U./Guminski, W./ (Hrsg.): Pharmabetriebslehre, Springer, Berlin.

Prabhu, M./Palaian, S./Malhotra, A.,Ravishankar, P./Bista, D./Almeida, R./Mishra, P. (2005): Therapeutic dimensions of ACE inhibitors – A review of literature and clinical trials, in: Kathmandu University Medical Journal, Vol. 3, No. 3, Issue 11, S. 296-304.

Pro Generika (2010): Vorschläge zur Weiterentwicklung des Festbetragssystems, URL: http://www.progenerika.de/downloads/8448/100329_BAH_PG_vfa_Fes.pdf, Stand: 24.09.10.

Puig-Junoy, J. (Hrsg.), (2005): The Public Financing of Pharmaceuticals – An Economic Approach, Edward Elgar Publishing ltd., Cheltenham.

Puig-Junoy, J. (2005): Price regulation systems in the pharmaceutical market, in: Puig-Junoy, J. (2005): The Public Financing of Pharmaceuticals – An Economic Approach, Edward Elgar Publishing ltd., Cheltenham, S. 35-58.

Puig-Junoy, J. (2007): The Impact of generic reference pricing interventions in the statin market, in: Health Policy, Vol. 84, No. 1, S. 14-29.

Rascher, W./Mentzner, D./Syberth, H.W. (2007): Verbesserung der Arzneimittelsicherheit durch Pharmakovigilanz, in: Monatsschrift Kinderheilkunde 155. Jg., Nr. 8, S. 692-699.

Redekop, W.K./Orlewska, E./Maciejewski, P./Rutten, F.F.H./Nissen, L.W. (2008): Costs and Effects of Secondary Prevention with Perindopril in Stable Coronary Heart Disease in Poland – An Analysis of the EUROPA Study including 1251 Polish Patients, in: Pharamcoeconomics, Vol. 26, No. 10, S. 861-877.

Reekie, W.D. (1998): How Competition Lowers the Costs of Medicines, in: Pharmacoeconomics, Vol. 14 Suppl. 1, S. 107-113.

Reiche, D. (2003): Roche Lexikon Medizin, 5. neu bearb. und erw. Auflage, Urban und Fischer, München/Jena.

Richter, A. (2008): Assessing the Impact of Global Price Interdependencies, in: Pharmacoeconomics, Vol. 26, No.8, S. 649-659.

Rietbrock, N./Staib, A.H./Loew, D. (Hrsg.), (2001): Klinische Pharmakologie – Arzneimitteltherapie, Steinkopff-Verlag, Darmstadt.

Roberts, M.J. (2001): Would we be able to recognize a socially desirable reference pricing system if it bit us in the ankle?, in: López-Casasnovas, G./Jönsson, B. (Hrsg.), (2001): Reference Pricing and Pharmaceutical Policy – Perspectives on Economics and Innovation, Springer, Barcelona, S. 161-177.

Rosenbrock, R./Gerlinger, T. (2006): Gesundheitspolitik, Hans Huber, Bern.

Sachverständigenrat für die Konzertierte Aktion im Gesundheitswesen (SVR), (2001): Bedarfsgerechtigkeit und Wirtschaftlichkeit – Band I: Zielbildung, Prävention, Nutzerorientierung und Partizipation. Gutachten 2000/2001, Kurzfassung, Nomos, Baden-Baden.

Sachverständigenrat für die Konzertierte Aktion im Gesundheitswesen (SVR), (2005): Koordination und Qualität im Gesundheitswesen, Kapitel 7, Einflussfaktoren auf die Verordnung von Arzneimitteln, Drucksache 15/5670 des deutschen Bundestages.

Samwer, M. (2008): Reformansätze in der gesetzlichen Krankenversicherung. Zwischen Solidarprinzip und Wettbewerb, Gabler, Wiesbaden.

Schamp, K./Regenold, J./Jordan, H. (2008): Regulatory Affairs, in: Schöffski O./Fricke, F.U./Guminski, W. (Hrsg.), (2008): Pharmabetriebslehre, 2. vollst. überarb. und erw. Aufl., Springer, Berlin, S. 129-153.

Scherff, D. (2006): Billigere Medikamente, in: Frankfurter Allgemeine Sonntagszeitung 28.05.2006.

Schlander, M. (2005): Arzneimittelversorgung und Kostendämpfungspolitik. Perspektiven 1 Jahr nach dem GMG, in: Medizinische Klinik, Heft 6, S. 314-324.

Schlander, M. (2009): Die deutsche Krankheit – 30 Jahre Überregulierung im Arzneimittelmarkt, in: Der Kassenarzt, Heft 12: S. 18-20.

Schlingensiepen, I. (2010): KVWL plant Ausstieg aus Arzneimittelvereinbarung, in: Ärztezeitung 23.02.2010.

Schneeweiss, S./Walker, A.M./Glynn, R.J./Maclure, M./Dormuth, C./Soumerai, S.B. (2002): Outcomes of reference pricing for angiotensin-converting-enzyme inhibitors, in: The New England Journal of Medicine, Vol. 346, No.11, S. 822-829.

Schneeweiss, S./Maclure, M./Dormuth, C./Avorn, J. (2002a): Pharmaceutical cost containment with reference-based pricing: time for refinements, in: The Canadian Medical Association Journal, Vol. 167, T. 11, S.1250-1251.

Schneeweiss, S./Dormuth, C./Grootendorst, P./Soumerai, S.B./Maclure, M. (2004): Net Health Plan Savings From Reference Pricing for Angiotensin-Converting Enzyme Inhibitors in Elderly British Columbia Residents, in: Medical Care, Vol. 42, No. 7, S. 653-660.

Schneeweiss, S. (2007): Reference drug programs: Effectiveness and policy implications, in: Health Policy Vol. 81, No. 1, S. 17-28.

Schönbach, K.-H. (2006): Zentralisierung oder mehr Wettbewerb im Arzneimittelbereich, in: Gesundheits- und Sozialpolitik, 11-12., S. 39-45.

Schöffski, O./Fricke, F.U./Guminski, W./Hartmann, W. (2002): Pharmabetriebslehre. Springer, Berlin, Heidelberg, New York.

Schöffski, O./Schulenburg, J.-M. Graf v.d. (Hrsg.), (2007): Gesundheitsökonomische Evaluation, 3. Aufl., Springer, Berlin.

Schöffski O./Fricke, F.U./Guminski, W. (2008): Pharmabetriebslehre, 2. vollst. überarb. und erw. Aufl., Springer, Berlin.

Scholze, J., Unger, T. (2003): Die ALLHAT-Studie – Primäres Antihypertensivum – Diuretika vs. Kalziumantagonisten vs. ACE-Hemmer, in: Der Internist, Nr. 44, S. 1193-1195.

Schreyögg, J./Busse, R. (2005): Physician Drug Budgets in Germany and Effects on Prescription Behavior, in: Journal of Pharmaceutical Finance, Economics & Policy, Vol. 14, No. 3, S. 77-95.

Schulenburg, J.-M. Graf v.d. (1987): Selbstbeteiligung – Theoretische und empirische Konzepte für die Analyse ihrer Allokations- und Verteilungswirkungen, Mohr Siebeck, Tübingen.

Schulenburg, J.-M. Graf v.d. (1997): Management of cost and utilization of pharmaceuticals in Germany, in: Health Policy, Vol. 41, Suppl. 1, S. 545-553.

Schulenburg, J-M. Graf v.d. (2005): Versicherungsökonomik – Ein Leitfaden für Studium und Praxis, Verlag Versicherungswirtschaft, Karlsruhe.

Schulenburg, J-M. Graf v.d./Greiner, W. (2007): Gesundheitsökonomik, 2. neu bearbeitete Aufl., Mohr Siebeck, Tübingen.

Schulenburg, J.-M. Graf v.d./Hodek, J.-M. (2008): Nutzen und Kosten der derzeitigen Regulierung des Apothekenmarktes in Deutschland, Diskussionspapier Nr. 390, ISSN: 0949-9962.

Schumacher, H.K./Greiner, W. (2008): Festbeträge als Instrument der Ausgabensteuerung in der GKV – Systematik der Berechnung und resultierende Wirkungen, in: Gesundheits- und Sozialpolitik, 62. Jg., Nr. 1, , S. 53-64.

Schumacher, H.K./Greiner, W. (2009): Alternative Verfahren zur Abschätzung der Wirkvergleichabrkeit am Beispiel der Festbetragsgruppe der ACE-Hemmer, in: Gesundheits- und Sozialpolitik, Nr. 5, 2009, 63. Jg., S. 28-37.

Schumann, J./Meyer, U./Ströbele, W. (2007): Grundzüge der mikroökonomischen Theorie, 8. Aufl., Springer, Berlin.

Schwabe, U./Paffrath, D. (Hrsg.), (1989): Arzneiverordnungsreport 1989, Stuttgart.

Schwabe, U./Paffrath, D. (Hrsg.), (1997): Arzneiverordnungsreport 1997, Stuttgart.

Schwabe, U./Paffrath, D. (Hrsg.), (2004): Arzneiverordnungsreport 2004, Stuttgart.

Schwabe, U./Paffrath, D. (Hrsg.), (2005): Arzneiverordnungsreport 2005, Stuttgart.

Schwabe, U./Paffrath, D. (Hrsg.), (2008): Arzneiverordnungsreport 2008, Springer, Heidelberg.

Schwabe, U./Paffrath, D. (Hrsg.), (2009): Arzneiverordnungsreport 2009, Springer, Heidelberg.

Schwabe, U. (2006): Auswirkungen der Gesundheitsreform auf den Arzneimittelverbrauch und die Arzneimittelausgaben der Versicherten, in: Böcken, J. et al. (Hrsg.), (2006): Gesundheitsmonitor 2006 – Gesundheitsversorgung und Gestaltungsoptionen aus der Perspektive von Bevölkerung und Ärzten, Verlag Bertelsmann Stiftung, Gütersloh.

Sheridan, D./Attridge, J. (2006): The Impact of Therapeutic Reference Pricing on Innovation in Cardiovascular Medicine, in: Pharmacoeconomics, Vol. 24, Suppl. 2, S. 35-54.

Sieger, H. (1996): Duell der Pillendreher, in: Focus, Heft 16, S. 258-259.

Simon, H./Hilleke-Daniel, K./Kucher, E. (Hrsg.), (1989): Wettbewerbsstrategien im Pharmamarkt, Schäffer-Verlag, Stuttgart.

Simon, M. (2005): Das Gesundheitssystem in Deutschland. Eine Einführung in Struktur und Funktionsweise, Verlag Hans Huber, Bern.

Sozialgesetzbuch (SGB) V (2008): Sozialversicherungsgesetze Kompaktausgabe, Rechtsstand 01.07.2008, CW Haarfeld Verlag, Essen.

Spickschen, T. (1989): Wandel im Pharmamarkt – Strategische Neuausrichtung der forschenden Pharmaunternehmen, in: Dichtl, E./Raffee, H./Thiess, M. (Hrsg.): Innovatives Pharmamarketing, Gabler, Wiesbaden.

Spitzenverband Bund (2009): Arzneimittel-Markt 2009, Neues vom GKV-Spitzenverband, Zeno-Konferenz, 16.02.09, Berlin.

Spitzenverband Bund (2009a): Liste zuzahlungsbefreiter Arzneimittel, URL: http://www.gkv-spitzenverband.de/Archiv_zuzahlbefr_Arzneimittel.gkvnet, Stand: 06.12.09.

Stargardt, T./Schreyögg, J./Busse, R. (2005): Arzneimittelfestbeträge: Gruppenbildung, Preisberechnung mittels Regressionsverfahren und Wirkungen, in: Gesundheitswesen, Jg. 67, Nr. 7, S. 468-477.

Stargardt, T./Schreyögg, J. (2006): Impact of Cross-Reference Pricing on Pharmaceutical Prices – Manufacturers´ Pricing Strategies and Price Regulation, in: Applied Health Economics and Health Policy, Vol. 5, No. 4, S. 235-247.

Stargardt, T./Schreyögg, J./Busse, R. (2007): Pricing behaviour of pharmaceuticals after market deregulation for OTC drugs: The case of Germany, in Health Policy, Vol. 84, No. 1, S. 30-38.

Stargardt, T. (2009): Modelling Pharmaceutical Price Changes in Germany: A Function of Competition and regulation, Teil der kumulativen Dissertation.

Stargardt, T. (2009a): The Impact of reference pricing on switching behaviour and healthcare utilisation: the case of statins in Germany, in: European Journal of Health Economics, online first: 29.07.2009.

Stark, A. (2005): Festbeträge für Arzneimittel – Erfoglsmodell mit Konstruktionsmängeln, in: Gesellschaftspolitische Kommentare Nr. 10, S. 11-13.

Steinmann, L./Telser, H. (2005): Gesundheitskosten in der alternden Gesellschaft – Weshalb nicht die Zunahme älterer Menschen, sondern falsche Anreize das Gesundheitswesen unter Druck setzen, Verlag Neue Zürcher Zeitung, Zürich.

Stigler, G.J. (1971): The theory of economic regulation, in: The Bell Journal of Economics and Management Science, Vol. 2, No.1., S. 3-21.

Suchy, H. (1992): Patentrestlaufzeit neuerer pharmazeutischer Wirkstoffe. Gewerblicher Rechtsschutz und Urheberrecht, Heft 7, S. 7-13.

Sundmacher, T./Jasper, J. (2006): Ausgestaltungsvarianten und ökonomische Konsequenzen einer 4. Hürde für die Erstattung von Arzneimitteln, in: Zeitschrift für Wirtschaftspolitik, Jg. 55, Heft 1, S.92-124.

Sweezy, P.M. (1939): Demand under Conditions of Oligopoly, Journal of Political Economy, Vol. 47, S. 563-573.

Tavakoli, M./Pumford, N./Woodward, M./ Doney, A./Chalmers, J./MacMahon, S./MacWalter, R.(2009): An economic evaluation of a perindopril-based blood pressure lowering regimen for patients who have suffered a cerebrovascular event, in: European Journal of Health Economics, Vol. 10, S. 111-119.

Turner, N. (Hrsg.), (2009): Pharma Pricing and Reimbursement, Vol. 14, No. 12., December 2009, IMS Health, ISSN 1741-5756.

Varian, H. R. (1999): Grundzüge der Mikroökonomik, 4. überarb. & erw. Aufl., R. Oldenbourg, München.

VfA (2006): Stellungnahme zur Zielerreichung durch Festbeträge, URL: http://www.vfa.de/de/patienten/artikelpa/festbetragszuzahlungen/fbt_p1-html, Stand: 24.07.2006.

Vincenti, A.J.F. (2008): Gesundheitswesen und Sicherung bei Krankheit, in: Geyer, M.H. (Hrsg.): Geschichte der Sozialpolitik in Deutschland seit 1945, Bd. 6: Bundesrepublik Deutschland 1974-1982. Neue Herausforderungen, wachsende Unsicherheiten, Baden-Baden 2008, S. 515-556.

Vogelbruch, B. (1992): Festbeträge für Arzneimittel – Ein neues Instrument zur Kostendämpfung im Gesundheitswesen, Duisburger Volkswirtschaftliche Schriften, Bd. 12, S + W Steuer- und Wirtschaftsverlag, Hamburg.

Vorderwülbecke, U. (2006): Darstellung der Steuerungsinstrumente der Arzneimittelversorgung aus Sicht der pharmazeutischen Industrie, in: Schriftenreihe Medizinrecht, Heft 12, S. 693-697.

De Vos, C.M. (1996): The Pricing and Reimbursement Policy in the Netherlands, in: Pharmacoeconomics, Vol. 10, Suppl. 2, S. 75-80.

Wähling, S. (1996): Krankenversicherung und Arzneimittelmarkt – ein Simulationsmodell zur Analyse der Regulierungswirkungen, Hannover Reihe, Bd. 5, Hrsg. Prof. Dr. J.-Matthias Graf v.d. Schulenburg, VVW Verlag, Karlsruhe.

Wasem, J./Bramlage, P. (2008): Defined Daily Doses: Ein Instrument zur Kostensteuerung im Gesundheitswesen?, in: Gesundheitsökonomie und Qualitätsmanagement, Vol. 13, Nr. 1, S. 38-42.

Weise, P./Brandes, W./Eger, T./Kraft, M. (2005): Neue Mikroökonomie, 5., verb. & erw. Aufl., Physica-Verlag, Heidelberg.

Wied-Nebbeling, S./Schott, H. (2007): Grundlagen der Mikroökonomik, 4. verb. Aufl., Springer, Berlin.

Wille, E./Cassel, D./Ulrich, V. (2008): Weiterentwicklung des Gesundheitssystems und des Arzneimittelmarktes, Gutachten für den Verband forschender Arzneimittelhersteller e.V., 24.10.08, 183 Seiten.

Wille, E. (2010): Die Finanzierungsbasis der gesetzlichen Krankenversicherung – Reformen unumgänglich, in: Gesundheitsökonomie und Qualitätsmanagement, Nr. 3, 15. Jg., S. 101-150.

Wöhe, G./Döring, U. (2008): Einführung in die Allgemeine Betriebswirtschaftslehre, 23. vollst. neu bearb. Aufl., Vahlen, München.

Woodfield, A.E. (2001): Reference pricing: theory and evidence from New Zealand, in: López-Casasnovas, G./Jönsson, B. (Hrsg.), (2001): Reference Pricing and Pharmaceutical Policy – Perspectives on Economics and Innovation, Springer, Barcelona, S. 127-144.

Woodfield, A.E. (2001a): Augmenting Reference Pricing of Pharmaceuticals in New Zealand with Strategic Cross-Product Agreements, in Pharmacoeconomics, Vol. 19, No. 4, S. 365-377.

De Wolf, P./Brouwer, W.B.F./Rutten, F.F.H. (2005): Regulating the Dutch pharmaceutical market: improving efficiency or controlling costs, in: The international journal of health planning and management, Vol. 20, Nr. 4, S. 351-374.

Yfantopoulos, J. (2007): Pharmaceutical Pricing and reimbursement reforms in Greece, in: European Journal of Health Economics, online first 2007, print: 2008, Vol. 9, No.1, S. 87-97.

Zidek, W. (2004): Hochdruckleitlinien überarbeitet; Was ist praxisrelevant?, in: MMW Fortschritte der Medizin, Nr. 1-2/2004,146. Jg., S. 16-17.

Zweifel, P./Crivelli, L. (1996): Price Regulation of Drugs: Lessons learned from Germany, in: Journal of Regulatory Economics, Vol. 10, No. 3, S. 257-273.

Anhang

Anhang 1: Gruppe der ACE-Hemmer, Wirkstoffe nach Herstellern

Je Hersteller angebotene Wirkstoffe der Gruppe ACE-Hemmer

Hersteller	Ramipril	Captopril	Lisinopril	Enalapril	Benazepril	Fosinopril	Quinapril	Imidapril	Weitere
1A Pharma	X	X	X	X	X				
AAA Pharma			X	X					
Abbot									Trandolapril
Abz	X	X	X	X			X		
Accedo	X			X					
Acis		X							
Actava									Moexipril
Isis	X								
Aluid	X	X	X	X	X		X		
AWD			X	X	X				
Apogepha		X							
Axcount		X		X					
Actavis						X			
Basics	X	X	X	X		X			
Biochemie			X	X					Spirapril
Denk		X							
Dexce		X		X					
DocPH		X							
Fagro		X							
Betapharm	X				X		X		
Corax	X		X	X					
CT	X		X	X			X		
Heumann	X	X	X	X	X		X		
Jutaq			X						
Pfleger		X							
Hexal	X				X		X		
Kwizda					X	X		X	
KSK	X			X					
Merck				X					
MIP				X					
Dura	X								
Ratiopharm	X		X	X			X		
Sandoz	X	X	X	X					
Stada	X	X	X	X			X		
Tad	X		X						
Teva			X	X					
Verla		X		X					
Westermann			X	X					
Wolff				X					
Eurim				X				X	
Cardl				X					
Winthrop					X				
Servi									Perindopril/ Cilazapril
Roche									
Emra								X	

Quelle: Eigene Auswertungen.

Anhang 2: Sektorenmatrix ausgewählter gesundheitspolitischer Gesetzesinitiativen – 1972 bis 2007

		Versorgungssektoren		
		Arzneimittel	**stationär**	**ambulant**
72	KHG	-	Aufstellung von Krankenhausbedarfsplänen auf Landesebene; Einführung der dualistischen Krankenhausfinanzierung; Vergütung der allgemeinen Krankenhausleistungen durch tagesbezogene Pflegesätze	-
73	KLVG	-	Einführung eines Leistungsanspruches auf Haushaltshilfe bei Krankenhausaufenthalt sowie auf Arbeitsbefreiung und Krankengeld bei Erkrankung eines Kindes; Aufhebung der zeitlichen Befristung der Krankenhausbehandlung	-
77	KVKG	Einführung einer Zuzahlung je Verordnung anstelle der Rezeptblattgebühr; Vereinbarung zu Höchstbeträgen für Arzneimittel	-	Anbindung der kassenärztlichen Vergütung an die Entwicklung der beitragspflichtigen Einnahmen der Versicherten
81	KHKG / KVEG	Erhöhung der Zuzahlungsbeträge	Stärkeres Mitspracherecht der Sozialleistungsträger bei der Festlegung der Pflegesätze; stärkere Beteiligung der Krankenhäuser sowie der Krankenkassen an der Bedarfsplanung der Länder	-
84	KHNG	-	Abschaffung der retrospektiven Selbstkostenerstattung; Einführung der prospektiven Budgetierung	-
89	GRG	Einführung von Festbeträgen für Arznei-, Verband- und Hilfsmittel; Erhöhung der Zuzahlungsbeträge	-	-
93	GSG	Zuzahlung für alle Arzneimittel (auch Festbetragspräparate); Zuzahlungshöhe wird nach Preisklasse und Packungsgröße gestaffelt, Einführung eines Arznei- und Heilmittelbudgets; Entwicklung einer Positivliste	Aufhebung des Selbstkostendeckungsprinzips; Etablierung eines neuen Entgeltsystems mit Fallpauschalen und Sonderentgelten	Verschärfte Bedarfsplanung und Zulassungsbeschränkung
96	5./7. SGB V-ÄndG	Streichung der Positivliste; Aufhebung der Festbetragsbildung für Arzneimittel (für jene nach Zulassung 1995); Abschaffung der Vorhalteverpflichtung reimportierter Arzneimittel für Apotheken	-	-
97	Beitragsentlastungs-gesetz, 1./2. NOG	Zweifache Erhöhung der Zuzahlungsbeträge; Ausweitung der Zuzahlungsregelung für Rehaleistungen, Einführung einer	-	Aufhebung der regionalen Budgets für Arznei- und Heilmittel; Vereinbarung arztgruppenspezifischer

		Dynamisierung der festen Zuzahlungsgrößen		Richtgrößen
998	GKVFG	*Aufhebung bestehender Rechtbeschränkungen zur Konsolidierung vor allem ostdeutscher Krankenkassen; Einführung eines länderübergreifenden Risikostrukturausgleiches (RSA) mittels Finanzkraftausgleiches*		
999	GKV-SolG	Absenkung der packungsgrößenabhängigen Zuzahlungsbeträge; Aufhebung der Dynamisierung der gesetzlichen Zuzahlungsregelung; Arznei-, Heil- und Verbandmittelbudgets werden auf den Wert von 1996 plus 7,5 Prozent festgelegt; Änderung der Absenkungsregelung für Festbeträge	-	Rücknahme der Budgetierung der Ausgaben für Arznei-, Heil- und Verbandmittel
000	GrefG	Ermächtigung des BMG zur Erlassung einer Positivliste; Wiedereinführung der 1996 abgeschafften Verpflichtung für Apotheken zur Vorhaltung reimportierter Arzneimittel	Pflicht zur Einrichtung eines umfassenden Qualitätsmanagements; Beschluss zur Umstellung auf ein pauschalisiertes Entgeltsystem auf Basis von Diagnosis Related Groups (DRG)	Stärkung der Rolle des Hausarztes zur Steuerung der Patientenströme im Gesundheitswesen (Gatekeeper-Modell); Pflicht zur Einrichtung eines umfassenden Qualitätsmanagements
001	FBAG	Das BMG kann befristet bis 2003 eine allgemeine Anpassung der Festbeträge durchführen sowie neue Arzneimittelgruppen in die Festbetragsregelungen aufnehmen	-	-
001	ABAG	Rückwirkend Aufhebung der Arznei- und Heilmittelbudgetregelung; Einführung regionaler jährlicher Ausgabevolumen und Zielvereinbarungen für Arzneimittelverordnungen	-	-
002	AABG	Verpflichtung der Apotheker, sofern nicht anders verordnet, ein Generikum aus dem unteren Preisdrittel abzugeben	-	-
004	GMG	Erneuerung der Zuzahlungsregelung; Einführung neuer Festbetragsgruppen; auf ein Jahr befristete Erhöhung des Herstellerrabattes um 10 Prozent; Weiterbestehen des Preismoratoriums; Einführung einer Nutzenbewertung durch das neue geschaffene IQWiG; Ausgrenzung von nichtverschreibungspflichtigen Arzneimitteln aus dem GKV Leistungskatalog	Zuzahlung des Versicherten in Höhe von 10 Euro pro Tag, begrenzt auf 28 Tage; Öffnung der Krankenhäuser für bestimmte indikationsbezogene ambulante Leistungen; Förderung der sektorenübergreifenden Zusammenarbeit durch finanzielle Anreize (1% Anschubfinanzierung) für integrierte Versorgungsverträge	Bei Erstinanspruchnahme ärztlicher Leistungen pro Quartal fällt eine Praxisgebühr in Höhe von 10 Euro an; Förderung der sektorenübergreifenden Zusammenarbeit durch finanzielle Anreize (1% Anschubfinanzierung) für integrierte Versorgungsverträge
006	AVWG	Bonus-Malus-Regelung; Senkung der Festbeträge; Ausweitung der Möglichkeit für Rabattverträge; zweijähriges Preismoratorium; Arzneimittel, deren Preis mindestens 30 Prozent unterhalb des jeweiligen Festbetrages lagen, wurden von der Zuzahlung durch Versicherte befreit	-	Bonus-Malus-Regelung
007	GKV-WSG	Ausweitung der Nutzenbewertung des IQWiGs auf den Aspekt der „Kosten-Nutzen"-Relation; Erstattungshöchstbeträge für Nichtfestbetragsarzneimittel wurden beschlossen; Erhöhung des Apothekerabschlages; Aufnahme von Impfungen in den Leistungskatalog der GKV	Öffnung von Krankenhäusern für ambulante Leistungen	-

Quelle: Eigene Darstellung, in Anlehnung an: Schlander, M. (2009), S. 19f.

Anhang 3: Ausgabenentwicklung in der GKV – 1970 bis 2007

Jahr	Leistungsausgaben (€)	Änderungsrate (%)
1970	12.873.818.277	-
1971	15.921.629.180	+ 23,67
1972	18.611.535.767	+ 16,89
1973	22.172.172.428	+ 19,13
1974	26.489.521.073	+ 19,47
1975	31.071.207.620	+ 17,30
1976	34.043.347.326	+ 9,57
1977	35.143.136.162	+ 3,23
1978	37.607.051.738	+ 7,01
1979	41.446.970.340	+ 10,21
1980	45.931.259.363	+ 10,82
1981	49.283.792.047	+ 7,30
1982	49.710.073.984	+ 0,86
1983	51.483.196.904	+ 3,57
1984	55.566.935.265	+ 7,93
1985	58.342.485.799	+ 4,99
1986	61.287.267.298	+ 5,05
1987	63.909.786.638	+ 4,28
1988	68.705.389.016	+ 7,50
1989	66.430.478.620	- 3,31
1990	72.426.590.757	+ 9,03
1991	81.711.453.961	+ 12,82
1992	90.435.237.725	+ 10,68
1993	89.661.070.747	- 0,86
1994	98.229.436.607	+ 9,56
1995	111.131.525.235	+ 13,13
1996	114.702.878.062	+ 3,21
1997	112.898.522.366	- 1,57
1998	127.471.681.000	+ 12,91
1999	130.918.478.000	+ 2,70
2000	133.823.112.000	+ 2,22
2001	138.810.606.000	+ 3,73
2002	143.026.433.000	+ 3,04
2003	145.094.825.000	+ 1,45
2004	140.177.646.000	- 3,39
2005	143.922.691.000	+ 2,67
2006	148.087.717.000	+ 2,89
2007	154.021.956.000	+ 4,01

Quelle: Eigene Darstellung; Bundesministerium für Gesundheit (BMG): KJ-1-Statistik (gesetzliche Krankenversicherung: Rechnungsergebnisse sowie Angaben zum Ausgleich der Krankenversicherung der Rentner (Beitragspflichtige Einnahmen)). Die GKV-Ausgaben für den Zeitraum 1970 bis 1997 wurden auf Grundlage der endgültigen Rechnungsergebnisse der GKV und anhand des offiziellen Umrechnungskurses von 1,95583 DM/€ neu berechnet.

Anhang 4: In Deutschland etablierte Steuerungsinstrumente und ihre Funktionalität

Steuerungsmechanismus		Vorteile	Nachteile	Funktionalität
Erstattung	**Ex ante Erstattung/ Preisbildung**	• Sofortige Therapieverfüg-barkeit	• Keine Kontrolle, nur Daten zum Effekt, aber nicht zur Effizienz (real-life effectiveness)	• Realität in Deutschland
	Erstattungspreis Festbetrag	• Generika und andere Me-Too's werden preisgünstiger	• Hersteller muss oft weitere Rabatte geben – Preisspirale nach unten offen	• Realität in Deutschland – zunehmende Ausweitung auf Schrittinnovationen
	Erstattungspreis Höchstbetrag	• Verstärkter Druck innovative Medikamente zu entwickeln: innovative Medikamente aufgewertet	• Größeres R&D-Risiko für Hersteller • Gefahr, dass auch Sprunginnovationen eines Tages in die Regelung miteingeschlossen werden	• Noch nicht eingesetzt, aber im SGB V vorgesehen – Prozess der Bewertung umstritten
	Kosten-Nutzen-Analysen/ HTA	• Option einer objektiven Beurteilung • Vergleichbarkeit zw. Medikamenten • Versorgungs-effizienz	• Langwieriger Prozess	• Durch Selbstverwaltung unter Hinzuziehung von Experten vor allem IQWiG – bislang zu langsam, zu teuer, nicht transparent
Preisbildung	**Rabattverträge**	• Breiter Marktzugang für neue Hersteller ohne Marktposition möglich • Preisvorteil für Kassen	• Intransparenz – keine Kontrolle über tatsächliche Marktpreise/Umsätz e • Hohe Transaktionskosten	• Realität in Deutschland – Friktionen bei neuen Ausschreibungen wegen schlechter Lieferfähigkeit von Herstellern
	Direktverträge Cost-Sharing	• Bessere Effizienz – Kostendämpfung ohne Erdrosselung für Hersteller	• Intransparenz, da Verträge nicht veröffentlicht	• Erste Verträge z.B. Lucentis
	Direktverträge Risk-Sharing	• Bessere Versorgung durch pay per performance	• Intransparenz, da Verträge nicht veröffentlicht	• Erste Verträge z.B. Aclasta oder Immunsupressiva
	Zwangsrabatte	• Schnelle Kostendämpfung, einfache Handhabung, für alle gleich	• Willkür, keine Planungssicherheit für Hersteller	• Realität in Deutschland – aus Sicht der Politik sehr effektives Instrument
Verordnungs-verhalten	**Arzneimittel-richtlinien**	• Kann die Versorgungsqualität sowie die Effizienz erhöhen	• Schränkt Therapiefreiheit des Arztes ein, hohe Bürokratielast	• Realität in Deutschland – haben Gesetzescharakter (z.B. Life Style Arzneimittel)
	Therapie-richtlinien	• Vereinfachung der Entscheidungssituat ion des Verordners	• Psychologischer Druck zur Einschränkung der Therapiefreiheit	• Realität in Deutschland – werden nur teilweise beachtet

Quelle: Eigene Darstellung

Eidesstattliche Erklärung

Hiermit versichere ich, dass ich die vorliegende Arbeit selbstständig verfasst und keine anderen als die angegebenen Quellen und Hilfsmittel benutzt habe, dass alle Stellen der Arbeit, die wörtlich oder sinngemäß aus anderen Quellen übernommen wurden, als solche kenntlich gemacht sind und dass die Arbeit in gleicher oder ähnlicher Form noch keiner anderen Prüfungsbehörde vorgelegt wurde.

Berlin, den 12.12.2010

____

Helge K. Schumacher

Erklärung über frühere Promotionsversuche

Ich versichere, dass von mir, Helge Knut Schumacher, keine früheren Promotionsversuche mit dieser oder einer anderen Dissertation erfolgt sind. Es wurde nur dieser Antrag auf Eröffnung eines Promotionsverfahrens eingereicht.

Berlin, den 12.12. 2010

____

Helge K. Schumacher